中华经典导读

中华文化公开课

启蒙读本

范赟　郭明姬　主编

南京大学出版社

图书在版编目（CIP）数据

中华文化公开课：启蒙读本/范赟，郭明姬主编.—南京：
南京大学出版社,2018.3
　　ISBN 978-7-305-19805-2

　　Ⅰ.①中…　Ⅱ.①范…②郭…　Ⅲ.①中华文化—小学—课
外读物　Ⅳ.①G624.203

中国版本图书馆 CIP 数据核字（2017）第 326928 号

出　版　者　南京大学出版社
社　　　址　南京市汉口路22号　　　　　邮　编　210093
出　版　人　金鑫荣

书　　　名　中华文化公开课（启蒙读本）
主　　　编　范　赟　郭明姬
责任编辑　孙益凤　官欣欣　　　　　编辑热线　025-83686029

照　　　排　南京紫藤制版印务中心
印　　　刷　江苏凤凰数码印务有限公司
开　　　本　787×960　1/16　印张21.25　字数268千
版　　　次　2018年3月第1版　2018年3月第1次印刷
ISBN 978-7-305-19805-2
定　　　价　55.00元

网　　　址：http://www.njupco.com
官方微博：http://weibo.com/njupco
官方微信：njupress
销售咨询热线：(025)83594756

前　言

　　无论是知识界还是社会上,研习国学之热潮已经兴起了很长一段时间。国学,一国固有之学术,在现代中国,实际上是国人对中华文化的认同和传承。

　　作为一种绵延数千年、且从未中断的文明形态,中华文化已经融入中华儿女的身体和血脉,潜移默化地影响着我们的思维方式、价值选择和行为模式。党的十八大以来,习近平总书记在一系列重要讲话中,不仅表达了对中华传统文化的深刻体会和认识,而且从提升文化软实力和国家综合实力的高度,对传承和发展中华传统文化提出了明确要求。他特别指出,少年儿童是祖国的未来,是中华民族的希望,因此要根据少年儿童的年龄和特点,让少年儿童从小接受中华民族优秀的传统文化熏陶,特别是接受传统美德的熏陶。

　　近年来,随着国民文化心理的转变,面向少年儿童开展的国学教育如同雨后春笋一般蓬勃发展起来。然而在这一过程中,关于国学教育的争论甚至指责也同样没有停止过。究竟何以谓之国学? 针对少年儿童的国学教育应该如何定位? 什么内容适合少年儿童? 如何讲国学才能让他们更容易接受? 给孩子们讲国学,他们能理解多少? 掌握多少? 还是这只不过是一种附庸风雅、追逐潮流的形式主义?

　　在这一方面,南京大学哲学系"青少年国学启蒙班"项目已经进行了整整十年。2007年暑假,以南京大学哲学硕士研究生为主体的实践团队发挥专业特长,以在青少年学生中普及优秀传统文化知识为宗旨,采用全程义务授课的形式,为孩子们打开了一扇认识国学、了解国学、体验国学的窗户。不同于社会上风头正劲、却又鱼龙混杂的"国学热","青少年国学启蒙班"项目从一开始就拒斥高昂的收费、虚假的包装,将普及国学的远大目标立足于启蒙之举,效法古圣先贤讲学布道,不急于阐发深邃义理,而是着力培养孩子们对优秀传统文化的兴趣

和亲近感,从而逐步实现将中国传统圣人之学"大明于天下"的宏愿。

其后数年间,除了2008年曾中断一年之外,"青少年国学启蒙班"项目成员秉承"传承国学,兼济天下"的志愿,从小学走进中学、从学校走入社区,规模不断扩大,内容不断丰富,形式不断完善,影响不断提升,不经意已具十年之功。为了解决师资流动、授课杂乱等问题,组织者开始思考推进教学模式的体系化。2011年11月,"国学启蒙活动"开始在南京市瑞金北村小学开办日常班,此后这成为一项常态化、固定化的志愿服务活动。这使项目成员能够有充足的时间来积累教学经验,于是他们开始梳理总结以往教学过程中的优秀教案,从授课技巧、课件制作、教学规范等方面体系化地培养师资,并着手编写富有特色的国学教材。2014年9月2日,《人民日报》第19版以《国学启蒙,以有趣的方式》为题,报道了"国学启蒙班"七年办学的过程。这激励了项目成员更加精心地打磨初具雏形的教材,并在实践中不断修正和完善。

如今呈现在读者面前的这部《中华文化公开课》(启蒙读本),就是项目成员"十年磨一剑"的诚意之作。经过多年的摸索,我们已经形成了自己对于国学以及青少年国学启蒙的理解和体会,试图通过这本小册子传递给世人。简单说明如下:

第一,国学范围极广,所涉门类颇丰。正如习近平总书记所言,中华民族之所以能够在几千年的历史长河中顽强生存和不断发展,是因为我们民族有一脉相承的精神追求、精神特质和精神脉络。这既蕴藏于传世经典的文字形式之中,也寓于民风习俗、生活体验之中。因此,我们理解的国学,上至天文地理、往圣后贤之学,下至洒扫应对、日用伦常之礼,中贯上下五千年之历史,纵横八万之民艺。因此本书共涉及四个篇目,分别为:明经、国史、雅礼、非遗。而国学启蒙之关键,在教习孩子们诵记经典以外,更在于引导孩子们由此逐渐体悟其中的精神追求、精神特质和精神脉络,自小修养而成为大写的中国人。

第二,国学知识包罗万象、灿若星河,即便汗牛充栋也未可尽收。本书所呈现的内容尚不及九牛一毛,唯望以此展现一种知识逻辑和教化思路。由于我们过去十年主要是以小学生为教育对象,因此本书也以小学生为适龄读者。在内容选取和编排上,本书充分考虑读者年龄特征和接受程度,每篇均由浅入深、循序渐进、次第进阶。具体为:

第一部分"明经篇"主要采取紧贴经典、结合趣味、重视课堂交流的方法。其

中，难度较低的"经典诵读"，选取朗朗上口的启蒙材料，配合以小故事、趣味图片，使学生能够集中注意力；难度中等的"古文今述"，选取经典中有代表性的故事，不仅阐发这个故事带来的启示，也要从故事中展现该经典的总体思想，实际讲授时可插入一些课堂互动；难度较高的"典籍研读"，选取较为简洁的经典片段，带领学生朗读、理解，使学生初步了解文言文的用法，掌握经典的思想特点，并且能够根据自己的理解选择自己喜爱的经典，也就是在内心对经典要有所感悟，这其中编者仍然充分考虑了课堂互动的设计。在具体写作时，先总说某一经典的总体性内容，再回到具体选取的文本，细致讲解，依次展开。

第二部分"国史篇"内容排列不同于一般的朝代更迭顺序，而是选择以文化变迁的角度来描摹五千年的中国历史，希望带给读者一个全新的视角。然而囿于篇幅限制，此篇不可能述尽整个文明发展的历程，只能选择其中较为重要的文化现象，从中窥见中国由上古至明清的社会文化发展的历史脉络。如由流传至今的上古神话，追述原始人类的生活印迹；由形意结合的中国文字，描摹中华文明的缘起脚步。再如周礼兴衰、百家争鸣、汉代文化，则是由周代经春秋战国至汉代最为重要的文化成果；唐诗宋词蔚为大观，反之由诗词窥见唐宋之世，则别有一番滋味；宋明理学、明清文艺则是中华文明集大成之作。除了精神文明成果之外，以南朝古都为代表的物质文明同样是中国历史长河中珍贵的文化遗存。希望通过这样一种视角，引导孩子们在识记逝去的人物和事件之外，更要叩问道统，真正走进历史记忆的深处。

第三部分的"雅礼篇"主要依据小学生的认知水平和思维方式，从日常生活和伦常交往两个方面，有所侧重地展示了部分比较有代表性的中华礼仪。在内容编排上，日常生活之"礼"，重在直观展示、身体践行；伦常交往之"礼"，则重在讲述，旨在让孩子们初步体会到"礼"中蕴含的人伦之道。具体写作时，本篇首先选取小学生熟悉的歌曲、图片、古诗文等素材，通过问答式互动调动小朋友学习的积极性；其次选取经典文献中与"礼"相关且相对简单的原文，配合故事讲述、图片展示、动作示范等手段，具体解析"礼"之规范；再次本篇通过故事素材加深学生对于所学礼仪的印象，并引导孩子们思考如何将所学之"礼"应用于现实生活中，真正做到"知礼"与"守礼"的合一。需要说明的是，本篇所呈现的"雅礼"，不拘泥于古代传统礼仪之条文形式，希望将中华礼仪文化之中蕴育的人伦精髓播种于孩子们的心田。

中
华
文
化
公
开
课

　　列于最末的"非遗篇"是本书比较特别之处。如前所述,我们的国学教育不仅教习文字形式的经典,而且注重世俗层面的体验。"非遗"即非物质文化遗产,作为生动刻写中华民族优秀文化的活化石,对于彰显传统文化魅力、树立文化自信有着不可忽视的重要意义,也是讲习中华文化不可缺少的组成部分。"非遗"因其口耳传承的特殊性,常有显著的地域特点,是某一地方文化的凝结和体现。而一地之文化,存乎乡里、与人尤亲,即便至今亦常见于生活之中,由此切入有利于让孩子们感同身受,对自己浸润其间的地方文化珍而重之,进而增加对国学的认同感和亲近感。本篇共选录了 10 项江苏地区的"非遗"项目,根据小学生认知状况的特点,按由低到高的难度次第排列。这些"非遗"项目涉及衣食住行方方面面,虽然具有很强的地域性,但亦可从中窥见中华文化在世俗层面的呈现形式。其中,日常生活中常见的饮食或装饰艺术难度较低,主要采用图画和故事认知的方式进行介绍;难度中等的技艺类"非遗"项目,除了文字介绍之外,在教授实践中要注重采用动作和操作认知的方式;声乐类"非遗"项目因其抽象性而较难把握,本篇注意突出欣赏和理解的认知方式,注重分析音乐戏曲中包含的文化寓意,培养孩子们对地方文化的深度认知,形成多样的知识结构。

　　尽管本书在呈现和教习国学的内容方式上做出了一些改革创新,但相对于博大精深的中华优秀传统文化而言,我们深知这些仍显得过于渺小。本书只求能为孩子们搭建一个触摸国学的桥梁,为有志于传承发展国学的有识之士提供一个继续前行的参考,就已足够。

编者
2017 年 1 月

目　录

本篇导读

本篇名为"明经"。明者,明白知晓;经者,经典之谓也。古人读书,都是从学经、读经开始的。实际上,中华传世经典之精要,在于其中包含先贤对社会人生的深刻思考。即使当今之世发达先进,哲理却是古今相通。当然,中华经典浩如烟海、博大精深,我们在这里选取的篇目,主要考虑到小朋友们的知识背景和接受能力。在编排上,试图效仿近代国学大师章太炎之说:"先举方名事类,次及经史诸子"。因此由浅入深,有童学启蒙、经典诵读,以期大家能知其貌;又有古文今述、道理阐发,以期大家能解其意;也有典籍研读、义理讲解,以期大家能识其神。由此,希望小朋友们从中初步领略到中华经典之魅力。

《三字经》（上）

【课前导读】《三字经》是中华民族珍贵的文化遗产,它短小精悍、朗朗上口,千百年来,家喻户晓。其内容涉及广泛,讲述名物常识、经书子书、历史知识及古人勤学的故事等,堪称"蒙学之冠"。

说一说

◇ 什么是"经"？你还知道哪些"经"？

◇ 听《三字经》录音,说说朗诵的内容有什么特点？

★《三字经》,三字一句而得名,三个字一句话看起来很简单,背起来也不难,可这里面可藏着许多经典的故事和深刻的道理呢！

学一学

❖《三字经》其书

《三字经》是我们学习中华民族传统文化不可多得的儿童启蒙读物,相传为南宋王应麟所撰,距今已有七百多年的历史了。它三字一句的韵文非常容易记忆,内容包括传统教育、历史、地理、天文、伦理道德以及一些民间传说,广泛生动而又言简意赅,现已被联合国教科文组织列入《世界儿童道德教育丛书》。

❖ **《三字经》的主要内容**

《三字经》的内容分为六个部分，每一部分有一个中心。

◆ **教养**

> 昔孟母，择邻处。子不学，断机杼。窦燕山，有义方。
> 教五子，名俱扬。养不教，父之过。教不严，师之惰。

战国时，孟子的母亲曾三次搬家，是为了使孟子有个好的学习环境。一次孟子逃学，孟母就割断织机的布来教子。五代时，燕山人窦禹钧教育儿子很有方法，他教育的五个儿子都很有成就，先后科举成名。仅仅是供养儿女吃穿，而不好好教育，是父亲的过错。只是教育，但不严格要求就是做老师的懒惰了。

✪ 这段话讲述的是教育和学习对儿童成长的重要性。后天教育及时，方法正确，可以使儿童成为有用之材。

◆ **孝敬**

> 为人子，方少时。亲师友，习礼仪。香九龄，能温席。
> 孝于亲，所当执。融四岁，能让梨。弟于长，宜先知。

做儿女的，从小时候就要亲近老师和朋友，以便从他们那里学习到许多为人处事的礼节和知识。东汉人黄香，九岁时就知道孝敬父亲，替父亲暖被窝。这是每个孝顺父母的人都应该实行和效仿的。汉代人孔融四岁时，就知道把大的梨让给哥哥吃，这种尊敬和友爱兄长的道理，是每个人从小就应该知道的。

✪ 儿童要懂礼仪、孝敬父母、尊敬兄长。

◆ 格物

> 一而十，十而百。百而千，千而万。三才者，天地人。
> 三光者，日月星。三纲者，君臣义。父子亲，夫妇顺。

我国采用十进位算术方法：一到十是基本的数字，然后十个十是一百，十个一百是一千，十个一千是一万……一直变化下去。三才指的是天、地、人三个方面。三光就是太阳、月亮、星星。三纲是人与人之间关系应该遵守的三个行为准则，包括君王与臣子的言行要合乎义理，父母、子女之间相亲相爱，夫妻之间和顺相处。

★ 这部分介绍的是生活中的一些名物常识，有数字、三才、三光、三纲等，简单明了，方便记忆。

◆ 为学

> 为学者，必有初。小学终，至四书。论语者，二十篇。
> 群弟子，记善言。孟子者，七篇止。讲道德，说仁义。

作为一个学生，一定要打好基础，把小学知识学透了，才可以读"四书"。《论语》这本书共有二十篇，是孔子的弟子及其再传弟子记载有关孔子及其弟子言论的一本书。《孟子》这本书是孟轲所作，共有七篇。内容是有关品行修养、发扬道德仁义等优良德行。

★ 这部分介绍中国古代的重要典籍和儿童读书的程序，基本包括了儒家的典籍和部分先秦诸子的著作。

● 知识卡片

这里的"小学"什么意思？中国古代重要的典籍有哪些？

☑ "小学"二字最早并不专门指学校。西汉时称"文字学"为"小学"，唐宋以后又称"小学"为字学。读书必先识字，掌握字形、字音、字

义,学会使用。从前把"文字学"称"小学","小学"之名即由此而得。

☑ 中国古代重要的典籍:

三传:《春秋左氏传》《春秋公羊传》《春秋谷梁传》;

四书:《论语》《孟子》《中庸》《大学》;

五经:《诗经》《尚书》《礼记》《周易》《春秋》。

◆ 通史

> 经子通,读诸史。 考世系,知终始。 自羲农,至黄帝。
> 号三皇,居上世。 唐有虞,号二帝。 相揖逊,称盛世。

经书和子书读熟了以后,再读史书。读史时必须要考究各朝各代的世系,明白他们盛衰的原因,才能从历史中记取教训。自伏羲氏、神农氏到黄帝,这三位上古时代的帝王都能勤政爱民,非常伟大,因此后人尊称他们为"三皇"。黄帝之后,有唐尧和虞舜二位帝王。尧认为自己的儿子不肖,便把帝位传给了才德兼备的舜,在两位帝王治理下,天下太平,人人称颂。

✪ 这部分讲述中国古代的朝代变革,历史上的伟大人物都是我们学习的榜样。

◆ 致知

> 口而诵,心而惟。 朝于斯,夕于斯。 昔仲尼,师项橐。
> 古圣贤,尚勤学。 赵中令,读鲁论。 彼既仕,学且勤。

我们读书学习,要有恒心,要一边读,一边用心去思考。只有从早到晚都把心思用到学习上,才能真正学好。从前,孔子是个十分好学的人,当时鲁国有一位神童名叫项橐,孔子就曾向他学习。像孔子这样伟大的圣贤,尚不忘勤学,何况我们普通人呢?宋朝时赵中令——

赵普,他官已经做到了中书令了,天天还手不释卷地阅读《论语》。他不因为自己已经当了高官,就忘记勤奋学习。

✪ 这部分强调学习要勤奋刻苦、孜孜不倦,只有从小打下良好的学习基础,长大才能有所作为。

练一练

1. 有感情地诵读全文。

2. 分组朗读上面六段《三字经》文字,比一比哪一组读得好。

3. 说一说《三字经》包含了几部分内容,每一部分主要说了什么?

4. "四书"指的是什么?

《三字经》(下)

【课前导读】《三字经》不仅为我们讲述了学习的重要性,而且记载了历史上许多著名人物勤奋苦学的故事。这节课我们将重点学习《三字经》中关于"为学"方面的内容。

说一说

✧ 你知道中国古代先贤勤奋好学的故事吗?试着讲给大家听。

✧ 从他们的故事中,你学到了什么?

✧ 你身边有勤奋学习的人吗?

✧ 我们为什么要勤奋苦学习呢?

⭐ 谚语:早起的鸟儿有虫吃。

学一学

【小导读】一个人的学识高低和成就大小与是否勤奋学习有极大的关系。不管什么样的人,不论地位的高低,年龄的大小,出身的尊卑等,只要肯勤奋刻苦地学习,就会有收获和成就。我们长大后要想有成就,有出息,就必须像古人那样抓紧时间勤奋刻苦地学习。

中华文化公开课

❖ **为什么要勤奋学习?**

◆ 学以安身

> 子不学,非所宜。幼不学,老何为。
> 玉不琢,不成器。人不学,不知义。

小孩子不肯好好学习,是很不应该的。一个人倘若小时候不好好学习,到老的时候能有什么用呢? 玉不打磨雕刻,不会成为精美的器物;人若是不学习,就不懂得礼义,不能成才。

⭐ 玉和人有共通之处:玉要经过打磨、雕琢才能成为有用的器具,人要经过学习才能有所成就。因此,若想日后成为顶天立地的有用之人,现在就要勤奋学习,天天向上啊! 可是,怎样才算是勤奋学习呢?

> 一年级的小明暑假大部分时间都在上课外班,上午要上英语课,下午要去学钢琴,晚上还要去学奥数。小明觉得很辛苦,可是妈妈说:"我们不能输在起跑线上!"

谈谈你的看法。

◆ 学以立命

> 幼而学,壮而行。上致君,下泽民。
> 扬名声,显父母。光于前,裕于后。

我们要在幼年时努力学习不断充实自己,长大后才能够学以致用,替国家效力,为人民谋福利。如果你为人民做出应有的贡献,人民就会赞扬你,父母也会因你而得到荣耀。不仅能给祖先增添光彩,也给下代留下好的榜样。

⭐ 光前裕后:为祖先增光,为后代造福。形容人功业伟大。

❖ **为学的方法**

口而诵,心而惟。 朝于斯,夕于斯。

我们读书学习,要有恒心,要一边读,一边用心去思考。只有早晚都把心思用到学习上,才能真正学好。

◎ **弈秋的故事**

弈秋是全国的下棋圣手,他教两个人下棋。一个人一心一意,完全按照奕秋说的去做。另一个呢,虽然听着,但心里却想着有只天鹅将要飞来,应该取弓箭把那天鹅射下来。这样,即使跟人家一道学习,他的成绩也一定不如人家。

❋ **小调查:**

☑ 你的学习需要父母时常在旁边督促吗?

☑ 你做作业时是否不喜欢动脑筋?会依赖父母?

☑ 你学习是否会经常想干别的事情,比如看电视、玩游戏等?

✪ 你觉得这些行为好吗?说说你的理由。

❖ **勤奋学习的事例**

中华民族是一个勤奋好学的民族,至今流传着许多勤奋好学的故事。

披蒲编,削竹简。 彼无书,且知勉。 头悬梁,锥刺股。 彼不教,自勤苦。

西汉时路温舒把文字抄在蒲草上阅读,公孙弘将《春秋》刻在竹子

削成的竹片上。他们两人都很穷,买不起书,但还不忘勤奋学习。晋朝的孙敬读书时把自己的头发拴在屋梁上,以免打瞌睡;战国时苏秦用功读书,困了就用锥子扎自己的大腿,以免睡着。没有人强迫他们这样做,是他们自己要努力学习的。

> 如囊萤,如映雪。家虽贫,学不辍。如负薪,如挂角。身虽劳,犹苦卓。

晋朝人车胤把萤火虫放在纱袋里照明读书,孙康则利用积雪的反光来读书,他们两人家境贫苦,却能在艰苦条件下继续求学。汉朝的朱买臣以砍柴维持生活,每天边担柴边读书。隋朝李密放牛把书挂在牛角上,有时间就读。他们在艰苦的环境里仍坚持读书。

☆ 朱买臣和李密,一个打柴一个放牛,生活都非常贫苦,但都能发奋读书,后来都成为很出色的人。我们有这么好的学习环境,怎么能不努力学习呢!如今我们不再需要囊萤映雪,但勤奋学习的精神永不过时。

> 苏老泉,二十七。始发愤,读书籍。彼既老,犹悔迟。尔小生,宜早思。

唐宋八大家之一的苏洵,号老泉,小时候不想念书,到了二十七岁的时候,才开始下决心努力学习,后来成了大学问家。苏老泉上了年纪,才后悔当初没好好读书,而我们年纪轻轻,更应该把握大好时光,发奋读书,以免将来后悔。

❋ 想一想:

☑ 为什么苏老泉到了 27 岁还要发奋学习?

☑ 苏老泉到了 27 岁才用功读书,你觉得他做得对吗?

☑ 年纪大的人还要学习吗？你从中得到了什么启发？

✪ 苏老泉到了二十七岁才领悟到读书的重要性，发奋苦读，终于成为大学问家。我们年纪还小，现在开始用功是绝对来得及的。我们要认识到读书和学习对我们人生的重要性，要打好坚实的知识根底，长大以后才能为社会做出应有贡献。

读一读

◎ 苏洵焚稿的故事

苏洵是北宋著名的散文家，他和他的两个儿子（苏轼、苏辙）都以文采著名，被后人合称为宋代"三苏"。

苏洵在 27 岁那年的一天，正像往常一样随手翻书阅览，无意中发现一篇关于古人爱惜时间、刻苦攻读的故事。他认真地读了一遍，感到这故事很生动，又读了一遍，更加感到有意义。于是他反复读了好几遍，每读一遍，就有一次收获。他觉得这故事好像是专为自己写的，不由得心中发出感叹："时光无情地飞逝，自己已经快到而立之年了，虽然写过一些文章，却都是些平庸之作，没有什么大的建树。"他想：现在不努力，还要等到什么时候啊！从这时起，苏洵开始发愤苦读。

经过一年多的时间，他觉得自己在学习上有了长进，就急急忙忙地参加科举考试，但不幸落了榜。这件事对他的打击很大，不过，他没有灰心丧气，决心重新振作起来。但他没有理出头绪，不知从哪儿做起。

有一天，苏洵在书房里整理他以前写的书稿时，发现了自己的不足，因为连自己也感到不满意，又怎能让它们在世上流传呢？于是他将这数百篇书稿统统抱出屋去，放在一个空地上，点上一把火，把它们化为灰烬。他之所以这样做，正是为了坚定从头做起的决心。焚稿

中华文化公开课

中
华
文
化
公
开
课

后,他如同放下一个沉重的包袱,更加轻松愉快地刻苦学习了。

练一练

1. 分组朗读上面六段《三字经》文字,比一比哪一组读得好。

2. 说一说,我们为什么勤奋学习?

3. 这节课我们学习了很多勤奋苦学的事例,选一个说一说。

4. 下面都是描写勤学的成语,填写完整并读一读。

发愤忘_____   韦编_____绝

闻_____起舞   穿壁引_____

《弟子规》(上)

【课前导读】从这一节课开始,我们将要学习《弟子规》。希望对《弟子规》中经典规范的讲述,能加深小朋友们对传统国学的了解,进而激发小朋友们学习国学的兴趣;也希望小朋友们能够从中受益,知孝悌谨信,讲泛爱仁德。

看一看

◆ 文明礼貌歌

晨风吹,阳光照,我们从小讲礼貌。

见到老师问声好,碰到同学问声早,

不为小事而争吵,发生矛盾不能恼,

我是懂事乖宝宝,吹响文明小号角。

◆ 洗手歌

清清水儿细细流,洗洗我的小脏手。

打上香皂搓一搓,手心手背手指头。

仔仔细细三十秒,再把细菌全冲走。

拿过毛巾擦干净,人人夸我小白手。

✻ 想一想:

要做一名合格的小学生,我们要遵守的行为规范还有哪些?

中华文化公开课

◎ 中小学生日常行为规范（三字歌）

升国旗	要敬礼	唱国歌	要肃立	尊长辈	爱幼小
孝父母	遵教导	会使用	文明语	遇外宾	要知礼
帮残疾	乐助人	不打架	不骂人	要诚实	不说谎
损公物	要赔偿	捡东西	要上交	借东西	要归还
不挑吃	不挑穿	惜粮食	节水电	爱整洁	常洗澡
勤刷牙	习惯好	不旷课	不迟到	对老师	有礼貌
上课时	用品齐	敢发言	多动脑	做作业	写工整
按时完	卷面净	广播操	要做好	练身体	争达标
保视力	做眼操	三个一	要做到	集合时	快静齐
做值日	要积极	个人事	应自理	家务活	要学习
衣和物	放整齐	学做饭	会洗衣	过马路	走横道
乘车船	要买票	买东西	按顺序	看影剧	不吵闹
保古迹	爱益鸟	护庄稼	爱花草	迷信事	要反对
坏书刊	不去瞧	烟酒赌	不能沾	不玩火	防危险
好与坏	要分清	坏行为	敢斗争	好习惯	早养成
有教养	益终生				

说一说

◇ 小朋友们在生活中扮演着什么角色？分别要遵守哪些行为规范与美德？

◇ 谈谈你见到的或听到的不好的行为、语言。

◇ 你知道古代的小朋友要遵守哪些行为规范吗？

中
华
文
化
公
开
课

学一学

❖ **《弟子规》其书**

《弟子规》原名《训蒙文》，为清朝康熙年间李毓秀所作。

《弟子规》对儿童的言语、行动都提出了具体要求，能够教育儿童去恶扬善、启蒙养正。它是仅次于《三字经》的儒家经典启蒙读物，是教导孩子或学生为人处世的规范。

❖ **《弟子规》的成书特点**

《弟子规》是依据至圣先师孔子的教诲编写而成的，共五个组成部分，以《论语》中的"弟子入则孝，出则弟，谨而信，泛爱众，而亲仁。行有余力，则以学文"开篇，三字一句，两句一韵编写而成。全书共360句，1080字。

❖ **《弟子规》的主要内容**

◆ **弟子规，圣人训**

"弟子"：一指孩子，一指学生。"规"：规范。"圣人"：指孔子。"训"：教导、教诲。

圣人在中国人的眼里，尤其是在儒家的眼里是至高无上的。孟子说："圣人，人伦之至也。"这句话是说，圣人是社会中道德完美的人。孔子是圣人的代表。

❋ **想一想：**

《孟子·离娄上》：不以规矩，不能成方圆。

◆ 首孝弟，次谨信

"弟"是"悌"的通假字。"孝"是指孝顺父母，"悌"是指友爱兄弟姐妹。谨，小心谨慎；信，守信用。

◎ 单衣顺母

孔子有一个叫做闵损的弟子，字子骞，他幼年的时候母亲便去世了。他的父亲又娶了一个媳妇，并且生了两个儿子。子骞的继母待子骞很不好，常常虐待他。冬天来临时，继母给自己的亲生儿子用棉花做冬衣，却用芦苇花给子骞做衣服。芦苇花做的衣服看起来很蓬松，却一点都不保暖。有一天，子骞的父亲让子骞驾车出门，子骞冻得直打哆嗦，父亲看了之后特别生气，心想："衣服都这么厚了，你还在那儿发抖装可怜，是不是想诋毁后母啊！"一气之下，就拿起鞭子抽打子骞。谁知道，一鞭子下去后，衣服破了，芦花飞舞出来，父亲才知道真相。父亲后悔不已，当下便回到家里要把后母逐出家门。闵子骞急忙拦下父亲，劝道："有母亲在的时候，最多就是我受点寒冷罢了。若是赶走母亲，三个儿子都要挨饿受冻了。请父亲原谅母亲吧！"后母听完子骞的话，惭愧不已，从此之后真心悔改，待子骞也如亲生儿子一般。

✪ 小朋友们，周末写完作业后，不要急匆匆地跑去玩耍哦。请为你的爸爸妈妈各泡上一杯热茶，给自己和父母半个小时的时间，请爸爸妈妈总结一下你本周的学习、生活、玩乐等方面的表现。听听看，父母眼中的你是什么样的？想想看，你还有哪些方面做得不够好？试试看，下周的你会不会有不一样的进步呢？

◆ 泛爱众，而亲仁

广泛的热爱大众，亲近有仁德的人。

"仁"是儒家思想的核心内容之一，最早由孔子提出。其内涵十分丰富："仁"是一种重视后天学习、强调后天努力的品质，"仁"的核心是尊重他人、理解他人，人们只有在正直、有礼、诚实的情况下才能达到

"仁"的境界。"仁"鼓励人们对自己严格要求，对自己的行为有所反思。

✽ **想一想：**

你帮助过他人吗？你养过小动物吗？你身边有乐于助人的人吗？

◆ **有余力，则学文**

行有余力，再去学习文化知识。

良好的道德品行是我们做人的前提和基础。如果一个人不能遵守最基本的道德规范，拥有再多的学问和知识也是不能被任用的，因为他有可能用这些知识来作恶。所以，小朋友们一定要认识到培养良好的道德品行的重要性。

★ 古人认为，道德是学习知识的前提，这对你有何启示？

读一读

孝
父母呼，应勿缓，父母命，行勿懒。父母教，须敬听，父母责，须顺承。冬则温，夏则凊，晨则省，昏则定。出必告，反必面，居有常，业无变。

悌
兄道友，弟道恭，兄弟睦，孝在中。财物轻，怨何生，言语忍，忿自泯。

谨
朝起早，夜眠迟，老易至，惜此时。晨必盥，兼漱口，便溺回，辄净手。冠必正，纽必结，袜与履，俱紧切。置冠服，有定位，勿乱顿，致污秽。

信
凡出言，信为先，诈与妄，奚可焉。话说多，不如少，惟其是，勿佞巧。奸巧语，秽污词。市井气，切戒之。

众爱泛

凡是人,皆须爱;天同覆,地同载。己有能,勿自私;人所能,勿轻訾。勿谄富,勿骄贫;勿厌故,勿喜新。

✪ 将全班分成五组,分别朗读上面五段文字。比一比哪一组读得好。

练一练

1.说一说下面诸德目的含义:

孝_____;弟_____;谨_____;

信_____;仁_____;

2.说一说《弟子规》的主要内容有哪五部分?

《弟子规》(下)

【课前导读】通过前一课的学习,我们简要了解了《弟子规》的主要内容。这节课我们将详细学习"谨"与"信"。此课的学习,希望帮助小朋友们树立起培养良好的生活习惯、珍惜时间、诚实守信等方面的意识。

看一看

◆ 拍手歌

你拍一,我拍一,讲究卫生要牢记。

你拍二,我拍二,小手不要放嘴里。

你拍三,我拍三,不要随地乱吐痰。

你拍四,我拍四,干净整洁多欢喜。

你拍五,我拍五,饭前洗手要记住。

你拍六,我拍六,瓜皮果壳不乱丢。

你拍七,我拍七,每天洗澡勤换衣。

你拍八,我拍八,牢记早晚要刷牙。

你拍九,我拍九,讲究卫生要持久。

你拍十,我拍十,卫生保健是大事。

☺ 小朋友们,快和你的同桌拍一拍吧!

中
华
文
化
公
开
课

说一说

◇ 小朋友们,你们知道哪些好的生活习惯,哪些不好的生活习惯吗?

◇ 你能列举出你所知道的诚实守信的人及他们的事迹吗?

◎ 一屋不扫,何以扫天下?

汉朝名臣陈蕃15岁时,曾经独处一个庭院习读诗书。一天,他父亲的一位老朋友薛勤来看他,看到院里杂草丛生、秽物满地,就对陈蕃说:"孺子何不洒扫以待宾客?"陈蕃当即回答:"大丈夫处世,当扫除天下,安事一室乎!"他的意思是他的手是用来打理天下的。口气大不大?你看很多小孩也说以后要当大官,要当大企业家,结果他的房间乱七八糟。

这回答让薛勤暗自吃惊,知道此人虽年少却胸怀大志。感悟之余,劝道:"一屋不扫,何以扫天下?"以激励他从小事、从身边事做起。连个屋子都扫不好了,怎么还可以扫天下? 同样的,连个屋子都整理不好,怎么去当企业家?

想一想

◎ 卖火柴的男孩的故事

18世纪英国的一位有钱的绅士,一天深夜他走在回家的路上,被一个蓬头垢面衣衫褴褛的小男孩儿拦住了。"先生,请您买一包火柴吧。"小男孩儿说道。"我不买。"绅士回答说。说着绅士躲开男孩儿继续走。"先生,请您买一包吧。我今天还什么东西也没有吃呢。"小男

孩儿追上来说。绅士看到躲不开男孩儿,便说:"可是我没有零钱呀。""先生,你先拿上火柴,我去给你换零钱。"说完男孩儿拿着绅士给的一个英镑快步跑走了。绅士等了很久,男孩儿仍然没有回来,绅士无奈地回家了。

第二天,绅士正在自己的办公室工作,仆人说来了一个男孩儿要求面见绅士。于是男孩儿被叫了进来。这个男孩儿比卖火柴的男孩儿矮了一些,穿的更破烂。"先生,对不起了,我的哥哥让我给您把零钱送来。""你的哥哥呢?"绅士道。"我的哥哥在换完零钱回来找你的路上被马车撞成重伤了,在家躺着呢。"绅士被小男孩儿的诚信深深感动:"走! 我们去看你的哥哥!"去了男孩儿的家一看,家里只有两个男孩儿的继母在照顾受到重伤的男孩儿。一见绅士,男孩儿连忙说:"对不起,我没有给您按时把零钱送回去,失信了!"绅士却被男孩儿的诚信深深打动了。当他了解到两个男孩儿的亲生父母双亡时,毅然决定把他们生活所需要的一切都承担起来。

❂ 小朋友们,你觉得受伤的小男孩做的对吗? 你从中学到了什么?

学一学

【小导读】"谨""信"是现代人应该遵守的行为准则与道德规范,也是中华民族的传统美德。在《弟子规》中有很多关于"谨""信"的知识,让我们来一起学习吧!

❖ 谨

> 朝起早,夜眠迟;老易至,惜此时。
>
> 晨必盥,兼漱口;便溺回,辄净手。

谨:慎重小心、严密细致。

早上应该早起,晚上不应睡得太迟;岁月匆匆,衰老很快就来了,要珍惜此时此刻。早上起来一定要洗脸、刷牙;大小便后,要及时洗手,养成良好的卫生习惯。

★ 小朋友们,你晚上几点睡觉?睡觉之前都会做些什么?你早上起床之后都会做些什么?你有经常洗手的习惯吗?你可以说一说早睡早起和讲卫生的好处吗?

> 冠必正,纽必结;袜与履,俱紧切。
> 置冠服,有定位;勿乱顿,致污秽。

帽子要端正,纽扣要扣好,鞋袜要穿齐整,以稳重端庄为好。帽子衣服都要放在固定的位置,不要乱放,以免弄脏。

◎ 赵宣子的故事

春秋时代晋国有一位大臣叫赵宣子,晋灵公在位时不知道要勤政爱民,赵宣子对国家非常忠诚,不断地向晋灵公进谏。晋灵公因忠言逆耳竟起歹念,派杀手祖麑刺杀赵宣子,祖麑在上早朝前就到达赵宣子的家中,看到赵宣子已把朝服装戴整齐,正襟危坐,闭目养神。祖麑看到赵宣子在无人看见的地方也如此恭敬,心想他一定是个爱国的忠臣,自己绝对不能误杀国家的栋梁,但由于未完成国君交待的事情,他便撞槐树自尽了。

> 对饮食,勿拣择;食适可,勿过则。
> 年方少,勿饮酒;饮酒醉,最为丑。

饮食要注意均衡,不能偏食挑食;饮食应坚持适量原则,不宜过量,以免增加身体负担。

年少时不可以饮酒；成年后饮酒也要适量，醉酒的状态是最丑的。

☻ 现在很多小朋友都很挑食，尤其不喜欢吃蔬菜。但是，你知道吗，挑食是一个很不好的习惯！挑食可能造成营养不良，也会养成娇生惯养的习气，不仅对身体健康不利，对心理健康更不利。

❖ 信

> 凡出言，信为先；诈与妄，奚可焉。
> 话说多，不如少；惟其是，勿佞巧。
> 奸巧语，秽污词；市井气，切戒之。

信：守信用。

凡是说出去的话，首先要诚信，答应别人的事情，就一定要遵守承诺。话多不如话少，该说的才说，不该说的不要乱说；讲话一定要实事求是，不要花言巧语。奸诈取巧的语言、下流污秽的言辞、市井流氓的气息，一定要远离。

☻ 小朋友，你对爸爸妈妈说过谎话吗？如果说过，学了这节课之后回去跟爸爸妈妈道个歉吧。知错能改，也是好孩子哦。

◎ 曾子杀猪的故事

古时候有个人叫曾子，有一天，曾子的妻子要到市场上买菜，这时，曾子的儿子哭个不停，于是，曾子的妻子就对孩子说："孩子，不要哭，妈妈回来给你杀猪吃。"当妻子买菜回来的时候，却看见曾子正准备杀猪。妻子才想起之前说过的话，问道："我那只是逗逗孩子，你怎么当真了？"曾子十分严肃地对妻子说，做父母的应该为孩子做出榜样，像你这样言而无信，不等于在教孩子说谎吗？曾子的妻子羞愧地低下了头，和曾子一同把猪杀了。这个故事告诉我们，为人要诚信，答应别人的事一定要做到。

中
华
文
化
公
开
课

见人善,即思齐;纵去远,以渐跻。
见人恶,即内省;有则改,无加警。
唯德学,唯才艺;不如人,当自砺。
若衣服,若饮食;不如人,勿生戚。

看见他人的优点,要想着去向他学习看齐;即使发现自己与别人相差很远,也要下定决心,渐渐赶上。见到他人的缺点,要自我反省;如果自己也有这样的缺点,要立即改正,如果自己没有,也要加强警惕之心。应当重视自己的品德、学问、才能技艺的培养。如果感觉有不如别人的地方,要自我勉励,奋发图强。如果是衣服、饮食不如别人,那倒不必心中感伤,更没有必要为此自卑忧虑。

★ 你身边有哪些值得你学习的人,他们在哪些方面值得你学习呢? 如果你见到的一些不好的行为,你应该怎么办?

闻过怒,闻誉乐;损友来,益友却。
闻誉恐,闻过欣;直谅士,渐相亲。
无心非,名为错;有心非,名为恶。
过能改,归于无;倘掩饰,增一辜。

如果一个人听到别人说自己的缺点就生气,听到别人赞美自己就快乐,那么坏朋友就会接近你,好朋友慢慢就疏远了。如果一个人听到别人赞美自己,不会得意忘形,而是会时常反省自己还有哪里做得不够好,听到别人批评自己的缺点,不但不会生气,反而觉得欣慰,那么正直诚信的人就会慢慢和他接近。无心之过称为错误,明知故犯,有意犯错,那就是恶了。知错能改,错误就会慢慢没有。如果为了面子不断掩饰自己的错误,那就是错上加错。

★ 世界上没有人能够不犯错误,犯了错误并不可怕,但是在犯错

误之后,一定要能听取别人的意见,勇于改正自己的错误。勇于改正自己错误的小朋友是最勇敢的小朋友!

◎ 唐太宗虚心纳谏的故事

有一次,魏征在上朝的时候,跟唐太宗争得面红耳赤。唐太宗非常生气,退朝以后,他憋了一肚子气回到内宫,见了他的妻子长孙皇后,气冲冲地说要杀死这个魏征!长孙皇后听了说:"我听说英明的天子才有正直的大臣,现在魏征这样正直,正说明陛下英明!"这一番话就像一盆清凉的水,把太宗满腔怒火浇熄了。

后来,直言敢谏的魏征病死了。唐太宗很难过,他流着眼泪说:"一个人用铜作镜子,可以照见衣帽是不是穿戴得端正;用历史作镜子,可以看到国家兴亡的原因;用人作镜子,可以发现自己做得对不对。魏征一死,我就少了一面好镜子了。"

练一练

1. 下面的词语,你知道对应文中哪一段话吗?

惜时如金　　时不我待　　光阴似箭　　衣冠楚楚

一言九鼎　　金口玉言　　见贤思齐　　改过向善

2. 将下列食物分分类。

苹果　　薯片　　牛奶　　汽水　　菠菜　　黄瓜　　火腿

饼干　　话梅　　炸鸡腿

营养食品:＿＿＿＿＿＿＿＿＿＿＿＿＿＿＿＿

垃圾食品:＿＿＿＿＿＿＿＿＿＿＿＿＿＿＿＿

3. 如果有同学指出你的缺点,你应该怎么办?

4. 你对老师、爸爸、妈妈、同学说过谎话吗?说一说为什么要说谎,这样做对不对呢?

《千字文》

【课前导读】《千字文》是我国最优秀的一篇训蒙教材,它用一千个汉字勾画出一部中国文化史的基本轮廓,代表了中国传统教育启蒙阶段的最高水平。《千字文》通篇首尾连贯,音韵谐美,读起来朗朗上口,既是一篇四言长诗,也是一部袖珍百科知识全书。

读一读

✧ 有感情地朗读下列古诗,想一想每首古诗押的是什么韵?

春 晓	咏 柳
(唐)孟浩然	(唐)贺知章
碧玉妆成一树高,	春眠不觉晓,
万条垂下绿丝绦。	处处闻啼鸟。
不知细叶谁裁出,	夜来风雨声,
二月春风似剪刀。	花落知多少?

说一说

✧ 你会读下面的汉字吗?说说每一组汉字有什么特点?

长、黄、娘、强、丧;

田、连、先、面、年;

左侧竖排文字:中华文化公开课

木、怒、粗、无、不。

✧ 你认识下面的汉字吗？试着读一读并写出它们的简化形式。

愛、漢、説、寫；

華、兒、飛、豊。

✧ 现在中国香港、台湾地区仍然在使用繁体字，而大陆早已开始使用简化字。说一说你更喜欢简体字还是繁体字，为什么？

学一学

❖ **《千字文》其书**

《千字文》是我国早期的蒙学读本。隋唐以来，更是广为流行。古人多简称其为《千文》，它在"三百千"（《三字经》《百家姓》《千字文》）中虽排名最后，但其成书时间却是最早的，也是"三百千"中唯一确切知道成书时间和作者的一部书。

根据史书记载，《千字文》是南朝梁武帝在位时期（公元502—公元549）编成的，其作者是梁朝散骑侍郎、给事中周兴嗣。

★ 小贴士：《三字经》《百家姓》《千字文》，俗称"三百千"，是三部影响大而流行广的启蒙读物。明代思想家吕坤曾说："初入社学，八岁以下者，先读《三字经》，以习见闻，读《百家姓》，以便日用，读《千字文》，以明义理。""三百千"将早期的识字教育与中国的历史文化，以及人格修养的教育巧妙地融合在了一起。言辞简练，含义丰富，朗朗上口，便于诵读。

● 知识卡片

《百家姓》

《百家姓》是北宋初年钱塘（杭州）的一个书生编撰的蒙学读物，将常见的姓氏编成四字一句的韵文，像一首四言诗，便于诵读和记忆，因此流传至今，影响极深。《百家姓》原收集姓氏 411 个，后增补到 504 个，其中单姓 444 个，复姓 60 个。

《百家姓》是宋朝初年编写的，因宋朝的皇帝姓赵，赵姓便为国姓。钱塘江属江浙所辖，当时治理江浙一带的王爷姓钱，孙是他正妃的姓，李是南唐后主的姓。于是"赵钱孙李"便成了开头一句。

赵钱孙李，周吴郑王。冯陈诸卫，蒋沈韩杨。

朱秦尤许，何吕施张。孔曹严华，金魏陶姜。

⋯⋯⋯⋯⋯

万俟司马，上官欧阳。夏侯诸葛，闻人东方。

赫连皇甫，尉迟公羊。澹台公冶，宗政濮阳。

⋯⋯⋯⋯⋯

❖《千字文》的成书特点

《千字文》被视为识字教育的捷径，每四字一句，共五百二十句，一千个字。其中只有一个重复的字，即"洁"字，此字在文中出现两次："女慕贞洁""纨扇圆洁"。文章通篇用韵。朗朗上口，其用韵数是七个。

★ 你知道吗？在隋唐之前，不押韵、不对仗的文字，被称为笔，而非文。

028

❖**《千字文》的主要内容**

【**小导读**】《千字文》并不是简单的单字堆积,而是条理分明、通顺可诵、咏物咏事的韵文;其内容又涉及到有关自然、社会、历史、教育、伦理等多方面的知识。所选用的一千个汉字,大多数都是常用字,生僻字不多,便于识读。

◆ 天地玄黄

> 天地玄黄,宇宙洪荒。 日月盈昃,辰宿列张。
> 寒来暑往,秋收冬藏。 闰余成岁,律吕调阳。
> 云腾致雨,露结为霜。 金生丽水,玉出昆冈。

天是青黑色的,地是黄色的,宇宙形成于混沌蒙昧的状态中。太阳升了又落,月亮圆了又缺,星辰布满在无边的太空中。

寒暑交替变换,来了又去,去了又来;秋天收割庄稼,冬天储藏粮食。一年中的十二个月再加上闰余,就是一年了;古人用六律六吕来调节阴阳。

云气上升遇冷就形成了雨,夜里露水遇冷就凝结成霜。黄金产在金沙江,玉石出在昆仑山岗。

● **知识卡片**

雨 的 形 成

雨是从云中降落的水滴。陆地和海洋表面的水蒸发变成水蒸气,水蒸气上升到一定高度之后遇冷变成小水滴。这些小水滴组成了云,它们在云里互相碰撞,合并成大水滴。当它大到空气托不住的时候,就从云中落了下来,形成了雨。

雨对人类有利有弊:雨可以灌溉农作物,补给地下水,净化空气,

但是过多的雨水也会引起一系列的自然灾害。

✳ 小调查：

☑ 你知道一年四季是哪四季吗？四季都有哪些特点呢？

☑ 你观察过一个月月亮的变化情况吗？

☑ 你知道闰年、闰月是怎么回事吗？

◆ 垂拱平章

> 始制文字，乃服衣裳。推位让国，有虞陶唐。
> 吊民伐罪，周发殷汤。坐朝问道，垂拱平章。
> 爱育黎首，臣伏戎羌。遐迩一体，率宾归王。

苍颉创制了文字，嫘祖制作了衣裳。唐尧、虞舜英明无私，主动把君位禅让给功臣贤人。

安抚百姓，讨伐暴君，是周武王姬发和商王成汤。贤明的君主坐在朝廷上向大臣们询问治国之道，垂衣拱手，毫不费力就能使天下太平，功绩彰著。

他们爱抚、体恤老百姓，使四方各族人俯首称臣。普天之下都统一成了一个整体，所有的老百姓都服服贴贴地归顺于他的统治。

◆ 守真志满

> 孔怀兄弟，同气连枝。交友投分，切磨箴规。
> 仁慈隐恻，造次弗离。节义廉退，颠沛匪亏。
> 性静情逸，心动神疲。守真志满，逐物意移。

兄弟之间要相互关心，因为兄弟一母同胞、血脉相连，如同树枝相连。结交朋友要意气相投，要能在学习上一起探究，品行上互相告勉。

仁义、慈爱,对人的恻隐之心在任何时候,任何地方都不能抛离。气节、正义、廉洁、谦让这些品德,在最穷困潦倒的时候也不可亏缺。

保持内心清静平定,情绪就会安逸舒适;心为外物所动,精神就会疲惫困倦。保持自己天生的善性,愿望就可以得到满足;追求物欲享受,善性就会转移改变。

读一读

◎ 《千字文》的成书历史

相传,梁武帝一生戎马倥偬,他很希望自己的后代能在太平时期读些书,而当时尚没有一本适合的启蒙读物。起初,他令一位名叫殷铁石的文学侍从,从晋代大书法家王羲之的手迹中拓下一千个各不相干的字,每纸一字,然后一字一字地教学,但杂乱难记。梁武帝寻思,若是将这一千字编撰成一篇文章,岂不妙哉。于是,他召来自己最信赖的文学侍从员外散骑侍郎周兴嗣,讲了自己的想法,说:"卿家才思敏捷,为朕将这一千字编撰成一篇通俗易懂的启蒙读物。"周兴嗣接受任务回到家后,他苦思冥想了一整夜,方文思如泉涌,他乐不可支,边吟边书,终将这一千字联串成一篇内涵丰富的四言韵书。梁武帝读后,拍案叫绝,即令送去刻印,刊之于世。

这就是流传至今已1400多年的《千字文》。周兴嗣因出色地编撰了《千字文》深得梁武帝的赞赏,被提拔为佐撰国史。不过,据说周兴嗣因一夜成书,用脑过度,次日,鬓发皆白。

练一练

1. 说一说文中三段原文押的是什么韵,并写出来:＿＿＿＿＿＿、

中华文化公开课

_____、_____。

    2.想一想一年四季都是什么颜色的：

春_____、夏_____、

秋_____、冬_____。

    3.简单描述一下雨是如何形成的？

    4.在"垂拱平章"中我们提到了古代四位圣明的君王，你还记得吗？试着写出来。

    _____、_____、_____、

_____。

《论语》论仁

【课前导读】《论语》的内容十分广泛,大多涉及人类社会生活问题,对中华民族的心理素质及道德行为起到重大影响! 在中国两千多年的历史中,《论语》一直是中国人初学时的必读之书。

说一说

◇ 你知道《论语》这本书吗?

◇《论语》的主要内容是什么呢?

◇ 你对《论语》有什么样的认识呢?

学一学

❖《论语》其书

◆《论语》命名的意义和来由

《论语》是一部主要记录孔子言语、行事的典籍,其中也有对孔子的若干弟子,比如子路、曾子、颜回、子贡的言语和行事的记载。

《论语》中的“论”是论述编纂的意思,“语”则是语言的意思。因此,《论语》的名称就是将孔子平时与自己的弟子、其他人的对话记录下来的意思。

✪ 同学们,你所知道的孔子的弟子有哪些呢? 你能说出他们的性格特征吗?

◆《论语》的作者

因为《论语》不仅记录了孔子的言行,还有关于他的弟子们言行的记载,所以,我们可以推断出,《论语》出自孔子的弟子或者再传弟子之手。

《论语》的写作并不是现代人著书立说的形式,而是出自多人之手。孔子的弟子和再传弟子们因为敬慕与怀念自己的老师,所以分别执笔记下老师的言行,最后汇编成儒家经典《论语》。

◆《论语》的基本结构

《论语》共二十篇,篇名取自每篇第一句开头的两个字或三个字,分别为学而、为政、八佾、里仁、公冶长、雍也、述而、泰伯、子罕、乡党、先进、颜渊、子路、宪问、卫灵公、季氏、阳货、微子、子张、尧曰。

由于《论语》成书于多人之手,体裁又为语录体,所以每一篇并没有明确的中心思想。但是,也有一些篇章的主题思想是有迹可循的,如公冶长篇主要记载孔子一些弟子的言行,乡党篇主要记述孔子在日常生活中的习惯以及举止形态,子张篇主要记录孔子不同弟子的观点以及彼此之间的争论等。

◆《论语》的主要内容

在《论语》中,"仁"这个字出现了 100 多次,可见它的重要性。那么,"仁"究竟是什么意思呢?

❖ 孔子论"仁"

【小导读】《论语》中的"仁"有许多解释,孔子并没有给我们一个确定的结论。在这里,我们选取孔子讲述"仁"的部分章节,读完之后谈谈你的体会。

◆ 仁者爱人

樊迟问仁。子曰:"爱人。"

樊迟问什么是仁德。孔子说:"爱人。"

> **厩焚。子退朝,曰:"伤人乎?"不问马。**

孔子家的马厩失火了。孔子从朝堂上回到家,问道:"有人受伤吗?"不问马有没有受伤。

⭐ 在春秋时期,由于物质的匮乏,马是家庭最重要的财富之一。孔子虽然曾经有过官职,但是他的经济状况总体上并不宽裕。孔子在得知马厩失火后,没有首先关心自己财产是否受到损失,而是询问有没有人受伤,由此可以充分地体现孔子"仁者爱人"的情怀。

◆ 刚、毅、木、讷近仁

> **子曰:"刚、毅、木、讷,近仁。"**

孔子说:"刚强、果决、质朴、谨言,有这四种品德的人就接近于仁人。"

仁者是具有完美品格的人,其内在品质须具备仁、智、勇三德,其外在形象须因时、因地有不同的表现。

> **司马牛问仁。子曰:"仁者,其言也讱。"**

司马牛问仁德。孔子说:"所谓仁德的人,言语迟钝而慎重。"讱,读 rèn,稳重、迟缓的意思。

⭐ 司马牛是孔子的弟子之一,《史记·仲尼弟子列传》说他的性格"多言而躁",喜欢夸夸其谈。因此孔子教育他,说话要稳重。

◎ 邓艾的故事

邓艾是三国时期魏国杰出的政治家、军事家和战略家。虽然他患有口吃,能不开口就不开口,但是他在军事、民政方面都有出色的成

中华文化公开课

就。魏景元四年他同钟会共同征伐蜀国,袭取成都,为消灭蜀汉立下汗马功劳。

他还在淮河流域修淮阳、百尺两条水渠,使淮河两岸万余顷土地得到灌溉。曹魏政权的实力之所以能在魏、蜀、吴三国中始终保持领先地位,与邓艾的努力是分不开的。

> 子曰:"巧言令色,鲜矣仁。"

孔子说:"花言巧语,伪装和善,这种人是很少有仁德的。"

★ 巧言者必居心不正,令色者必言不由衷。越是鲜艳的蘑菇越是有毒,玫瑰花虽然艳丽,却浑身带刺。有仁德的人是不会用谄媚来取悦世俗的,具有高尚品德的人,很少做出令人厌恶的行为,而阿谀逢迎者必为奸佞阴险、居心叵测之徒。所以,面对别人的花言巧语,一定要保持清醒的头脑。

◎ 邹忌的故事

战国时,齐国的邹忌长得很出众。有一天,他问妻子说:"我和城北徐公比,谁更美呢?"他的妻子说:"当然是你啊,徐公怎么能比得上您呢?"又问他的侍妾:"我和徐公相比,谁更美呢?"妾说:"当然是你啊,徐公哪能比得上您呢?"第二天,有客人从外面来访,客人也这么说。

又过了一天,徐公来了,邹忌仔细地看着他,自己认为不如徐公美;看着镜子里的自己,更是觉得自己与徐公相差甚远。他想:"明明我不如徐公美,为什么妻子、侍妾和客人都说我比徐公美呢?"

最后,他恍然大悟:"我的妻子赞美我美,是因为她偏爱我;我的妾赞扬我美,是因为害怕我;客人称赞我美,是因为有事情乞求于我。"

邹忌用这个故事来劝谏齐王,希望他亲贤远佞,广纳良言。

◆ 孝弟乃仁之本

> 有子曰:"其为人也孝弟,而好犯上者,鲜矣;不好犯上,而好作乱者,未之有也。君子务本,本立而道生。孝弟也者,其为仁之本与!"

有子说:"一个人能做到孝顺父母与友爱兄弟,却喜欢冒犯上司,那是很少有的。不喜好冒犯上司,却喜好造反作乱的,那是不曾有过的。君子要在根基上好好努力,根基稳固了,人生正途就会随之展现开来。孝顺父母与友爱兄弟,这是仁的根本啊!"

★ 孔子认为,人类最高的道德是仁爱,而仁爱最基础的要求便是能够孝顺父母、友爱兄弟。

◎ 江革的故事

汉朝的江革侍母至孝,有巨孝之称。他幼年丧父,与母亲相依为命。王莽改制后天下大乱,江革背着母亲逃难,给人做佣工以赡养母亲。

东汉建武末年,江革与母亲归乡。依汉代制度,每年八月都要进行"案比",也就是清查户口。江革因母亲年老,无法经受路途颠簸,于是不用牛马,自己拉着车送母亲到县衙。太牢礼聘为吏,他以母亲年迈而推辞。母亲病逝以后,他又寝伏庐墓守丧。

元和年间,汉章帝为表彰江革的孝行,赐谷千斛,命令地方官每年八月都要带礼物看望江革,并且允许江革死后可以用"中牢"来祭奠。

❖ "仁"纳诸德

> 樊迟问仁。子曰:"居处恭,执事敬,与人忠。虽之夷狄,不可弃也。"

樊迟问怎样才是仁。孔子说:"平常在家要规规矩矩,为国家办事严肃认真,与人交往忠厚诚恳。这几点即使到了落后的夷狄之地,也不可背弃。"

> 子张问仁于孔子。孔子曰:"能行五者于天下,为仁矣。请问之。曰:恭,宽,信,敏,惠。恭则不侮,宽则得众,信则人任焉,敏则有功,惠则足以使人。"

子张问孔子什么是仁。孔子说:"能够躬行五种品行,就做到仁德啊。"子张请问是哪五种品德呢?孔子说:"恭敬、宽恕、诚信、勤敏、慈惠。恭敬则不致受到侮辱,宽恕就能够得到众人的拥戴,诚信上级就会重用他,勤敏就能够把握机会建立功勋,慈惠泽被于人就能够令人服从。"

★ 此处的"仁"涵盖"恭,宽,信,敏,惠"五德。"恭"和"宽"教我们的是做人的修养,"信"和"敏"教我们的是做事的态度,"惠"教我们的是做官的风范。如五者兼具,你就会成为大智大慧之人。同学们,那我们还等什么呢?

> 子禽问于子贡曰:"夫子至于是邦也,必闻其政,求之与?抑与之与?"子贡曰:"夫子温、良、恭、俭、让以得之。夫子以求之也,其诸异乎人之求之与?"

子禽问子贡说:"老师每到一个地方,必然能了解那个国家的国情政事。这是他自己去问的,还是别人主动告诉他的呢?"子贡说:"这是由于他老人家温和、善良、恭敬、节制、谦让的品德兼备,从而各国国君主动拿国政向他请教。他老人家的方法,大概正是他与别人求知方法不相同的地方吧?"

❖ 成"仁"之径

◆ 博学思问

> 子夏曰:"博学而笃志,切问而近思,仁在其中矣。"

子夏说:"广博地学习并且坚定自己的志向,对关乎切身的问题提出疑问,并且用心思考,仁德就自然形成了。

◆ 亲自躬行

> 子曰:"仁远乎哉? 我欲仁,斯仁至矣。"

孔子说:"仁德遥远吗? 我想要仁德,仁德就来到了。"

> 颜渊问仁。子曰:"克己复礼为仁。一日克己复礼,天下归仁焉。为仁由己,而由人乎哉?"颜渊曰:"请问其目。"子曰:"非礼勿视,非礼勿听,非礼勿言,非礼勿动。"颜渊曰:"回虽不敏,请事斯语矣。"

颜渊问什么是仁。孔子说:"克制自己,一切都照着礼的要求去做,这就是仁。一旦能以礼仪约束自己的言行,天下的一切就都归于仁了。能不能做到仁,完全在于自己,难道还依赖别人吗?"

颜渊说:"请问具体应该怎么做呢?"孔子说:"不合乎礼制的事不

要看,不合乎礼制的言辞不要听,不合乎礼制的话不要说,不合乎礼制的事情不要做。颜渊说:"我虽然愚笨,但也要照您的这些话去做。"

★《论语》中的仁者

◆ 仁者管仲

> 子路曰:"桓公杀公子纠,召忽死之,管仲不死。曰:未仁乎?"子曰:"桓公九合诸侯,不以兵车,管仲之力也。如其仁! 如其仁!"

子路说:"桓公杀公子纠,召忽为此而自杀,管仲却仍然活着。这样不能算合乎仁义的要求吧?"孔子说:"桓公多次主持诸侯会盟,使天下没有战事,这都是管仲促成的。这就是管仲行仁的表现! 这就是管仲行仁的表现!"

◆ 仁者兄弟——伯夷叔齐

> 齐景公有马千驷,死之日,民无德而称焉。伯夷叔齐饿死于首阳之下,民到于今称之。其斯之谓与?

齐景公有四千匹马,死的时候,却没有什么德行值得百姓称道。伯夷、叔齐饿死在首阳山下,百姓到现在还在称赞他们。说的就是这个道理吧。

◆ 殷有三仁

> 微子去之,箕子为之奴,比干谏而死。孔子曰:"殷有三仁焉。"

微子离开了纣王,箕子做了他的奴隶,比干因劝谏而被杀死了。孔子说:"这是殷朝的三位仁人啊!"

练一**练**

1."仁"有哪三层基本含义？它包含哪些品德呢？

2.试举一个"仁者爱人"的例子。

3.对比一下恭、宽、信、敏、惠这五种品德,看看自己在哪一方面有缺失呢？

4.实现"仁"的途径有哪些？

5.你能说说《论语》中记载的仁者事迹吗？他们哪些方面值得我们学习呢？

中华文化公开课

《论语》论君子

【课前导读】君子文化是儒家文化的一个重要组成部分,在中国传统文化中也占有重要的地位。因此我们要学习君子之风,力争成为一名君子!

说一说

◇ 你想象的君子是什么样子呢?你知道哪些历史人物具有君子之风?

◇ 如果你想成为一名君子,你应该具有什么样的德行呢?

◇ 如何与君子交往呢?

◇ 君子有什么要戒范的吗?

学一学

【小导读】"君子"是孔夫子心目中理想的人格标准,一部两万多字的《论语》,"君子"这个词就出现了一百多次。

❖ 君子的标准

◆ 君子是一个不忧不惧(善良)的人

> 司马牛问君子。子曰:"君子不忧不惧。"曰:"不忧不惧,斯谓之君子已乎?"子曰:"内省不疚,夫何忧何惧?"

司马牛问什么样的人可以成为君子。孔子说:"君子不忧愁,不恐惧。"司马牛又问:"不忧愁、不恐惧,这就可以叫作君子了吗?"孔子说:"自己问心无愧,又有什么可以忧愁和恐惧的呢?"

✪ "平生不做亏心事,夜半敲门心不惊。"一个人反省自己的行为,而能够不后悔、不愧疚,这个标准说低也低,我们每个人都可以做到。然而做过的每件事都要禁得住推敲,实在又是极不容易的事。

君子不忧不惧,是因为内心光明磊落。立身处世,事事都需要谨慎。一念一言的偏差正是偏之毫厘,谬以千里。为人犹如坐在渡海的橡皮舟上,船体不能有针眼大的缝隙。做人,就是不断地完善自己的人格,不履邪径,不欺暗室。即使处在别人看不见听不着的地方,也不可以做欺心昧理的事。

◆ 君子是一个高尚的人

子曰:"君子喻于义,小人喻于利。"

孔子说:"君子通情达理可以晓之以大义,而小人只注重私利。"

子曰:"士而怀居,不足以为士矣。"

孔子说:"有志向的读书人却用心于求田问舍,不足以称为有学问的人。"

● 知识拓展

只要符合道义的事,君子就要去做。亚圣孟子将这种精神概括为:"穷则独善其身,达则兼济天下"。一个人在显达的时候能以天下为己任,而在困窘之时还不放弃个人修养,能心怀天下,这就是君子。诗圣杜甫在自己仅能容身的茅屋破败漏雨之时,想的却是"安得广厦千万间,大庇天下寒士俱欢颜",想让更多的人住上好房子。我们不会

感到杜甫是在说大话,而是会被那博大的胸襟和炽烈的感情所震撼!再比如范仲淹,他认为一个士人不论是"居庙堂之高"还是"处江湖之远"都应该心念天下君民,都应当"先天下之忧而忧,后天下之乐而乐"。

◆ 君子是一个很好相处的人

> 子曰:"君子矜而不争,群而不党。"

孔子说:"君子庄重矜持,而不同别人争执。与人和睦相处,但不结党营私。"

> 子曰:"君子和而不同,小人同而不和。"

孔子说:"君子讲求和谐,但可能会有所分歧。小人之间虽然容易取得一致,但是不能够长久相处。"

★ 中国一直以和谐为美,而真正的和谐是什么?和谐就是在坚持不同声音、不同观点的前提下,对他人的一种宽容、一种融入。其实这就是君子之道。

◆ 君子是一个言行一致的人

> 子曰:"君子欲讷于言,而敏于行。"

孔子说:"君子尽力使言语谨慎,做事勤劳敏捷。"

> 子贡问君子。子曰:"先行其言,而后从之。"

子贡问怎样才能做一个君子。孔子说:"君子总是把想说的话先实行,实行了以后再说出来。"

☆ 小贴士:做一个不忧不惧(善良)的人,做一个高尚的人,做一个很好相处的人,做一个言行一致的人。虽然成为君子的道理永远是朴素的,是温暖的,是和谐的,是每一个人可以从当下做的;然而那个梦想,那个目标,虽是高远的,但不是遥不可及的。它其实就存在于当下,也存在于我们每一个人的内心之中。从这个意义上讲,我们每一个人都可以成为一个真君子。

❖ 君子与小人

◆ 君子与小人有不同的心理状态

> 子曰:"君子坦荡荡,小人长戚戚。"

孔子说:"君子心胸平坦宽广,小人则经常局促忧愁。"

> 子曰:"君子泰而不骄,小人骄而不泰。"

孔子说:"君子处之泰然但不骄矜恣肆,小人蛮横放肆但是不能安适自处。"

☆ 君子不能做不可告人的事,否则你只能整天处于担心害怕的状态。

◆ 君子与小人有不同的处世风格

> 子曰:"君子周而不比,小人比而不周。"

孔子说:"君子之交是互相团结,而不只是和少数几个人接近。小人只和少数几个人亲近,而不团结大多数人。"

> 子曰:"君子求诸己,小人求诸人。"

孔子说:"君子依靠自己的力量,而小人则求别人。"

◆ **君子与小人有不同的道德准则**

> 子曰:"君子怀德,小人怀土;君子怀刑,小人怀惠。"

孔子说:"君子致力于德行的修养,小人看重的是生活的安逸。君子心怀法度,小人却贪图实惠。"

> 子曰:"君子上达,小人下达。"

孔子说:"君子向上追求道义,小人向下追逐私利。"

★ 君子永远以仁义的标准要求自己,心中永远有道德的底线;而小人为了获得利益、达到目的不择手段。

◆ **君子与小人有不同的做事风格**

> 子曰:"君子成人之美,不成人之恶。小人反是。"

孔子说:"君子帮助别人成全好事,不帮助别人做坏事。小人则恰恰相反。"

> 子曰:"君子不可小知而可大受也,小人不可大受而可小知也。"

孔子说:"对于君子,不可以用小事去考察他的才智,而可以让他接受大任务。对于小人,不可以用大任务去考察他,而可以让他去做小事情。"

★ 孔夫子希望每个人都能够做君子,或者有一颗做君子的心,不做小人,并且远离小人。孔子在《论语》中从心理状态、处世风格、道德准则、做事风格等方面区别了君子和小人。同学们,你能区分君子与

小人了吗？

❖ **君子之三道、三畏、三戒、九思**

◆ **君子道者三**

> 子曰："君子道者三，我无能焉：仁者不忧，知者不惑，勇者不惧。"子贡曰："夫子自道也。"

孔子说："君子的道德修养有三个方面，但是我却没有做到。有仁德的人不会忧愁，有智慧的人不受诱惑，有勇气的人无所畏惧。"子贡说："老师正是这样做的啊！"

★ "仁者不忧"是说仁者内心仁厚、宽和，不纠缠于细小得失，只有这样的人才能真正做到内心安静、坦然。"知者不惑"是说有智慧的人面对纷繁复杂的诱惑时能够坚定信念，懂得如何取舍，不为外界所迷惑。而"勇者不惧"就更好理解了，当你的内心足够勇敢、足够开阔，你就有了勇往直前的力量，自然就不再害怕了。

◆ **君子有三畏**

> 孔子曰："君子有三畏：畏天命，畏大人，畏圣人之言。小人不知天命而不畏也，狎大人，侮圣人之言。"

孔子说："君子有三件应该敬畏的事。敬畏上天，敬畏德高望重的人，敬畏圣人的警语。小人不懂得天命不可逆转，只知攀附地位高的人，而蔑视圣人的教导。"

◆ 君子有三戒

> 孔子曰：“君子有三戒：少之时，血气未定，戒之在色；及其壮也，血气方刚，戒之在斗；及其老也，血气既衰，戒之在得。”

孔子说："君子要在三方面戒己。年少时血气尚未成型，要节制色欲；壮年时血气旺盛，要避免争斗；老年后血气衰弱，要戒除贪婪之心。"

◎ 林则徐止怒的故事

林则徐年轻时性子急躁，遇事不称心就要发怒。父亲林宾日多次劝告，见效不大。一年，林则徐将赴外地上任，临行前，父亲给他讲了一个"止怒"的故事。从此，他就写了"止怒"两个字挂在墙上。

林则徐火烧了鸦片，吓坏了侵略者。于是他们派兵攻打天津，直逼京都，要挟清朝政府严办林则徐。道光皇帝吓破了胆，连忙下了一道圣旨，押解林则徐到京听候惩办。钦差读罢圣旨，林则徐又气又恼，但他仍不慌不忙，把公事一一料理得当，才回到私衙。满面泪痕的林夫人已把随身行李收拾得当。林则徐看了一眼，踱步来到书房说："将'止怒'这幅字带上。"夫人不解，问道："老爷，比这贵重的东西都丢了，你要带此作甚？"林则徐说："这比什么都宝贵，我办事数十年，时时都记着它，如今年老了，还要靠它养身呢！"

◆ 君子有九思

> 孔子曰："君子有九思：视思明，听思聪，色思温，貌思恭，言思忠，事思敬，疑思问，忿思难，见得思义。"

孔子说："君子有九种需要注意思考的事。看的时候是否看得明

白,听的时候是否听得清楚,脸上的表情是否温和,容貌是否恭敬,说话是否老实,做事情是否严肃认真,遇到问题是否要向别人请教,愤怒要思考是否会产生后患,获取财利要思考是否合乎仁义的要求。"

❖ 君子之志

◆ 老者安之,朋友信之,少者怀之

> 颜渊、季路侍。子曰:"盍各言尔志?"子路曰:"愿车马衣轻裘与朋友共,敝之而无憾。"颜渊曰:"愿无伐善,无施劳。"子路曰:"愿闻子之志。"子曰:"老者安之,朋友信之,少者怀之。"

颜回、子路陪在孔子身旁。孔子说:"何不各自谈谈你们的志向呢?"子路说:"我愿意把车马、衣服与朋友共同享用,即使用坏了也不会抱怨。"颜渊说:"我希望能够做到不夸耀自己的长处,不宣扬自己的功劳。"子路说:"我想知道老师的志向。"孔子说:"让老人得到很好的赡养,让朋友能够互相信守誓约,让年幼的孩子得到关照。"

◆ 曾点气象

> 曾点曰:"莫春者,春服既成。冠者五六人,童子六七人,浴乎沂,风乎舞雩,咏而归。"夫子喟然叹曰:"吾与点也!"

曾皙说:"暮春时节,春天的衣服已经穿上了。我和五六位成年人,六七个青少年,去沂河里洗洗澡,在舞雩台上吹吹风,一路唱着歌走回来。"孔子长叹一声说:"我赞成曾点的想法啊!"

❂ 曾点气象展现了礼制治国后的太平盛世景象,也显示了回归自然、回归家园、体认天乐的生命情怀。

练一练

1. 君子有三戒：

_____；_____；_____。

2. 君子有三畏：

_____；_____；_____。

3. 君子道者三：

_____；_____；_____。

4. 你是怎么样理解"曾点气象"的呢？

5. 我们生活中哪些问题应该追求"和"，哪些问题应该追求"不同"呢？

6. 小人不能"坦荡荡"的根本原因是什么呢？

7. 君子的九思为什么以"视"为首呢？还有哪些名言警句说的也是这一道理呢？

8. 我们如何按照君子的标准来要求自己呢？

《诗经》概论

【课前导读】《诗经》是我国第一部诗歌总集,是反映上古社会生活的百科全书,后来又成为重要的国学经典。《诗经》也是古代最基本的教材之一,它在结集成书后,便成为各类教育的课本,使用的时段覆盖从春秋到清代的漫长岁月。

说一说

　◇ 你知道《诗经》这本书吗?你对它有什么样的认识呢?

　◇《诗经》从何而来?什么人创造了它?它的主要内容是什么呢?

看一看

❖《诗经》简介

◆《诗经》其书

《诗经》是我国第一部诗歌总集,共收入自西周初期(公元前 11 世纪)至春秋中叶(公元前 6 世纪)约 500 年间的诗歌 305 篇。最初称《诗》,汉代儒者将其奉为经典,乃称《诗经》。

从形式上说,《诗经》是一本歌词总集,所收之诗全部是乐歌。百姓的日常生活离不开歌谣,朝廷的各种典礼要用乐歌,至于宗庙祭祀就更离不开歌舞了。可见,在《诗经》产生的年代,人们对音乐是多么的重视。

从内容上说,《诗经》不仅是一本关于诗歌的经典之作,它还是一部记载当时农业生产、历法、战争、民俗、婚嫁等社会生活的经典之作,更是人类表达喜悦、快乐、悲伤、怨恨、痛苦、思念、绝望等情感的经典之作。我们生活中的各个方面都能在《诗经》中有所体现,我们心灵的每一次跳动都能在《诗经》中找到经典的诠释。可以说,《诗经》是一部关于我们的过去、现在、未来生活的经典。

◆《诗经》的作者

《诗经》内容丰富,覆盖地域广阔,它的作者来自各个阶层,不仅有周天子、周王朝诸侯、大夫、士人等上层人物,还有农民、船夫、猎手等普通百姓,其中一些还是女性。然而,绝大多数篇目都没有留下作者的姓名,只有少数几篇在作品中做了标示:《小雅·节南山》是"家父"所作,《小雅·巷伯》是"寺人孟子"所作,《大雅》中的《崧高》和《烝民》是"尹吉甫"所作,其他的就不得而知了。

◆《诗经》的由来

关于《诗经》的形成一般有三种比较流行的说法:

"采诗说":西汉的伟大历史学家班固认为,古代有专门的机构和官员,到各国去采集诗歌,最后编成了《诗经》。采诗的目的,主要是为了了解民情风俗,考察政治得失,以作为统治者施政的参考。

"献诗说":有些古书上记载,《诗经》中的诗歌是贵族和士大夫们献给天子的诗篇,目的是使天子观政治得失、经济利弊和民生疾苦。

"删诗说":西汉的伟大历史学家司马迁认为,春秋时期的诗歌原来有三千多篇,经过孔子的删选、整理、编订,就只剩下 305 篇,也就是现在的《诗经》。

学一学

❖ **《诗经》的体裁：风、雅、颂**

◆ **"风"之彩**

"风"分国编辑，包括《周南》、《召南》、《邶风》(音 bèi) 、《鄘风》(音 yōng)、《卫风》、《王风》、《郑风》、《齐风》、《魏风》、《唐风》、《秦风》、《陈风》、《桧风》、《曹风》、《豳风》(音 bīn)，共十五"国风"，诗 160 篇。"国"不仅仅指国家，也指方域和地区。

☞ "风"的两个特点

一是由于"风"来自十五个国家或地区，因此"风"具有明显的地域特点；二是由于诗歌的创作来自民间，所以真实反映了劳动人民的生活，具有鲜活绚丽的个性色彩。

☞ 《周南》与《召南》(25 篇)

武王灭商以后，地域扩大，为了加强统治，武王决定让周公和召公分陕而治。《周南》与《召南》便是产生于周公与召公分治的黄河和长江流域一带的诗歌。"二南"最大的特点是多婚礼之歌，因此也被称作《诗经》时代的婚姻生活百科全书。

☞ 《邶风》、《鄘风》、《卫风》(39 篇)

周武王灭殷后，将原来的殷商京都朝歌一分为三，成为邶、鄘、卫三都。邶、鄘、卫三风在叙事抒情的结合方面，在人体美、服饰美的精心描写方面，显示了殷都一带的艺术特色。

☞ 《王风》、《郑风》、《齐风》、《魏风》(49 篇)

《王风》共 10 篇，其内容以夫妻情深、悯时纷乱、怀念故国为主。《郑风》共 21 篇，郑国处于东周京都洛阳附近，《郑风》中女子创作的情诗比例很高。《齐风》共 11 篇，齐国地域广博，盛极一时，是东方最大

的国家,因此在《齐风》中我们看到的是一个泱泱大国的富贵华丽。《魏风》共 7 篇,多以"怨以怒"、"哀以思"为主题,多数作品都深刻地反映了当时的社会现实,具有鲜明的时代色彩。

☞《唐风》、《陈风》、《桧风》(26 篇)

《唐风》共 12 篇,因唐风地寒土薄,故《唐风》多忧思深远之音。《陈风》共 10 篇,陈国南部接近楚国,北部接近郑国,巫风昌盛,故国民多善歌善舞,因此《陈风》带有浓烈的神秘色彩。《桧风》共 4 篇,诗歌多表达凄凉的亡国哀思之情。

☞《曹风》、《豳风》、《秦风》(21 篇)

《曹风》共 4 篇,诗风比较杂乱,没有明显的特色。《豳风》共 7 篇,一般认为《豳风》是周公东征的一组诗歌,诗歌洋溢着人们对和平与安定生活的渴望。《秦风》共 10 篇,秦人自古以来就以游牧为主,《秦风》多是豪迈奔放的金戈杀伐之诗。

◆ "雅"之正

"雅"是产生于西周京都地区的乐歌,当时把京都之乐看作是正声,带有一种尊崇的意味——有着和谐平正特点的官方典范音乐。"雅"分为《小雅》和《大雅》。

☞《小雅》(74 篇)

《小雅》的大多数作品作于西周,产生于西周中心地区的篇目较多,也有作于其他地域的篇目。内容丰富,有的反映了贵族的宴饮生活,有的反映了徭役与战争,还有的是政治讽刺诗。

☞《大雅》(31 篇)

《大雅》基本上都是西周时期的作品。其中的《生民》、《公刘》、《绵》、《大明》、《皇矣》五篇,是周朝的史诗,叙述英雄祖先的业绩,产生的年代比较早。《民老》、《荡》、《仰》等忧国忧民的政治诗,真实地反映了周厉王、幽王时期混乱动荡、民生凋敝的社会现实。

◆ "颂"之容

"颂"是专门用于宗庙祭祀先王先公,歌颂其功德的一种音乐形式,"颂"也是最高等级礼仪规格的一种标志。它的音乐的特点是雍容庄严,节奏比"风"、"雅"更加缓慢。"颂"包括《周颂》、《商颂》和《鲁颂》三部分。

☞《周颂》(31篇)

《周颂》是周王室庄严神圣的宗庙祭祀诗,主要是由祭祀的主持人和组织者所作,内容以颂德为主,多心怀敬畏地向先祖神灵祈求福佑。

☞《鲁颂》(4篇)

《鲁颂》的内容以赞美鲁僖公的功业为主,用词华丽,从形式上来讲非常接近"风"。

☞《商颂》(5篇)

《商颂》在内容性质上非常接近《大雅》,是祭祀祖先的颂歌。如《玄鸟》记叙了商民族的起源和英雄祖先的伟业,《长发》则记叙了武丁伐楚的历史。

❖《诗经》的写法:赋、比、兴

✪ 赋、比、兴的表现手法,是《诗经》重要的艺术特色。

◆ 赋

赋,就是比较直白的叙述、铺陈。代表作如《秦风·蒹葭》、《豳风·七月》等。

赋的手法不仅包括所有的叙事,如顺叙、倒叙、插叙、追叙等,还包括写景(包括场面、场景描写)中的白描及抒情中的直抒胸臆。

◆ 比

比,我们可以理解为比喻,如《鹤鸣》用"他山之石,可以攻玉"来比喻治国要用贤人。

比喻有两个本质的特点:一是喻体与本体之间构成比喻关系,则

两者之间必有相似点；二是两者必非同类，因为是同类就是类比了。例如：如果说"姑娘长得像朵花"，这就是比喻；如果说"姑娘长得像她妈妈"，这就是类比。《魏风·硕鼠》《豳风·东山》就是用比的手法。

◆ 兴

兴是起先、起头的意思，也就是先借他物作为诗的开头，然后再引出下文，是触景生情的表现手法。如《周南·关雎》，诗的开篇以诗人见到一对水鸟在河中小洲之上求偶鸣叫，触发起对河边姑娘的爱慕追求。

★ 赋、比、兴三者，在《诗经》的作品中常常是交互运用。赋中有比，比中有赋。同样，兴后也有赋、比，或者比、兴连用。《诗经》大量的篇章都是这三种手法交互使用，富于变化，从而使诗篇呈现出鲜明性、生动性和精确性的特点。

● 知识卡片

《诗经》中的成语

《诗经》保留了众多的原始话语，经过数千年的口耳相传，它的一些词汇已经成为大众喜爱的成语与熟语，至今还在我们日常生活中被广泛应用。

☑ 忧心忡忡：语出《诗经·草虫》：未见君子，忧心忡忡。

☑ 新婚燕尔：语出《诗经·谷风》：宴尔新婚，如兄如弟。

☑ 信誓旦旦：语出《诗经·氓》：信誓旦旦，不思其反。

☑ 寿比南山：语出《诗经·天保》：如南山之寿，不骞不崩。

☑ 进退维谷：语出《诗经·桑柔》：人亦有言，进退维谷。

☑ 战战兢兢：语出《诗经·小旻》：战战兢兢，如临深渊，如履薄冰。

☑ 明哲保身：语出《诗经·烝民》：既明且哲，以保其身。

☑ 风雨如晦：语出《诗经·风雨》：风雨如晦，鸡鸣不已。

☑ 暴虎冯河:语出《诗经·小旻》:不敢暴虎,不敢冯河。

☑ 耳提面命:语出《诗经·抑》:匪面命之,言提其耳。

还有:

殷鉴不远;敬恭桑梓;高岸为谷;深谷为陵;未雨绸缪;夙兴夜寐;优哉游哉;泾渭分明;涕泗滂沱;高高在上;投桃报李……

读一读

噫 嘻

噫嘻成王,既昭假尔。 率时农夫,播厥百谷。

骏发尔私,终三十里。 亦服尔耕,十千维耦。

释义:

1. 噫嘻:祈祷天神时呼叫的声音。

2. 昭:明、表明。

3. 率:带领。

4. 骏:迅速。

5. 终:尽。

6. 亦:发生词。服:从事。尔:指田官。

7. 十千:一万人。耦(ǒu):两人并肩用犁耕地。

译文:

伟大的周成王,召集田官作训示。

带领这些农夫们,播种百谷莫要忘。

快拿起你的农具,耕种方圆三十里。

大家来耕地呀!万人出动,并肩而耕。

✪ 古代中国是农业文明发达的国家,这使中国人养成了安土重迁

的乡土性格,土地供给人们衣食,农民对土地产生了深深的依恋。先民们长期依附在土地上,日出而作,日落而息,深深地依恋着土地,由此产生了厚德载物的观念。

硕 鼠

硕鼠硕鼠,无食我黍! 三岁贯女,莫我肯顾。

逝将去女,适彼乐土。 乐土乐土,爰得我所。

硕鼠硕鼠,无食我麦! 三岁贯女,莫我肯德。

逝将去女,适彼乐国。 乐国乐国,爰得我直。

硕鼠硕鼠,无食我苗! 三岁贯女,莫我肯劳。

逝将去女,适彼乐郊。 乐郊乐郊,谁之永号?

释义：

1. 三岁:泛指很多年。

2. 贯:事,侍奉。

3. 女:同"汝",你。

4. 顾:顾怜。

5. 逝:用作"誓"。去:离开。

6. 德:这里的意思是感激。

7. 爰:乃。

8. 直:同"值",代价。

9. 劳:慰劳。

10. 号:感激。

译文：

大老鼠啊大老鼠,不要偷吃我的黍。多年一直侍奉你,你却从不顾怜我。

我发誓要离开你,去那安逸的乐土。乐土乐土真安逸,是我理想

栖身处。

大老鼠啊大老鼠,不要偷吃我的黍。多年一直侍奉你,你却从不顾怜我。

我发誓要离开你,去那安逸的乐土。乐土乐土真安逸,是我理想栖身处。

大老鼠啊大老鼠,不要偷吃我禾苗。多年一直侍奉你,你却从不犒劳我。

我发誓要离开你,去那安逸的乐郊。乐郊乐郊真安逸,谁会长叹加哭号!

臣 工

嗟嗟臣工,敬尔在公。王厘尔成,来咨来茹。

嗟嗟保介,维莫之春。亦又何求?如何新畬?

於皇来牟,将受厥明。明昭上帝,迄用康年。

命我众人,庤乃钱镈,奄观铚艾。

释义:

1. 嗟嗟(jiē):发语词。

2. 厘:赏赐。

3. 茹(rú):忖度。

4. 保介:田官。

5. 畬(yú):熟田。

6. 庤(zhì):准备。钱(jiǎn):通"检",农具。镈(bó):农具。

7. 奄:尽。

8. 铚(zhì):拿镰收割。艾(yì):收割。

译文:

唉,群臣百官们,谨慎你们的职守。周王赐你耕作之法,你应考虑

细钻研。

　　唉，保护农业的人，现在已是暮春。农事有什么要求呢？新田熟田的情况怎么样？

　　啊呀，小麦、大麦长得好呀，将要有个好收成。有明见的上帝，赐给一个丰收年。

　　命令我的农夫们，储藏好耕耘的农具，不久就要视察收割麦子了。

　　✿周代有"天子亲耕"制度。每年春季，周天子带领百官到王室的公田，天子亲自扶犁耙在田里耕种，目的是鼓励大家勤奋劳动，多打粮食。《周颂·臣工》这首诗记载了天子亲耕的全过程。

练一练

　　1.《诗经》的三种艺术手法：＿＿＿＿＿＿＿＿；＿＿＿＿＿＿＿＿；
＿＿＿＿＿＿＿＿。

　　2.《诗经》按＿＿＿＿＿＿＿、＿＿＿＿＿＿＿、＿＿＿＿＿＿＿
编排的。

　　3. 下列哪个成语出自《诗经》呢？（　　　）

　　A. 刻舟求剑　　　　　　　　　　B. 拔苗助长

　　C. 滥竽充数　　　　　　　　　　D. 投桃报李

　　4. 周朝的天子为什么要亲自耕田呢？

《孟子》论仁义

【课前导读】《孟子》全书中最重要的思想就是"仁义礼智",它是《孟子》思想最核心的部分。大家即将学到的《孟子》中篇"仁政"、下篇"性善论"都是"仁义礼智"思想在政治学、伦理学方面的体现。

说一说

❖ 你听说过《孟子》这本书吗？

❖ 你知道孟子是谁吗？

❖ 你认为什么是"仁义"呢？

看一看

❖ 孟子生平

孟子(约公元前 372 年—约公元前 289 年),原名孟轲。战国时期邹国(今山东省邹城市)人,是伟大的思想家、教育家、政治家、文学家、雄辩家。

孟子是儒家最重要的代表人物之一,他的生平和孔子很相似,都是贵族的后裔,平民出身,幼年丧父,一生所走的道路都是求学、教书、周游列国。孟子在政治上主张仁政,在学说上推崇孔子,反对杨朱、墨翟。他二十多年一直游历于齐、宋、滕、魏、鲁等国,希望推行自己的政治主张。但孟子的仁政学说没有得到推行。最后他退居讲学,从事教

育工作,培养了很多学生。

◎ 孟母三迁的故事

孟子小的时候非常调皮。起初,他和妈妈住在墓地旁边。一次,孟子和邻居的小孩一起学着玩办理丧事的游戏。孟子的妈妈看到了,就皱起眉头:"不行! 我不能让我的孩子住在这里了!"孟子的妈妈就带着孟子搬到市集旁边去住。到了市集,孟子又和邻居的小孩学起商人做生意的样子,一会儿鞠躬欢迎客人,一会儿招待客人,一会儿和客人讨价还价,表演得像极了! 孟子的妈妈知道了,又皱皱眉头:"这个地方也不适合我的孩子居住!"于是,他们又搬家了。这一次,他们搬到了学校附近。孟子开始变得守秩序、懂礼貌、喜欢读书。这个时候,孟子的妈妈很满意地点着头说:"这才是我儿子应该住的地方呀!"

❖《孟子》简介

◆《孟子》其书

《孟子》共七篇,每篇分为上、下,一共二百六十章,约三万五千字。篇章的命名与《论语》相似,都是取每篇第一句开头的两个字或三个字,并没有特别的意义,分别为梁惠王、公孙丑、滕文公、离娄、万章、告子、尽心。

与《论语》相似,《孟子》各篇主要以语录为主,并没有中心主题,但有些篇章的主题较为集中,如《梁惠王》篇主要记录孟子与梁惠王的交往与对话,是孟子论述"仁政"的重要篇章;《告子》篇记载了孟子与告子关于人性善恶的争辩,是孟子阐发"性善论"的重要篇章。

◆《孟子》的作者

《孟子》是由孟子及其弟子共同编写而成的,可能是孟子的弟子们记录下孟子的经历与言行,然后由孟子最终整理删定而成;也可能是孟子自己写作一部分,再汇集弟子们平时记录的部分而集成的。

☀《孟子》记载的孟子的弟子们远远没有《论语》记载的孔子的弟子们(如颜回、子路、子贡)那样广为人知。但《孟子》中很多篇章的名字都是以其弟子的名字来命名的,如《孟子·公孙丑》、《孟子·万章》,公孙丑、万章等人都是孟子的弟子。

学一学

❖ **仁义礼智**

☀"仁义礼智"是《孟子》最重要的思想,那么"仁义礼智"究竟是什么呢?

> 所以谓人皆有不忍人之心者,今人乍见孺子将入于井,皆有怵惕恻隐之心——非所以内交于孺子之父母也,非所以要誉于乡党朋友也,非恶其声而然也。由是观之,无恻隐之心,非人也;无羞恶之心,非人也;无辞让之心,非人也;无是非之心,非人也。恻隐之心,仁之端也;羞恶之心,义之端也;辞让之心,礼之端也;是非之心,智之端也。人之有是四端也,犹其有四体也。

【小导读】之所以说每个人都有怜恤别人的心,原因就如下面这则例子所提到的一样:譬如突然看到一个小孩要跌到井里去了,任何人都会有惊骇同情之心。这种心的产生,不是为了要和这个孩子的父母认识交往,不是为了要在乡里朋友中间博取名誉,也不是厌恶那小孩的哭声而如此的。从这里看来,一个人如果没有同情之心,简直不是个人;如果没有羞耻之心,简直不是个人;如果没有推让之心,简直不是个人;如果没有是非心,简直不是个人。同情之心是仁的萌芽,

羞耻之心是义的萌芽,推让之心是礼的萌芽,是非之心是智的萌芽。人有这四种萌芽,正好比他有手足四肢一样,是天然就有的。

因此,人有了同情、羞耻、推让、是非四心,也就有了我们所说的仁、义、礼、智四端。

◆ "仁"

"恻隐之心"是"仁"的发端,意思是说,同情怜悯之心是"仁"的萌芽,有了同情之心,就可以做到"仁"了。

孟子以小孩子即将掉入井内,旁观者会自然而然生出救助之心的例子来说明:每个人都有同情之心,这是人类与生俱来的本能,这就是一种"仁"的种子,只要一心向往"仁",这种种子就会生根发芽,茁壮成长。

◆ "义"

"羞恶之心"是"义"的发端。如果一个人知道什么是值得羞耻的事情,那么这个人可以被认为是知道"义"的。

孟子常将仁义连在一起说,认为仁者应该"先义后利",即:仁者要先知道什么是合理的获得、什么是正当的拥有,而不是只考虑利益或在利益面前丧失自己。

◆ "礼"

"辞让之心"是"礼"的发端。这里的"礼"并不仅指外在的礼节。与孔子一样,孟子认为,一个人知"礼"与否并不在于他对外在的礼节是否了解,懂得推辞谦让才是最关键的"礼"。

◆ "智"

"是非之心"是"智"的发端。在孟子看来,一个人要拥有判断对错的能力,这种能力就是"智"的开端。古人认为,获得知识的目的在于辨别是非、分辨善恶,这就是"智"的开端。

✪ 小朋友们,学了"仁义礼智"的内容,你有怎样的体会?你能举例说明日常生活中能称为仁、义、礼、智的行为吗?

❖ 性善论

✪ "性善论"是孟子关于人性的看法,它也是孟子"仁义礼智"思想的立论依据,是"仁义礼智"思想在伦理上的具体体现。

> 孟子曰:"乃若其情,则可以为善矣,乃所谓善也。若夫为不善,非才之罪也。恻隐之心,人皆有之;羞恶之心,人皆有之;恭敬之心,人皆有之;是非之心,人皆有之。恻隐之心,仁也;羞恶之心,义也;恭敬之心,礼也;是非之心,智也。仁义礼智,非由外铄我也,我固有之也,弗思耳矣。"

【小导读】孟子说:"从天生的资质看,可以使它善良,这便是我所谓的人性善良。至于有些人不善良,不能归罪于他的资质。同情心,每个人都有;羞耻心,每个人都有;恭敬心,每个人都有;是非心,每个人都有。同情心属于仁,羞耻心属于义,恭敬心属于礼,是非心属于智。这仁义礼智,不是由外人给与我的,是我本来就具有的,不过不曾探索它罢了。"

这段话是孟子对他的弟子公都子疑问的回答。公都子列举了历史上生活中有人德性纯良、有人品行败坏的例子,对孟子"性善论"思想有了疑惑。孟子对他的疑问做出了解答:有些人品性不善并不是他天生如此,而是受到后天经历的影响。

"仁义礼智"是先天就存有的,那为什么平时大家都不曾感觉到自己拥有"仁义礼智"的"善端"呢?孟子认为,正是因为它们先天就存在,所以我们日常并不会去思考它们存不存在。

✪ 既然"仁义礼智"本存于内心,那么人应该如何更好地提升自己的品质与德行呢?

> 仁，人心也；义，人路也。舍其路而弗由，放其心而不知求，哀哉！人有鸡犬放，则知求之；有放心而不知求。学问之道无他，求其放心而已矣。

【小导读】仁是人的心，义是人的路。放弃了正路而不走，丧失了善良之心而不晓得去找，可悲得很呀！一个人，有鸡和狗走失了，便知道去寻找；善良之心丧失了，却不知道去寻求。学问之道没有别的，就是把那丧失的善良之心找回来罢了。

孟子认为，要提升自己的品质与德行，就是要始终坚持"仁""义"二字，将丧失的善良之心找回来，恢复"善端"。只有秉持恻隐之心、羞恶之心、辞让之心、是非之心，才能不断发扬善心，光大德行。

❖ 仁政

✪ "仁政"是孟子提出的治理国家的方法，也是其核心思想"仁义礼智"在政治方面的体现。

◆ 以义为先

为政者不能总是追求物质的利益，也要注重"仁义"的精神财富。

> 孟子见梁惠王。王曰："叟！不远千里而来，亦将有以利吾国乎？"
>
> 孟子对曰："王！何必曰利？亦有仁义而已矣。"

【小导读】孟子谒见梁惠王。惠王说："老先生！您不辞千里长途的辛劳前来，那对我的国家会有很大利益吧？"孟子答道："王！您为什么一开口定要说到利益？只要讲仁义便好了。"

◆ 以民为先

为政者要秉持民本思想,以民为本,尊重自然,顺应民意。

> 不违农时,谷不可胜食也;数罟不入洿池,鱼鳖不可胜食也;斧斤以时入山林,材木不可胜用也。谷与鱼鳖不可胜食,材木不可胜用,是使民养生丧死无憾也。养生丧死无憾,王道之始也。

【小导读】如果在耕种收获的季节,不去(征兵征工)妨碍生产,那粮食便会吃不尽了。如果细密的鱼网不到大的池沼里去捕鱼,那鱼类也会吃不完了。如果砍伐树木有一定的时间,木材也会用不尽了。粮食和鱼类吃不完,木材用不尽,这样便使百姓对生养死葬没有什么不满。百姓对于生养死葬没有什么不满,这就是王道的开端。

> 五亩之宅,树之以桑,五十者可以衣帛矣。鸡豚狗彘之畜,无失其时,七十者可以食肉矣。百亩之田,勿夺其时,数口之家可以无饥矣。谨庠序之教,申之以孝悌之义,颁白者不负戴于道路矣。七十者衣帛食肉,黎民不饥不寒,然而不王者,未之有也。

【小导读】在五亩大的宅园中,种植桑树,那么,五十岁以上的人都可以穿上棉袄了。鸡、狗、猪等家畜每家都有时间去饲养,那么,七十岁以上的人都可以有肉吃了。百亩的耕地,不要去妨碍生产,那么,几口人的家庭可以吃得饱了。好好地办些学校,反复地用孝顺父母、敬爱兄长的道理教导他们,那么,须发花白的人也就不会背负着重物件在路上行走了。七十岁以上的人有丝棉衣穿、有肉吃,一般百姓饿不着、冻不着,这样还不能使天下归顺,是从来不曾有过的事。

中华文化公开课

❋ 小总结：

☑ "仁政"的思想来源："仁政"是孟子对孔子"为政以德"的德治思想的继承和发展。

☑ "仁政"的理论基础："仁政"由"仁义礼智"理论发展而来，因为每个人都有不忍之心，所以为政者也会对人民有不忍之心，这就是"仁政"。

☑ "仁政"的基本精神："仁政"是孟子关于国家应该如何治理的政治理论，基本精神是民本思想。

★ 孟子学成后，便以"士"的身份游说梁（魏）、齐、滕、鲁等国的诸侯，他希望能够说服诸侯以推行他的政治主张。但当时处于战国时期，诸国崇尚军事武力，纷争不断，都将他的"仁政"思想认为是"迂远而阔于事情"，即不切实际、不能解决当下问题、不能马上显示出效果的做法，因此，孟子并没有实现其理想，他的学说也没有得到真正推行。

练一练

1. 有感情地诵读文中所引的《孟子》原文。

2. 谈一谈你对孟子的"仁义礼智"有怎样的体会。

3. 谈一谈你对"性善论"的看法。

4. 如果你是孟子所游历的诸国中的一位君王，你会对孟子的"仁政"有兴趣吗？为什么？

《大学》论修身

【课前导读】修身是古代中国人日常生活的一部分,在中国传统文化中占有重要的地位。因此我们要重视自己的一言一行,多多修身,争取成为有修养的人!

说一说

◇ 你知道《大学》这本书吗? 它的主要内容是什么呢?

◇ 你对《大学》有什么样的认识呢?"大学"是指我们现在的大学吗?

◇ 谈谈为什么要加强自己的修养? 修身的方法有哪些?

看一看

❖《大学》成书的由来

《大学》原来是《礼记》中的一篇,《礼记》是汉朝人从先秦遗留的典籍中编写而成的一本书。今天《大学》之所以能够独立成书,是北宋思想家程颢、程颐两兄弟的贡献,他们将《大学》从《礼记》中分离开来,并与《论语》、《孟子》、《中庸》统称为"四书"。

❖《大学》的主要内容

《大学》即是"学大",学做大人之学。《大学》的主要内容就是"三

纲领"（明德、亲民、止至善）与"八条目"（格物、致知、诚意、正心、修身、齐家、治国、平天下）。

《大学》认为，要想齐家、治国、平天下，先要修身。修身要内外兼修，提升道德品格，君王修身要广泛地亲近民众和尊重民意，通过实行德政来治国安邦。

❖《大学》中的"内圣与外王"

"三纲领"和"八条目"是儒家实现"内圣外王"的根本方法。"内圣"意即内求于己，也就是"八条目"所说的"格物、致知、诚意、正心、修身"；"外王"表示外用于世，指的是"八条目"中的"齐家、治国、平天下"。

学一学

❖ "三大纲领"——修身的基本原则

> 大学之道在明明德，在亲民，在止于至善。

【小导读】大人之学的宗旨在于弘扬光明正大的品德，在于使人弃旧图新，在于使人达到最完善的境界。

◆ 明德——彰显善良，行善避恶

任何人都禀受于天，都有至灵而不污染的本性。"明明德"是肯定人类具有灵明的德性，每个人都有责任自觉地加以彰显。人之行善避恶，是内在向善本性的需求，应该自觉地予以肯定和发扬。

◆ 亲民——助己助人，日新又新

在自己向善的同时，还要帮助其他人去除污染心灵的东西，使他们同样能够达到心灵纯洁的境界。"亲"者，"新"也，日新又新，使自己

无时无刻都行进在追求真、善、美的道路上,只有不断向善、日新其德,才可以永远做个新人。

◆ **至善——身心和谐,物我统一**

至善即合理,是指人的心灵获得最大程度的自由,"随心所欲而不逾矩",达到与事物与自然与社会发展相统一的境界。"明明德"和"亲民"的最终方向是"止于至善",这也是每一个心性修养的人所追求的最终目标。

❖ **"八大条目"——修身的步骤**

> 古之欲明明德于天下者,先治其国;欲治其国者,先齐其家;欲齐其家者,先修其身;欲修其身者,先正其心;欲正其心者,先诚其意;欲诚其意者,先致其知。致知在格物。物格而后知至,知至而后意诚,意诚而后心正,心正而后身修,身修而后家齐,家齐而后国治,国治而后天下平。自天子以至于庶人,壹是皆以修身为本。

【小导读】古代那些要想在天下弘扬光明正大品德的人,先要治理好自己的国家;要想治理好自己的国家,先要管理好自己的家庭和家族;要想管理好自己的家庭和家族,先要修养自身的品性;要想修养自身的品性,先要端正自己的心思;要想端正自己的心思,先要使自己的意念真诚;要想使自己的意念真诚,先要使自己获得知识;获得知识的途径在于认识、研究万事万物。通过对万事万物的认识、研究后才能获得知识,获得知识后意念才能真诚,意念真诚后心思才能端正,心思端正后才能修养品性,品性修养后才能管理好家庭和家族,管理好家庭和家族后才能治理好国家,治理好国家后天下才能太平。

◆ **格物致知**

☞ 格物——调查研究

格，就是确实研究清楚。格物就是要求人们亲历其事，亲操其物，实事求是，增长见识。在读书中求知，在实践中求知，而后发现规律，明辨道理。

☞ 致知——认清本质

就是探究事物发展的本来面目和规律。透过表面现象弄清事物本来的是非、美丑、善恶，而不是人云亦云，浅尝辄止。

◆ **诚意正心**

☞ 诚意——意念诚实

发自于内心，不矫饰，不做作，不欺人，不自欺；在"慎独"上下功夫，严格要求自己，修养德性。

☞ 正心——动机纯正

就是要去除各种不良的情绪和邪念，不为诱惑所动，保持心灵的安详。心得其正，则公正诚明。

◆ **修身齐家**

☞ 修身——提高修养

只有自身品德端正，无偏见，无陋习，才能为别人所拥护。修身是格物、致知、诚意、正心的落脚点，又是齐家、治国、平天下的出发点。

☞ 齐家——经营家庭

就是要经营管理好自己的家庭，只有教育好自己的家庭成员，才能教化他人。一个家庭后院经常起火的人哪有能力哪有精力去治理企业和国家呢？

◆ **治国平天下**

☞ 治国——以德治国

以至善之德教化人民，使人民除旧布新，日新又新。领导者要使仁、敬、孝、慈、信的仁爱之风充斥全国，国治而后天下平。

☞ 平天下——天下太平

就是要施仁政于天下,使天下太平。领导者只有施行恕道,"己所不欲,勿施于人",坦诚至公,以德为本,才能达到天下太平的境界。

★《大学》除"三纲领"、"八条目"外还有"六要素",即知止、有定、能静、能安、能虑、能得。

❖ "六大要素"——修身的程序

> 知止而后有定,定而后能静,静而后能安,安而后能虑,虑而后能得。

【小导读】知道应达到的境界才能够有坚定的志向;志向坚定才能够镇静不躁;镇静不躁才能够心安理得;心安理得才能够思虑周详;思虑周详才能够达到最完善的境界。

☞ 知止——明确原则,理清期许。

"止"指归宿、立场。"知止"即对价值观、目标、归宿和自己的原则、立场有明确了解。

☞ 有定——站稳立场,坚定不移。

"定"是定向。朱子《大学章句》解"定"字说:"知之,则有定向。""定"指坚定不移。"知止而后有定"意思是说,对目标有明确的了解,然后方能坚守不移。

☞ 能静——动机纯正,心不妄动。

"静"是静心。朱子《大学章句》释"静"字说:"静,谓心不妄动。"《论语》也说:"仁者静。"道教云:"人能常清静,天地悉皆归。"

☞ 能安——身心安详,从容有度。

"安"是随处而安稳。朱子《大学章句》释"安"字为:"安,谓随处而安。"意思是安心自然。

☞ 能虑——思虑周到,驱除偏见。

"虑"是思考精审。朱子《大学章句》释"虑"字，"虑，谓处事精详"，意思指的是思考深刻周密。

☞ 能得——合理选择，心安理得。

"得"有完成、达成的意思，"能得"指最后得到科学合理的答案。朱子《大学章句》释"得"字为："得，谓得其所止。"

❖ **絜矩之道——修身的方法**

◆ 什么是"絜矩之道"？

> 所谓平天下在治其国者，上老老而民兴孝，上长长而民兴弟，上恤孤而民不倍，是以君子有絜矩之道也。

【小导读】之所以说平定天下的关键要素是治理国家的人，是因为在上位的人尊敬老人，老百姓就会孝顺自己的父母；在上位的人尊重长辈，老百姓就会尊重自己的兄长；在上位的人体恤救济孤儿，老百姓也会同样跟着去做。所以，品德高尚的人总是实行以身作责，推己及人的"絜矩之道"。

> 所恶于上，毋以使下；所恶于下，毋以事上；所恶于前，毋以先后；所恶于后，毋以从前；所恶于右，毋以交于左；所恶于左，毋以交于右；此之谓絜矩之道。

【小导读】如果厌恶上司对你的某种行为，就不要用这种行为去对待你的下属；如果厌恶下属对你的某种行为，就不要用这种行为去对待你的上司；如果厌恶在你前面的人对你的某种行为，就不要用这种行为去对待在你后面的人；如果厌恶在你后面的人对你的某种行为，就不要用这种行为去对待在你前面的人；如果厌恶在你右边的人对你的某种行为，就不要用这种行为去对待在你左边的人；如果厌恶

在你左边的人对你的某种行为,就不要用这种行为去对待在你右边的人。这叫作"絜矩之道"。

❂ 以身作则、推己及人,是为"絜矩之道"。

◆ "絜矩之道"的内涵

自己要先衡量、度量自己的"矩度",即自己是否合乎道德伦理的准则和标准,特别是居于上位的人。

然后以此"矩度"去度量他人的"矩度"之方正,不正者则要校正其"矩度"。

上层人物如此"絜矩",下层人物也应该这样"絜矩"。

衡量、度量他人的"矩度"时,尤其要注意将心比心的"恕",即要坚持宽恕的心态与理念。

❖ "慎独"——自我修身的最高境界

小人闲居为不善,无所不至,见君子而后厌然,掩其不善,而著其善。人之视己,如见其肺肝然,则何益矣。此谓诚于中,形于外,故君子必慎其独也。

【小导读】小人私下里无恶不作,见到君子便躲躲闪闪,掩盖自己做的坏事而自吹自擂。别人看你,就像能看见你的心肺肝脏一样清楚,掩盖有什么用呢?这叫内心的真实一定会表现在外表上。所以,君子哪怕是在一个人独处的时候,也一定要谨慎。

❂ 《辞海》将"慎独"解释为:"在独处无人注意时,自己的行为也要谨慎不苟"。刘少奇在《论共产党员的修养》一书中,对"慎独"作了更通俗的解释,他说:一个人在独立工作,无人监督时,有做各种坏事的可能而不做坏事,这就叫"慎独"。

练一练

1.《大学》原为何书之中的一篇？何时开始独立成书的呢？

2. 何人将《大学》定为"四书"之一？

3. 何谓"大学"之道？此"大学"与我们现在所说的读"大学"有区别吗？

4.《大学》修身的基本原则、步骤、方法、程序与最高境界是什么？

5. 何谓"慎独"，怎么样才能做到"慎独"呢？

6. 什么是"絜矩之道"呢？

7. 有哪些修身的圣贤值得我们去学习呢？

本篇导读

　　本篇名为"国史"，顾名思义旨在讲授中国的历史，实际上也是中华民族繁衍生息、诞育发展的文明史。作为世界上最为古老、最具影响的文明之一，中华文明绵延五千年仍生生不息，是现代中国人赖以生存的精神基因。在古代中国，先祖曾经依靠先进的文化和发达的生产力，建立了诸多鼎盛强大的王朝，灿烂的中华文明也曾跨越万水千山，影响辐射到欧亚大陆，特别是在东亚各国留下了极深的印迹。因此，读中国历史，不仅要熟记历史上的人物和事件，而且要善于捕捉和体悟穿越千载的文明气息，从而筑牢今天中国社会坚实的文化根基。

上古神话——古人类的生活印记

【课前导读】在中国,流传着很多关于原始人类的神话故事。这些故事反映了古代人们对原始人类生活的探索。原始人类是富有智慧的,他们创造了与原始的医学、农业、纺织业等相关的文化。下面,我们就循着神话故事的线索,一起来探寻古人类的生活印迹吧!

看一看

◎ 人类始祖的故事:伏羲与女娲

在中国古代神话传说中,有一个叫作华胥氏的姑娘,她育有一对兄妹,就是伏羲与女娲。兄妹两人为了繁育后代,结为夫妻,成为了人类的始祖。

相传,伏羲和女娲都是人首蛇身,古代龙蛇不分,蛇即是龙,所以华夏民族又被称为"龙的传人"。

关于人类起源,也有女娲抟土造人一说。据说,女娲在世之时,世界上并没有人类。女娲觉得过于清净,便按照自己的样子,用黄土和清水和泥,捏造了一个小黄人。她把小黄人放到地上,小黄人竟然蹦蹦跳跳地活了。女娲很高兴,便又捏制了许多男男女女,人类便产生了。

说一说

◇ 你知道还有哪些天地初始的神话及神话人物?

◇ 你知道古代传说中的人类是怎样生活的吗？

◎ 炎帝击石生火的故事

在人类刚刚诞生的时候,他们和野兽一样,过着茹毛饮血的生活。有一天,天上的雷击中一棵枯树,枯树燃起火来,并不断蔓延,烧死了很多动物。大火过后,烧熟的肉开始散发出诱人的香气,一些大胆的人类撕下熟肉品尝,觉得比生肉更加可口,便常常盼望天上的雷电引火。

直到有一个人发现,等到天火往往要很多天,他觉得人类不能仅仅依靠自然的力量生存,便开始寻找取火的办法。有一天,他外出打猎,不小心失手把石制标枪掉在地上,却发现标枪和地上的石头擦出了火花。他兴奋不已,便捡起地上的石头,不断地相互摩擦,终于找到了取火的办法。他把这个办法教给了所有部落的人民,他们都尊他为王,这个人就是"炎帝"。后来,他又发明了耕种的方法并教会了人类耕作,于是又被尊称为"神农"。

学一学

★ 衣食住行是人类生活的必需品,原始人类也一样,他们也很关心这些。

❖ 百谷草木

> 土反其宅,水归其壑,昆虫毋作,草木归其泽。
>
> ——《礼记·效特性》

这句话的意思是说,远古时候,因为大水泛滥,土地被淹没,昆虫成灾,草木丛生,庄稼荒芜。正是在这样的背景下,衍生了神农氏尝百

草,发明种植的神话故事。

在神农氏发明种植前,所有的植物都属于百草的范畴。神农氏通过尝百草,选出了良种,用来耕作。

◎ 神农尝百草

上古时代,人类还不会耕种,多以野草和野果为食,常常有人因为误食了毒草而死亡。一天,一个叫做炎帝的人看到一只鸟儿口中衔着种子,飞落在大地上,种子落到地上后,不久便长成了可以食用的粮食。他受到启发,发明了五谷农业,使人类不再挨饿,他也被人们称为"神农"。

后来,神农发现常吃五谷的人容易生病,为了让他们不再受苦,神农便开始寻找可以治病的药草。神农想到,天帝的花园中有奇花异草,可以用来治病,便顺着一棵叫作建木的大树,爬到了天帝的花园中,寻找药草。天帝得知之后,送给他一根神鞭,可以鞭打辨别百草是否有毒。神农手握这根神鞭,回到大地上,开始了寻找药草的过程。一天,他口渴难忍,便摘下手边树木上的树叶咀嚼止渴。神农的肚子是透明的,当他咽下树叶时,他发现这些树叶在腹中来回蠕动,把自己的肠胃清洗得干干净净。神农非常高兴,把这种树叶取名为"查",于是他放下神鞭,开始品尝百草,如果尝到毒草,就用"查"解毒。"查"便是我们后来所称的"茶"。相传神农共品尝了三百五十六种草药,熟知它们的药性,并用草药救了无数人。后来,神农不幸误食了断肠草,还没来得及用"查"解毒,肠子便一节节断裂而亡。人们为了纪念他,把他尝百草的地方取名神农架山区。

★ 值得注意的是,神农氏的故事大多是传说。发现粮食种子应该是整个原始人类的智慧。

● 延伸阅读

神农氏发现草药

神农氏在教会人们种植粮食后，发现那些吃五谷的人经常生病，有的肚子痛，有的头晕，非常的痛苦。神农氏看在眼里，非常着急，决定亲自品尝百草，为人们找到治病的药。神农氏爬上一座高山，拿起一根草咬了一口，马上就觉得浑身难受，他知道自己中了毒，可还是勉强支撑着观察自己的身体，看看是哪儿的毛病。因为神农氏的身体是透明的，所以就很容易看出是哪个地方中了毒。在观察出自己身体的某个部位出了毛病后，神农氏赶快尝试哪一种花草可以解毒。就这样，神农氏走了一山又一山，一共品尝了三百六十五种草药，救了无数人的性命。所到的地方，他都受到百姓的欢迎。

❖ 岐黄之术

（黄帝）又使岐伯尝味百草。典医疗疾，今经方、本草之书咸出焉。

——《帝王世纪》

这句话的意思是说，黄帝让岐伯亲尝各种草药，从而研制出治疗疾病的医术；后世的药方、药理以及医药书籍都是从这里发源的。

"黄"指的是轩辕黄帝，"岐"是他的臣子岐伯。相传黄帝常与岐伯探讨医学问题，讨论疾病的病因、诊断以及治疗等原理，并且记录成书《黄帝内经》。后世出于对黄帝、岐伯的尊崇，就用岐黄之术指代中医医术。

◎ 黄帝初识岐伯

岐伯被称为我国医学的始祖。在年轻的时候，岐伯并不擅长医理。那个时候，人们生活条件艰苦，常常生病，却没有治病的药品和方法。岐伯看到这一切，发挥自己善于思考的特点，潜心研究医学，终于成为一名医术高明的医生，为很多人祛除了病疾。

黄帝得知后，十分敬重岐伯的所作所为。他亲自拜访岐伯，并拜岐伯为师，和岐伯一起探讨治病救人之道。在黄帝的支持下，岐伯尝百草，作医书，成为我国远古时代最富盛名的医生。后来，我们把中国医术称为"歧黄之术"，可见岐伯为中医产生和发展做出的突出贡献。

● 延伸阅读

岐伯与科学

岐伯不仅仅是中国医学的始祖，他还是一位善于发明创造的科学家。黄帝时期，外族经常侵扰人民的生活，因此，战乱频繁。为了能够帮助黄帝更好地管理军队，岐伯制作了鼓、号角等乐器，用于军队发号施令。这些古乐器声音嘹亮、清晰，不但使战士们能够听清指挥，也振奋了军心。

❖ 养蚕纺织

> 黄帝居轩辕之丘，而娶于西陵氏之女，是为嫘祖。
>
> ——《史记·五帝本纪》

这句话的意思是说，皇帝娶了西陵氏的女儿，也就是嫘祖。

我国远古时期，人们就发明了织布纺纱。相传，第一个养蚕的人

是嫘祖,她教会了人们利用蚕丝织布造衣,为远古人类的生活提供了保障。

◎ 嫘祖始蚕

嫘祖是西陵氏的女儿,黄帝的正妃。那个时候,黄帝刚刚战胜蚩尤,建立了部落联盟,黄帝也被推举成为部落联盟的首领。为了让这个部落联盟可以迅速强大起来,黄帝开始给自己的部下分配不同的任务,而做衣服的事,就交给了嫘祖。为了寻找做衣服的材料,嫘祖每天都带领妇女们上山剥树皮,编织麻网。随着部落人口的不断增加,要做的衣服也越来越多,嫘祖终于不堪重负,病倒在床。

嫘祖病倒后,不吃不喝,人们都十分着急。为了让嫘祖尽快好起来,几个妇女偷偷跑到山上,准备找一些野果给嫘祖吃。她们找了一整天,摘了许多果子,却全都青涩酸苦,不知不觉,天渐渐黑了下来。几名妇女怕遇上野兽,便匆匆往回赶,这时,有人发现一片桑树林中到处都是从没见过的白色野果,十分小巧诱人,她们很高兴,便摘了许多白色野果,赶回了部落。

回到部落以后,她们先尝了尝这些果子,却怎么也咬不烂,她们想,是不是这果子和肉一样,要煮熟了才能吃?于是把果子用沸水蒸煮,谁知却把野果煮成了像头发似的白线。她们十分惊奇,就拿给嫘祖看。嫘祖看完,十分兴奋,说:"这虽然不能吃,却有别的大用处,你们为我们的部落立了大功!"

很快,嫘祖的病便好了,她让那几位妇女引着她再次来到桑树林,在仔细查看了白色"野果"之后,她发现,这种"野果"是一种小虫子口吐细丝缠绕而成的,正是做衣服的好材料。她把这件事告诉了黄帝,并建议黄帝把桑树林保护起来。经过嫘祖长时间的尝试和改进,她终于发明了养蚕缫丝的方法,后人为了纪念嫘祖这一功绩,就将她尊称为"先蚕娘娘"。

❂ "嫘祖始蚕"只是一个神话故事,而非真实发生的历史事件。据记载,中国最早是用麻线来织造衣物的。另外,黄帝是我国北方地区传说中的始祖,那么他的妻子也应该生活在北方;但大量的历史遗迹表明,最早发明养蚕吐丝的有可能是我国南方太湖地区的良渚妇女。所以,神话故事不能尽信哦!

读一读

◎ 夸父追日

在上古黄帝时代,北方多是荒蛮之地,这里有一座名叫成都载天的大山。山中居住着一个巨人氏族——夸父族,而他们的首领就叫做夸父。夸父身材魁梧,力大无穷,骁勇善战。

但那时的世界赤地千里,尤其是北方,土地荒芜,经常有人被毒蛇猛兽咬死。夸父不忍自己的族人过这样凄惨的生活,每天都率领族人跟艰苦的自然条件搏斗。他常常把捉来的毒蛇挂在耳朵上,握在手里,给自己的人民以鼓励,给阴暗处的恶兽以威吓。

有一年,天上的太阳异常毒烈,晒干了河水,烤焦了庄稼,夸父族的农业生产因此而不能继续。夸父看到这样的情形,就想要捉住太阳,让太阳听从人们的吩咐,不再如此毒烈。他便放下手中的黄蛇,抄起一根手杖,追逐着太阳而去。也不知道追了多久,一直追到太阳落下的地方,还是没能追上太阳,却让太阳隐入了大山之中。炽热的太阳和长时间的奔跑让夸父舌干唇焦,他开始寻找水源喝水。夸父往东南方走,很快便来到了黄河边,他俯下身,痛饮河水,不知不觉竟饮完了黄河之水;他又前行来到渭河边,也喝尽了渭河之水。但这两条河的河水并没有让夸父硕大的身躯感到酣畅淋漓。夸父想继续寻找太阳,但口渴让他不得不继续寻找水源。夸父想到,在北方雁门之外,有

一湖纵横千里,名叫大泽湖,饮完大泽湖的水,就可以解自己的渴,明日再去追逐太阳。他便起身往北而走,但在烈阳下的数日奔波早已让他气力全无,还没走到大泽湖,他便渴死在了半路。

夸父倒下的身躯扬起了漫天尘沙,巨大的体重让大地为之震动。他的身体慢慢融入了土地,变成了一座大山,便是"夸父山";他原本紧握的手杖也滚落出去,化为一片桃林。桃林和大桃子为后来路过这里的人们提供了乘凉休息的地方和甜美多汁的水果。

后来,天帝为夸父逐日的精神所感动,责令太阳收敛了自己那毒辣的阳光,为大地上的所有人民服务。从此,夸父族的人民年年丰收,过上了富足的生活。

◎ 女娲补天

上古时代,盘古开天辟地,女娲抟土造人,人类开始在大地上繁衍,原本荒凉的世界伴随着人类和万物的产生变得生气勃勃。但矛盾也随之产生了,不断增加的人口需要更多的食物,各个氏族之间为了争夺土地和庄稼爆发了战争。水神共工和火神祝融原本就不和,他们之间的矛盾随着时间的推移不断加深,终于,共工按捺不住,率领自己的氏族向祝融发动了战争。祝融凭借着自己必胜的决心和风神的帮助,抵挡住了共工的进攻,并乘胜追击,打得共工和他的氏族一败涂地,只能狼狈地向天边逃去。逃亡的过程中,共工的氏族有的被打死,有的被祝融捉走,等共工逃到了天边,就只剩下了他一人。又羞又怒的共工不愿被祝融俘虏,也无法再面对自己的氏族,他便一头撞向不周山,想以此结束自己的生命,没想到却撞倒了不周山。那不周山高耸如云,是支撑天界的柱子,被共工撞倒之后,天河中的河水倾泻而下,世界的秩序变得混乱,到处洪水泛滥,野兽和凶禽也下山残害百姓,人类面临着巨大的危机。

女娲看到这一切,感到非常悲痛,她不忍心自己的子孙如此受难。

于是,她便炼制五色神石,修补好了苍天中的大洞。支撑天空的不周山已经倒塌,女娲便砍下海中巨龟的脚,来代替不周山撑天,又杀死害人的黑龙,堆积芦灰堵塞泛滥的洪水。终于,天空被修补好了,洪水也逐渐退去,野兽和凶禽都退回到山上,世界的秩序重新恢复了,人类存活了下来。

练一练

1. 我国的古老传说中,是谁发现了粮食种子?

2. 你知道"岐黄之术"是什么意思吗?

3. 嫘祖教会了人们什么?（　　）

A. 哪些草药可以治病

B. 生了病应该怎样医治

C. 种植桑树来养蚕织布

文明缘起——古文字的历史脚印

【课前导读】中国文字博大精深,它们包含了形和意两种元素。中国从远古时期就出现了符号类的文字,一直演变到今天,形成了丰富多彩的汉字。

看一看

◎ 汉字巧寓意

清朝乾隆年间,有一位著名的大学士名叫纪昀,也就是我们常说的纪晓岚,他和大贪官和珅之间的奇闻趣事一直让我们津津乐道。

一日,和珅宰相府中的凉亭建好了。和珅见这座凉亭绿竹环绕,意境优雅,十分高兴,便请纪昀前来为凉亭题字。纪昀一直看不惯和珅贪赃枉法之事,想借此机会羞辱一番,便提笔写了"竹苞堂"三字。和珅见字雄伟遒劲,和凉亭周围景致极为和谐,便命工匠制成金匾挂在凉亭之上。

后来,乾隆皇帝无事到和珅家中闲逛,见到凉亭匾上题的字,哈哈大笑。和珅很疑惑,便问原因。小朋友们,你们能替乾隆回答他吗?

✪ 原来"竹苞堂"三个大字将部首拆开后就是"个个草包"。小朋友们猜到了吗?

说一说

◇ 日常生活、学习中,你见过中国的古老文字吗?它们是什么样

子的？

◇ 大家想一想，下图中的符号代表什么文字呢？

学一学

【小导读】中华民族早在 5000 多年前就出现了文字。汉字记载了我们的历史及文化，可以说，没有汉字就不会有灿烂辉煌的中国文化。那么，汉字是怎么演变呢？

❖ **结绳记事**

> 上古结绳而治。
>
> ——《周易》

古时候，人们将绳子系成不同的结，来表示不同的事情。

"结绳"是原始人们普遍采用的一种记事方法。那时候，人们把绳子系成各种各样的结，大家约定好不同的大小、样式的结代表着不同的事情。这样，当人们看到绳结的时候，就知道它指称的是什么事情了。

◎ **结绳记事**

在人类刚刚产生的时候，生活还很简单，白天采摘

狩猎,晚上便休息,每天收集的野果和捕捉的野兽刚刚够食用,人类过着无忧无虑的生活。后来,人类的数量越来越多,部落开始产生,人与人之间的关系也开始变得复杂密切,他们开始饲养动物,从事生产活动,越来越多的问题需要他们解决。

但那个时候,笔和纸还没有发明,很多事情容易被遗忘,引发了很多误解和争端。为了解决这种混乱,人们便开始想办法记事。终于,他们从结网捕鱼中得到了启发。当时捕捞大鱼和捕捞小鱼用的渔网不同,捉大鱼用的渔网结大的网结,以承受大鱼的重量;而捉小鱼用的渔网结较小的网结,方便携带。人们由此想到,可以用绳结来记一些事情。从此,古人要记住一件事情,就在绳子上打一个结,要记住两件事情,就打两个结。后来,这种方法不断被改进,人们开始用绳结的数量计数,用绳结的大小来代表事情的重要性,用不同形状的绳结表示不同种类的事物,人类的生活又变得井井有条。

● 延伸阅读

刻木记忆

古代的人们,在没有发明汉字以前,经常将一些事情编成符号,把它们刻在木板或者竹片上,用来向其他人传递信息。刻木一般采用一指宽的木片或竹片,长度根据需要而定。木片和竹片可以烙洞,也可以用木炭画记号。

后来,人们也将这些记号刻在了青铜器上,使这些珍贵的符号保存了下来。

❖ **汉字起源**

> 仓颉造书。
>
> ——《吕氏春秋》

相传，仓颉创造了中国的汉字。

仓颉是黄帝的史官，他长了四只眼睛，看东西非常清楚。他发现用结绳或者刻木的办法记事，常常会出现错误。于是，他观察万物，并且按照它们的形状创造出一些符号——字。

◎ 仓颉造字

相传，在黄帝建立部落联盟之后，派仓颉管理部落的仓库。仓库中储藏着人们捕获的动物和收割的庄稼，仓颉用传统的结绳记事的方法，很快便熟知了仓库中牲口和庄稼的种类及数量，从未出过差错。但渐渐地，随着仓库中所储藏物品的种类和数量增多，结绳记事的方法渐渐行不通了，仓颉只能寻找新的记事方法。

一天，仓颉和众人去狩猎，走到一个三岔路口的时候，人们开始为走哪条路争辩起来。有人主张直行，说前面有羚羊；有人主张向左走，说可以找到鹿群；也有人主张往右走，认为前面有老虎，要及早捉到它们，不然会为害族人。仓颉见每个人都振振有词，心想："他们是怎么知道前面有什么的？"一问才知，他们是通过地上的脚印推断的。仓颉突然有了灵感：既然一个脚印代表着一种动物，那我为什么不可以用符号来代替仓库里的东西呢？他飞奔回仓库，为每样东西设计了符号，仓库的管理又变得井井有条了。

从此，仓颉开始观察天地间的万物，并按照它们的形状，为它们设计了独特的符号。黄帝知道后，对这种记事方法非常欣赏，并帮助仓颉把它推广到了各个部落。最初的汉字便由此产生了。

★ 汉字不可能是由某一个人创造出来的，它们是古代人们共同努力的成果。仓颉之所以被大家传颂，可能是他将这些原始文字搜集了起来。

● 延伸阅读

汉字的传播

汉字是我国古代时期独立发展起来的文字，它在商代时期就开始向中原周围地区传播。汉字的影响力遍及了我国西南、吴越等地区以及现在的韩国、日本等国家。这些地区和国家借用汉字的象形成分来标志自己的文字，从而逐渐形成了本民族所特有的文字。

可见，汉字不仅仅方便了人们的日常交流，更是人类文化得以延续和发展的保障。

❖ 甲骨文

> 殷人尊神，率民以事神，先鬼而后礼。
>
> ——《礼记》

殷商时期，国王在处理事务之前，都要用龟甲、兽骨进行占卜，事后将所问的事刻在甲骨上，就形成了甲骨文。

甲骨文是我国 3000 多年前的文字，它们刻在龟甲和兽骨上。甲骨文是一种象形文字，是当时的人们根据事物的外形确定的文字。甲骨文中记载了丰富的历史内容，包含古代人类生活的各个方面。

◎ 王懿荣发现甲骨文

王懿荣是清朝末年最高学府国子监的祭酒（相当于现在的校长），

他有很高的文史造诣,并且喜好研究金石,是京城里有名的金石鉴定专家。

1899年的秋天,王懿荣得了疟疾,请大夫开药方治病。家仆依着药方抓好药之后,便在厨房煮药,王懿荣无事就拿着药方在书房踱步。突然,他发现一味叫作"龙骨"的药材,十分好奇,便去厨房查看。但龙骨已经被捣碎煮药了。他只能吩咐家仆,下次买到的龙骨要先给他看过才能拿去煮药。几天后,王懿荣终于见到了没有捣碎的龙骨,他翻看良久,虽然没能发现什么奇特的地方,但"龙骨"这两个字却给他留下了深刻的印象,他觉得这其中一定隐藏着什么大秘密。

后来,王懿荣的朋友范维卿来到京城,请他鉴定金石玉器。帮范维卿鉴定完之后,范维卿拿出了几片白花花的骨头,说是"龙骨",请王懿荣查验。王懿荣一听,立刻来了精神,他仔细查看,发现龙骨之上竟然有许多歪歪扭扭的古老符号。他把这些符号都临摹下来,经过长时间的研究,确定这是殷商时期人们所用的古文字。

后来,人们找到了甲骨文出土的地方——河南安阳小屯村,在那里又发掘了很多带字的"龙骨",人们将这种文字命名为甲骨文。中国最古老的文字就这样被发现了。

● 知识卡片

吉 金 文 字

我国古代人民有着丰富的智慧。他们除了会在龟甲和兽骨上刻写文字外,还会在青铜器上刻文字,我们将这些文字称为"金文"或"吉金文字"。

"吉金文字"是一种字型结构比较成熟的文字,它们是用模型铸出的,笔画很粗壮,字型也比较匀称。"吉金文字"记载了一些祭祀、征伐

等历史事件,内容涉及古代社会的政治、经济、文化等方面的发展,是我国古代文化的历史瑰宝。

❖ 象形文字

象形文字又称意音文字,是华夏民族智慧的结晶。它们是我们的祖先根据事物的形状描摹而来的,是世界上最早的文字,也是最形象、演变至今保存最完好的一种汉字字体。

● 延伸阅读

常见的象形文字

人:像侧面站立的人形　　　水:像水流动的波纹形状　　　山:像连在一起的山峰

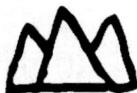

读一读

◎ 汉字的发展——字体流变

我们今天所使用的文字一开始并不是这样的,它们经历了复杂的发展过程。

小篆是里秦始皇统一全国时采用的字体。小篆的字形多为长方形,它们是我国汉字方块字的基础。

小篆

大篆

隶书创始于秦代。在隶书中出现了偏旁，字形结构也发生了变化。隶书美观工整，它们是我国汉字字形结构的基础。

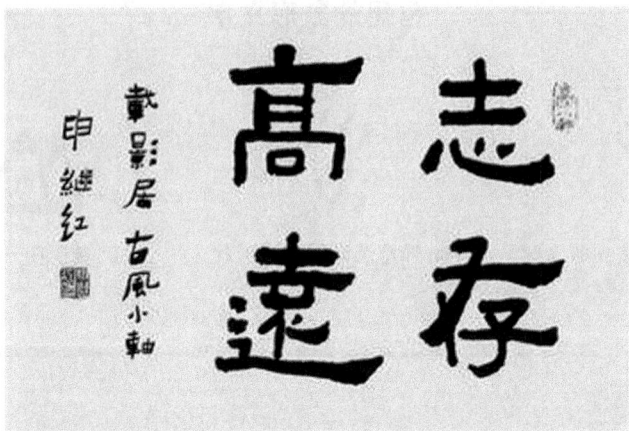

楷书大约在东汉末年形成，六朝时期成为人们在正式场合通用的字体。楷书的笔画横平竖直，结构紧凑，吸引了很多文人学习和模仿。

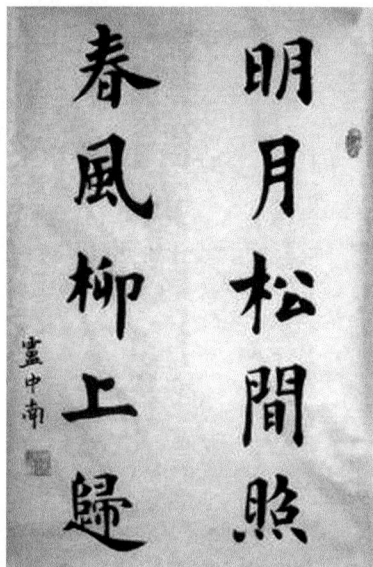

　　草书是汉字速写的一种字体，大约在西汉中期形成。它们行云流水，龙飞凤舞，一般人很难辨认。因此，它们的实用性不高，而是一种艺术品。

练一练

1. 文字出现之前，古代的人们是怎样传递信息的？

2. 甲骨文是什么意思？

3. 你最喜欢下面哪种字体，为什么？

新　戚　逍　行善

周礼风华——礼乐文明的肇始流行

看一看

　　周后稷，名弃，其母有邰氏女，曰姜原……姜原出野，见巨人迹，心忻然也，欲践之，践之而身动如孕者，居期而生子。

　　　　　　　　　　　　　　　　　——《史记·周本纪》

　　【小导读】周人后稷，名叫弃，他的母亲叫作姜原。一天，姜原与伙伴们外出游玩，突然看见一只巨人的脚印。别人都不以为然，只有姜原看了此脚印，心里特别喜悦。于是，想把自己的脚踩上去，比一比谁的大。可是她刚踏上脚印，肚子就动了一下，感觉到怀上了孩子。十个月后，她生下了一个男孩，就是后稷。

　　★ 这段神话故事是古代人民对周人来源的想象。他们认为，周人的祖先后稷是天神降临。

说一说

　　◇ 你看过《封神演义》吗？你知道《封神演义》中哪些故事是有关周朝的吗？

　　◇ 在你的印象中，周是一个怎样的王朝？

学一学

【小导读】周朝是产生"礼乐文明"的时代,其中的"天人合一"思想更是开启了中国古代重视人的思潮的开端。"礼乐"正是主宰周朝兴衰的关键。下面,我们就一起来学一学周朝的"礼乐文明"吧!

❖ 礼乐兴盛

◆ 敬天保民

> 古公亶父复修后稷、公刘之业,积德行义,国人皆戴之。
>
> ——《史记》

这句话的意思是说,古公亶父继承了周人祖先的品德,行为十分有道义,受到了人民的尊重。

周公旦非常尊重天神,每逢抉择国家大事都要祭祀天神,得到天神的肯定后才实行。同时,他又时时提醒贵族大臣们不能盲目地依靠天,提出了"保民"的思想,也就是要保护人民。他建立的一套礼乐制度,代替了商代的严刑酷法,采用宽容的政策,受到了人民的拥护和爱戴。

✪ 周公旦:姓姬,名旦,亦称叔旦,西周时期的政治家、军事家、思想家、教育家,被尊为"元圣"。

◎ 周公制作礼乐

礼乐制度是我国古代社会制度的重要组成部分,源于西周时代,相传由周公制定。所谓"礼",是根据人的身份进行地位的划分,维护统治者等级制度的政治准则、道德规范和各项典章制度的总称;"乐"则是配合各贵族进行礼仪活动而制作的舞乐,目的是用音乐缓和社会

各阶级的矛盾。

周公摄政五年后,为了维护统治,他开始营建东都洛邑,并吸取前朝经验教训,制作了各种典章制度。洛邑建成之后,周公召集天下诸侯举行庆典,正式宣布了这些制度,用以维护国家秩序、君臣之礼,也就是所谓的"制礼作乐"。这主要是用来维护君臣宗法和周朝的上下等级。

西周的礼乐制度,形成了西周特色的礼乐文化与礼乐文明,是中国古代思想家开始重视人民的优秀典范,对后来历代文化都产生巨大而深远的影响。

✪ 礼乐制度分"礼"和"乐"两个部分。礼的部分主要对人的身份地位进行划分和规范,最终形成等级制度。乐的部分主要是基于礼的等级制度,运用音乐缓解社会矛盾。

● 延伸阅读

周朝的"保民"制度

"以乡三物教万民而宾兴之。一曰六德:知、仁、圣、义、中、和;二曰六行:孝、友、睦、姻、任、恤;三曰六艺:礼、乐、射、御、书、数。"

——《周礼·地官·大司徒》

✪ 这段话的意思就是说:周朝官员以六德、六行、六艺为内容教化万民。

周朝的礼仪制度,非常重视对人民的保护,因此制定了很多保护人民的政策。在《周礼》中,设有专门教育人民的官职,这些官员负责教导人民的品德、行为以及才能。这些教育提高了人民的文化程度,人民的生活也就更加幸福。周朝的君主认为,这些保护人民的政策比刑法要更加有效。

◆ 勤政务实

> 普天之下，莫非王土；率土之滨，莫非王臣。
>
> ——《诗经》

天下的土地都是国王的，天下的百姓都是国王的臣民。

周朝的君主进一步落实"天人合一"的思想。他们吸取商代灭亡的教训，劝导贵族大臣们不能贪图安逸，而要勤于政事，关心百姓疾苦，才能得到人民的支持和拥护，治理好国家。

◆ 以法治国

> 士师之职，掌国之五禁之法，以左右刑罚。
>
> ——《周礼·秋官·士师》

士师的职务是管理国家的五种禁令法规，用于防止犯罪。

周朝所制定的礼仪法规，首先是针对官员的。周人认为，官员上承王命，下理民众，是社会的中坚力量。因此，官员必须遵照"法"的原则，才能有秩序地保护人民。

虽然周朝奉行宽刑的政策，但是也强调刑法的力量。以刑法来规范人们的行为，治理国家才能更加井井有条。

❖ 复兴周礼

◆ 孔子与周礼

> 不学礼，无以立。
>
> 非礼勿视，非礼勿听，非礼勿言，非礼勿动。
>
> ——《论语》

这段话的意思是说，不学礼的话就没有办法立身处世。不符合礼仪就不该乱看，乱听，乱讲，乱动。这说明孔子特别重视"礼"在人们生活中的作用，他希望人们把"礼"作为标准，按照"礼"的要求来生活。

孔子还强调，周礼对于一个国家十分重要。"周监于二代，郁郁乎文哉！吾从周。"孔子认为，周礼是在夏、商两代基础上建立的，是比较完善的礼仪制度。所以孔子主张当时的君主也应该效仿周礼，复兴周礼，才能建立一个秩序良好的国家。

✪ 孔子特别重视"礼"在人们生活中的作用，他希望人们把"礼"作为标准，按照"礼"的要求来生活。孔子还强调，周礼对于一个国家十分重要。"周监于二代，郁郁乎文哉！吾从周。"孔子认为，周礼是在夏、商两代基础上建立的，是比较完善的礼仪制度。所以孔子主张当时的君主也应该效仿周礼，复兴周礼，才能建立一个秩序良好的国家。

◆ **孟子与周礼**

夫义，路也，礼，门也，惟君子能由是路入门也。

——《孟子》

孟子认为，"义"是路，"礼"是门，只有君子才能从"义"中学到"礼"。

✪ 孟子也十分看重"礼"的精神，他认为，无论做什么事情，都要遵从"礼"，才能达到预期的效果。那么，在孟子看来，什么才是"义"，什么才是"礼"呢？

> "仁之实,事亲是也;义之实,从兄是也;智之实,知斯二者弗去是也;礼之实,节文斯二者是也;乐之实,乐斯二者,乐则生矣;生则恶可已也,恶可已,则不知足之蹈之手之舞之。"
>
> ——《孟子》

孟子认为,"仁"的实质是侍奉父母;"义"的实质是尊重兄长;"智"的实质是明白这两方面的道理而不背离;"礼"的实质是做这两方面事情的时候不失礼节、态度恭敬;"乐"的实质是乐于做这两方面的事,并且感到快乐,而且一旦快乐起来就控制不住,就不知不觉地手舞足蹈。

读一读

◎ 武王伐纣

商朝统治末年,纣王居功自傲,听信谗言,大兴土木,四处征战,导致商朝民不聊生,人人自危。而此时,生活在渭河流域的周部落渐渐崛起,他们的首领姬发继承先父遗志,一直想要推翻纣王的昏庸统治。为了让自己的部落尽快强大起来,姬发任用姜尚为丞相,开始了政治和军事上的改革。他团结国人,体恤百姓,很快周部落便上下一心,时刻准备与商朝决一死战。

不久,纣王穷兵黩武,不断向东南夷族发动战争,引发了人民更大的不满。姬发看到时机已经成熟,便和其他与商朝结怨的部落联盟,正式出动大军,向商朝首都朝歌进发。他们势如破竹,很快便打到了距离朝歌仅有七十里的牧野。为了一鼓作气击败纣王,姬发在牧野举行誓师大会,并约定军纪——不准抢劫骚扰百姓,不许杀害俘虏,勇敢

杀敌者有奖,临阵逃脱或后退者处死。周的大军步步逼近朝歌。

纣王这时才意识到自己的国家即将灭亡,他急忙宣召文武大臣商讨对策,但为时已晚。商朝的大军都在东南方征战,他只能临时将大批的奴隶和夷族俘虏武装起来,凑了十七万人开向牧野。但这些奴隶和俘虏们早就恨透了商朝的残暴统治,还未和姬发的大军交战,他们便纷纷投降,转身带领着姬发的部队向朝歌杀去。纣王知道自己和商朝大势已去,但倔强的他拒绝向姬发投降,只能登上鹿台,点火自焚。商朝就此灭亡。

姬发消灭商朝后,建立了自己的王朝——周朝,定都镐京。姬发英明神武,是中国历史上的一代明君,史称周武王。

◎ 周公营洛制《周礼》

姬发建立周朝之后,定都镐京,称为武王。武王在位仅四年就去世了,他去世后,姬诵继位为周成王。那时姬诵年幼,而周朝刚刚建立,国内还不稳定,武王的弟弟周公受武王遗嘱摄政,代管天下。

那时的镐京在今天陕西西安一带,远离中原,不便于周朝的统治,周公便开始计划迁都。他派召公到洛邑实地考察,发现瀍河以西涧河以东是个好地方,就立即兴土木,建新都。但这个时候,纣王的儿子武庚发动叛乱,周公不得不停止营洛,东征叛军。

三年后,战乱终于平息,周公又开始了新都的修建计划。但这次,周公决定在原来的基础上,在瀍河以东也建一城,称为下都,作为商朝后人的住所,日夜监视,防止他们再次叛乱。

在营洛期间,周公同时还进行着另一项大工程——制《周礼》。《周礼》和《仪礼》、《礼记》并称"三礼",是中国礼制文化的代表。周公吸收《夏礼》、《商礼》的精华,潜心研究,终于完成了这项工作。从此,历代国君依照《周礼》治国,终于让西周成为了一个礼仪之邦。

中华文化公开课

练一练

1. 从周礼的流行中,你有什么体会吗?

2. 给大家说一说"敬天保民"的意思。

3. 你认为,武王伐纣能够大获全胜的最主要原因是什么呢?

百家争鸣——哲学文化的才思泉涌

【课前导读】春秋战国时期,中国经历了历史上第一次思想热潮,出现了代表各个阶层的不同学说,为中国文明拉开了新的序幕。

看一看

✧ 这四本著作代表了春秋战国时期四大思想流派——儒学、道学、墨学以及法学。

说一说

✧ 你听说过"百家争鸣"这个历史事件吗?
✧ 大家想一想,"百家争鸣"时期都有哪些有趣的小故事?

◎ 孔子拜见老子

孔子和老子都是春秋时期著名的思想家。相传,孔子在三十岁的时候,带领自己的学生子路离开老家曲阜,来到洛阳拜访大思想家老子。当孔子见到老子的时候，老子正在闭目凝思，孔子连忙施礼说：
"弟子孔丘，久闻先生学识渊博，修养深厚，特来请教。"老子虽知他是
另一位大思想家，可是并不答话，只是示意他坐下。但谦虚的孔子仍
然站着问道："先生将教导我什么？"老子没有说话，过了很长时间，才
张开嘴，用手指着自己的嘴让孔子看，孔子看见老子的牙齿已经脱落
大半。接着老子又把舌头伸出来，并且活动了几下，让孔子看，孔子看
见老子的舌头红润饱满，又很灵活。孔子略加思索，便明白了老子的
意思，说："先生高明，弟子获益匪浅。"

告别老子后，子路很疑惑，便向孔子询问老子这样做的寓意。孔
子说："牙齿虽然是刚强的，却很柔弱，会随着年龄增长而脱落；舌头是
柔弱的，却很坚韧。看起来刚强的牙齿，敌不过柔弱的舌头，这不是教
给我们柔能克刚的道理吗？"

学一学

❂ 我们现在熟知的孔夫子、庄周子、韩非子等都是春秋战国时期
百家争鸣的代表人物，这些思想家思索出许多深奥的哲理，丰富了中
国古代思想。下面我们一起来学一学这些代表人物及他们的思想吧！

❖ 儒家学说

◆ 代表人物

> 孔子贫且贱。
>
> 孔子布衣，传十馀世，学者宗之。
>
> 孟轲，驺人也，受业子思门人。
>
> ——《史记》

【小导读】孔子出生很贫贱，但是他却创立了儒家学说，受到当时学者的尊重。孟子是驺这个地方的人，他是子思的再传弟子。

孔子和孟子是儒家思想的代表人物，他们分别被后人尊称为"天纵之圣"、"亚圣"。孔孟二人所提出的思想成为了儒家思想的主体。

儒家思想的核心是"仁"，即"仁者爱人"。孔子是儒家学者中第一个提出"仁"这一思想的。后来，孟子又将"仁"推广到政治上，提出"苛政猛于虎"的观点，并且提倡"仁政"。

● **知识卡片**

孔子与孟子

☑ 孔子，名丘，字仲尼，东周时期鲁国陬邑人。春秋末期的思想家和教育家、政治家，儒家思想的创始人，被后人尊称为"孔圣人"。

☑ 孟子（公元前 372 年—公元前 289 年），名轲，字子舆，战国时期邹国人。中国古代著名思想家、教育家，战国时期儒家代表人物，被后人尊称为"亚圣"。

◆ **代表著作**

✪《论语》、《孟子》、《荀子》等经典是记载儒家学说的主要书籍。

《论语》是记载孔子及其弟子们言论的语录体文集，它是以对话的形式展开的。

《孟子》一书的作者在历史上存在争议。根据《史记》中的描述，《孟子》是孟轲及其弟子万章等人一起写的。还有一些历史学者认为，《孟子》仅出自孟轲一人之手。

《荀子》是战国晚期的儒家作品，它相较于前两部著作，文体更加成熟，表现出荀况学说的风范。

◎ 孔子周游列国

孔子年轻的时候,饱读诗书,已经是一个十分有学问的大家,在鲁国很有名气。鲁国国君很欣赏他的才能,聘其为官,孔子便把周礼的思想运用到为官之道上,取得了很大政绩。后来,鲁国国君沉迷酒色,不理朝政,三桓(鲁国的三个大家族)的势力控制着鲁国政权,孔子不满这种现象,多次提出削弱三桓。但孔子自己的力量毕竟很弱小,他在鲁国不断受到三桓排挤,不得已,他只能带领自己的学生离开鲁国,到其他国家宣传自己的思想。

但那时,周王室的统治摇摇欲坠,诸侯国之间战乱不断,大国想夺取地区霸权,小国怕被别国吞并。而孔子主张克己复礼,恢复和平的秩序,这种思想在当时难以被人接受。从五十五岁到六十八岁,孔子在鲁国周边各个国家游历,不仅没有得到应有的礼遇,还遭遇了很多困难。孔子六十二岁那年,离开陈国前往楚国,陈国、蔡国的大夫们怕孔子被楚国重用,对他们不利,便派人将孔子师徒围困在半道上。孔子他们绝粮七日,多亏子贡找到楚王,楚王派兵迎接孔子,他们才得以解围。

十多年周游列国的经历让孔子对当时的政治绝望了。最终,他还是回到鲁国,不问世事,专心整理典籍,教书育人,成为了我国历史上伟大的思想家和教育家。

❖ 道家学说

◆ 代表人物

老子修道德,其学以自隐无名务。

庄子者……其学无所不窥,然其要本归于老子之言。

——《史记》

【小导读】老子主要研究道的思想,他的学说以无名为中心。庄子的学问涉及的范围十分广泛,不过,他的思想还是来源于老子。

老子和庄子是道家思想的代表人物。

道家学说主要是"以柔克刚"、"寡欲"这些思想。老子向往着一种"无为而治"的桃花源,希望人们回到人性的原始状态。

● 知识卡片

老子和庄子

☑ 老子(约公元前 571 年—公元前 471 年),字伯阳,谥号聃,又称李耳,是我国最伟大的哲学家和思想家之一,被道教尊为教祖。

☑ 庄子(约公元前 369 年—约公元前 286 年),战国时期宋国人,名周,道家学说的主要创始人,中国著名哲学家、思想家、文学家、辩论家。

◆ 代表著作

✪《道德经》、《庄子》等经典是记载道家学说的主要书籍。

《道德经》的作者是老子。它的字数很少,大概只有五千字。《道德经》分上下两篇,后人称上篇为《道经》,下篇为《德经》。

《庄子》共三十三篇,分"内篇"、"外篇"、"杂篇"三个部分,一般认为"内篇"是庄子所写的;"外篇"是庄子的弟子们所写,或者说是庄子与他的弟子一起合作写成的;"杂篇"是庄子学派或者后来的学者所写。《庄子》一书写得十分优美,常常以比喻、寓言的形式,向大家展现出庄周所提出的那些深奥的道理。

◎ 庄周梦蝶

起初,庄周只是一名漆园工,他在闲时喜欢呆坐空想。一天,庄周在梦中梦见自己变成了一只蝴蝶,在花丛中翩翩飞舞,十分惬意和自由。他完全忘记了自己是庄周,只管挥动双翅,到处游玩。

不久,庄周梦醒了,他发现自己僵卧在床上,并不是在花丛中飞舞。但此时,他已经分不清到底是自己做梦变成了蝴蝶,还是蝴蝶做梦变成了庄周。

庄周梦蝶只是一个寓言故事,庄子借这个故事,表达了自己对不被世俗打扰的清净生活的向往,后来,庄子完成了自己的名著《逍遥游》,将这种思想表达得更加充分。

❖ 墨家学说

◆ 代表人物

> 墨翟,宋之大夫,善守御,为节用。
>
> ——《史记》

【小导读】墨翟是宋国的大夫,他善于研究攻、守等军事技巧,并且好主张节俭的作风。

墨翟是墨家思想的代表人物之一。他提出"兼爱"、"非攻"、"尚贤"、"尚同"等思想,也就是主张人们要相互爱护,不要战争,要选择有才能的人来治理国家。

● **知识卡片**

墨　子

☑ 墨子(约公元前 468 年—约公元前 376 年),名翟(音 dí),宋国(今河南商丘)人,一说鲁国(今山东滕州)人,战国时期著名的思想家、教育家、科学家、军事家,墨家学派的创始人。在战国时期,墨家学说在社会上普遍流行,与儒学并称为显学。

◆ 代表著作

★《墨子》由墨家学者编辑而成,并不是墨子本人所著。

《墨子》分两大部分:一部分记载墨子言行,阐述墨子思想,主要反映了前期墨家的思想;另一部分《经上》、《经下》、《经说上》、《经说下》、《大取》、《小取》等 6 篇,一般称作墨辩或墨经,包含了许多自然科学的内容,反映了后期墨家的思想。

◎ 墨子救宋

墨子是战国初期一名伟大的思想家和科学家,他热爱和平,体恤平民,主张"兼爱"、"非攻",很受人民拥戴。

公元前 440 年前后,楚国请著名工匠鲁班制造云梯,准备攻打宋国。墨子得知后,亲自从鲁国动身,走了十天十夜,来到楚国首都,想劝说楚王放弃攻宋。他先找到了鲁班,以大义大理说服他放弃了制造云梯,并请鲁班引荐他面见楚王。

墨子见到楚王后,直接问道:"如果一个人丢弃自己华美的车子,去偷邻居家的破车;丢弃自己的锦绣罗缎,去偷邻居家的粗布麻衣;丢弃自己的白米肥肉,去偷邻居家的糟糠。您如何看待这样的人呢?"楚王不假思索地说:"这个人一定是个盗窃狂。"墨子趁机说道:"楚国土

地方圆五千里,盛产松木楠木,云梦泽那里到处都是犀麋异兽,长江汉江出产的鱼鳖名满天下;而宋国方圆五百里,没有什么大树,连野兔鲤鱼都难以见到,这不正如彩车和破车、锦绣与破衣、米肉与糟糠吗?大王攻打宋国,和盗窃狂有什么区别呢?"

楚王无言以对,只能以云梯已经造好为由,坚持攻打宋国。墨子又说:"即使云梯已经造好,你们也不能战胜宋国。因为鲁班攻城的方法我可以破解。"于是,墨子解下腰带当作城墙,用木片作为器械,和鲁班对战起来。鲁班用了九种攻城的战术,都被墨子一一破解,鲁班攻城的战术用完了,而墨子守城的办法还没有用完。

鲁班不服输,争辩道:"我知道如何赢你,但我不能说。"墨子反驳道:"我也知道你如何赢我,而我也不说。"楚王不解,墨子说道:"鲁班以为杀了我,就可以攻下宋国。但我已经把守城的办法教给了我的弟子,即使我死了,你们也不能取胜。"楚王听此,知道取胜无望,只能打消了攻宋的念头。

❖ **法家学说**

◆ **代表人物**

> **韩非者……喜刑名法术之学。**
>
> ——《史记》

【小导读】韩非子,喜欢研究关于"刑""名""法""术"的学问。

韩非子是法家思想的代表人物之一。他主张要立法,以此来作为人们行为规范的准则。另外,韩非子还指出,君主应当勤于政事,并且要注重树立威信。以上三方面结合,才能平定天下。

● **知识卡片**

韩 非 子

☑ 韩非(公元前281年—公元前233年),战国晚期韩国人,法家思想的集大成者。韩非子辅助秦始皇制定了许多有效的治国之策,这些策略产生了深远的影响,对后来的各个朝代均有所帮助。

◆ 代表著作

★《韩非子》是由韩非子本人所写的,而且大部分内容写在他到秦国以前。

《韩非子》一书,重点宣扬了韩非法、术、势相结合的法治理论,达到了先秦法家理论的最高峰,为秦统一六国提供了理论武器。

法家思想著作中还有一部经典,即《商君书》,它记载了以商鞅为主的法家思想的主要内容。

◎ 秦始皇重用韩非子

韩非为人十分认真谨慎,他学习了先贤们的思想经验,并形成了自己的学术体系。韩非将自己的想法写成了书,书传到了秦国。秦王看后赞叹不已:"如果我能见到这个人,和他在一起相处,就是死也没有遗憾了。"

后来,秦王攻打韩国,同时要求韩非到秦国来效力。韩非到了秦国后,秦王十分重视他的才能,经常与他日夜谈论政事。秦王采取了韩非的许多治国方略,秦国也因此得以强大,为秦国统一六国奠定了基础。

❖ **百家争鸣**

> 我们要用"仁义"来治理国家，才能使百姓得到好的生活。

> 我们必须建立法律规范，约束人们的生活，才能长治久安。

儒　法
墨　道

> 我们应该努力发展生产，才能建立一个国富民强的国家。

> 你们不要再争论了，还是顺其自然，让人民随心所欲地生活吧！

【小导读】春秋战国时期，出现了很多学术团体。他们往往各抒己见，在对同一问题的研究上，提出了自己的观点，出现了百家争鸣的现象。在对于国家治理的问题上，每一学派的思想家都阐述了自己的观点。

读一读

✪ 春秋战国时期，除了儒、墨、道、法这四大思潮流派，还出现了名家、阴阳家、兵家等其他思想流派，他们共同组成了百家争鸣的学术热潮。下面我们一起来读一读与名家代表人物公孙龙有关的故事吧！

◎ 白马非马

公孙龙是战国时期平原君门下的食客，他善于诡辩，是名家（春秋战国时期诸子百家学派之一）的代表人物。

一天，公孙龙牵着一匹白马准备出城，在城门口却被卫兵拦住，说马匹不能带出城外。原来，那个时候，马匹就像现在的战车一样，十分珍贵，赵国不允许私人将马匹带出城外。但这并没有难到公孙龙，他

脑子一转,计上心来。

公孙龙对卫兵说:"你们说不让马出城,却不是不让白马出城。马之所以称为马,是根据它的外形判断的,而白马不仅仅要通过外形,还要通过颜色判断,所以说白马不是马。"

他接着说:"如果你问我要一匹马,我可以给你黑马、黄马;但你问我要一匹白马,我却不能给你黑马、黄马,这更说明了,马和白马根本不是一回事!"

很快,卫兵被他一番话说得晕头转向,不知如何反驳,只能让公孙龙牵着白马出城离开。

练一练

1. 儒家的主要思想是什么?

2. 道家的代表人物有哪些?

3. 韩非子是哪个学派的代表人物?

4. 结合所学知识,请你谈谈你心目中最欣赏的学派或学说。

中华文化公开课

汉朝文萃——中华民族的文化财富

【课前导读】汉代是中国传统文化发展的鼎盛时期。在汉代,人民的物质生活十分丰富,同时,文化成果也很显著。认识汉代文化,是学习国学不可或缺的一部分。

看一看

> 高祖,沛丰邑中阳里人,姓刘氏,字季……已而有身,遂产高祖。
>
> ——《史记》

【小导读】汉高祖名叫刘季。他的母亲睡觉时梦见了天神。当他的父亲找到他的母亲时,看到一条龙趴在高祖的母亲身上。不久,汉高祖就出生了。

★ 这是神化了汉高祖的出生。不过,他的确是一位了不起的皇帝,是大汉王朝的开国君主。

说一说

◇ 除了汉高祖外,你还知道汉朝的哪些皇帝及他们的事迹?

◇ 你读过关于汉朝的历史故事书吗? 在你的印象中,汉朝发生过哪些事情?

学一学

语曰天汉,其称甚美。

——《汉书·萧何传》

【小导读】萧何将汉朝称为"天汉"。事实上,汉朝也无愧于这一美称,它是我国历史上一颗璀璨的明珠,是中国古代出现盛世时期的王朝之一。在汉代,中国的文化、经济、建筑等方面都异常繁荣。

❖ 汉赋

赋的写作手法十分优美,它们体现了我国古代文人的奇思妙想。同时,赋也反映了当时的历史现状,是学习历史的重要途径之一。

司马相如是汉赋的大家,他的《天子游猎赋》以写天子游猎为中心,将汉代的山河大地、音乐歌舞、器物配饰等众多内容包含在内,向人们展现了汉武帝时期社会昌盛的景象。

❂《天子游猎赋》片段赏析

于是郑女曼姬,被阿緆,揄纻缟,杂纤罗,垂雾縠,襞积褰绉,郁桡溪谷。纷纷排排,扬袘戌削,蜚襳垂髾。扶舆猗靡,翕呷萃蔡;下靡兰蕙,上指羽盖;错翡翠之威庭,缪绕玉绥。眇眇忽忽,若神仙之仿佛。于是乎卢桔夏熟,黄甘橙榛,枇杷橪柿,亭柰厚朴,樗枣杨梅,樱桃蒲陶,隐夫薁棣,答遝离支,罗乎后宫。列乎北园,迤丘陵,下平原,扬翠叶,抚紫茎,发红华,垂朱荣,煌煌扈扈,照曜巨野。

● **延伸阅读**

班固与《两都赋》

《两都赋》是汉代文学家、史学家班固创作的大赋,分《西都赋》、《东都赋》两篇。《西都赋》叙述长安地势险要、物产富庶、宫廷华丽等情况;《东都赋》是对东汉建都洛阳后的各种政治措施的美化和歌颂。

❖ **汉服**

1972 年 1 月 16 日,在我国湖南长沙发现了马王堆古墓。这座古墓是汉代时期留下来的。在里面,考古学家发现了很多珍奇异宝,其中就包括了华丽的汉服。

马王堆汉墓中的汉服大概有一米长。它十分精巧,折叠后甚至可以放入火柴盒中,真是"薄如蝉衣,轻若烟雾"。

❖ **汉宫**

长乐宫和未央宫是汉朝长安城中最著名的宫殿,是汉朝大事件发

生和大活动进行的主要场所。

长乐宫的建造是仿制秦时期的建筑。由此可见,汉朝在建立初期,很多方面都沿袭着秦朝的模式。

未央宫与长乐宫不同,它没有延袭秦朝的建筑风格,而是汉朝人民自己构想出来的。并且,它建在高处,可以俯视全城。

◎ 未央宫斩韩信

韩信是西汉开国功臣,汉初三杰(韩信、萧何、张良)之一。"生死一知己,存亡两妇人"这句话可以用来形容韩信的一生,这一知己指的是萧何,两妇人之一就是在未央宫杀死韩信的吕后。

西汉建立之初,刘邦称帝,分封诸侯,各异姓王拥兵自重,威胁中央统治。这其中,韩信的势力最大,刘邦为保皇位,将韩信贬为淮阴侯,调回京城,实际上是软禁了他,韩信对此不满,一直伺机反叛。公元前200年,刘邦任命陈豨为统率边境、对付匈奴的郡守,陈豨来向淮阴侯辞行。韩信警告陈豨说,刘邦不会一直信任你,但是你管辖的是天下精兵聚集的地方,不如我在京城作为内应,你带兵反叛。陈豨一向知道韩信雄才大略,对韩信的话深信不疑,表示会听从韩信的指教。三年之后,陈豨果然带兵反汉,自立为王,刘邦亲率兵马前往平叛。韩信趁机准备袭击留在京城的吕后和太子,但是,他一位家臣的弟弟上书告变,向吕后告发了韩信的反叛意图。

于是吕后和萧相国谋划把韩信召来,骗他说陈豨已经被皇上俘获处死,皇上已经班师回朝,列侯群臣都应该前来祝贺。听到这个消息后,韩信十分惶恐。一天,丞相陈平亲自到韩信家中,请韩信立即进宫。谁料进宫之后,韩信却被吕后逮捕,囚禁在未央宫;半夜时分,韩信被吕后的手下杀掉了。

这段历史被后世称为"未央宫斩韩信"。盖世英名的韩信至死也不知道,陈豨已死的消息完全是谎言。陈豨叛乱,是在韩信死了两年

之后才平定的。

❖ 丝绸之路

> 骞身所至者，大宛、大月氏、大夏、康居，而传闻其旁大国五六，具为天子言其地形所有。
>
> ——《汉书》

【小导读】张骞亲自到过的国家有大宛、大月氏、大夏、康居，而间接了解的还有与他们相邻的五六个大国。张骞把这些国家的地形、物产等，一一向汉朝皇帝详细陈说了。

张骞曾经两次出使西域，从此开通了汉朝与西域各国的直接联系，开启了丝绸之路。

> 自骞开外国道以尊贵，其吏士争上书言外国奇怪利害，求使。
>
> ——《汉书》

【小导读】自从张骞开辟了通往外国的道路后，汉朝的官吏们都争前恐后地请求出使国外。

丝绸之路就像一根彩带一样，联结了我国同周边国家的往来。在丝绸之路上，我们不仅仅将自己的丝绸、瓷器等物品传播到国外，还引进了国外的很多产品。

⭐ 据说，我们今天常见的葡萄、黄瓜、核桃等，都是张骞从西域带回来的。

◎ 张骞出使西域

张骞原是汉武帝的一名侍官，因开拓了丝绸之路被誉为"中国走向世界第一人"。历史记载,他意志力极强,办事灵活,为人胸怀坦荡。

公元前140年,汉武帝想要联合大月氏共同抗击匈奴,张骞以侍从官的身份应征,于公元前139年带领一队人前往西域。

张骞一行从长安起程,经陇西向西行进。前往西域的路上充满险阻,他们在河西走廊一带,被当地的匈奴骑兵发现,张骞等人全部被俘。张骞在匈奴生活了十多年,虽然被迫在当地娶妻生子,但他始终没有忘记自己的任务,一直等待机会逃离匈奴的看管。终于,十一年之后,张骞才趁机和他的随从甘父逃走,继续向西行进。这次行军条件十分艰苦,戈壁上飞沙走石,沿途又人烟稀少。他们要经常忍受饥渴,干粮吃完了,只能靠甘夫射杀禽兽来充饥。终于,他们越过沙漠戈壁和雪山,来到了大宛国。在大宛王的帮助下,张骞先后到了康居(今撒马尔罕)、大月氏、大夏等地,和这些国家一起商量对付匈奴的事宜。

张骞在返回的途中,又被匈奴拘禁了一年多。公元前126年,匈奴发生内乱,张骞才趁机脱身回到长安。这次出使西域,加深了生活在中原的人们对西域的了解,也激发了汉武帝开拓边疆一统天下的雄心。公元前119年,张骞再次出使西域。这次,张骞带了三百多人,顺利到达乌孙,并派使节访问了周边不少国家。

张骞不畏艰险,两次出使西域,联通了亚洲内陆各个国家之间的交往,建立了友好往来,促进了东西经济文化的广泛交流,开拓了丝绸之路,对后世产生了深远的影响。

读一读

◎ 司马迁发愤写《史记》

司马迁出生在龙门,从十几岁就开始学习古文,二十岁开始在齐、鲁两地研讨学问,考察孔子的遗风。后来司马迁被任命为郎中,奉命出使西征巴蜀以南。读万卷书,行万里路,这为司马迁之后的著书立说奠定了基础。

公元前108年,司马迁继承父亲司马谈的遗志,当上了太史令,开始从皇家藏书馆中整理选录历史典籍。为完成父亲临终前说的要写一部通史的遗愿,司马迁决心写出一部能永垂不朽的史著。公元前104年,司马迁正式开始写《史记》。

世事难料,公元前99年,正当司马迁全身心地撰写《史记》之时,却遇上了飞来横祸,这就是李陵事件。汉武帝在苏武出使匈奴的第二年,派将军李广利出兵讨伐匈奴,结果全军覆没,李广利逃了回来。而李广利的孙子李陵却遭到了匈奴的围攻,虽然艰苦奋战,但是因为得不到主力部队的支援,弹尽粮绝,最终被俘。

听到李陵兵败投降的消息,汉武帝愤怒万分,召集官员商议李陵的罪行。但是满朝文武官员只会察言观色,一味地附和汉武帝,指责李陵的罪过。当汉武帝询问司马迁的意见时,司马迁没有见风使舵,他认为李陵为人孝顺,讲信义,对士兵有恩信,常常奋不顾身为国家效劳,有大将的风范。他对汉武帝说:"李陵只率领五千步兵,深入匈奴,孤军奋战,杀伤了许多敌人,立下了赫赫功劳。在救兵不至、弹尽粮绝、走投无路的情况下,仍然奋勇杀敌。就是古代名将也不过如此。李陵自己虽陷于失败之中,而他杀伤匈奴之多,也足以显赫于天下了。他之所以不死,而是投降了匈奴,一定是想寻找适当的机会再报答汉室。"汉武帝被这番话激怒了,认为司马迁是在为李陵辩护,反对朝廷,于是下令将司马迁打入大牢。

司马迁被关进监狱以后,忍受了各种肉体和精神上的残酷折磨。面对酷吏,他始终不屈服,也不认罪。朝廷判他"腐刑",这是一种既残酷地摧残人体和精神,也极大地侮辱人格的刑罚。司马迁当然不愿意忍受这样的刑罚,悲痛欲绝的他甚至想到了自杀。但是他认为,"人固有一死,或重于泰山,或轻于鸿毛"。面对最残酷的刑罚,司马迁痛苦

到了极点,但他此时没有怨恨,也没有害怕。想到自己还没有完成的《史记》,他才忍辱负重地活了下来。

这期间,司马迁发愤写作。整整18年,在60岁那年,他终于完成了一部52万字的辉煌巨著——《史记》,被鲁迅称为"史家之绝唱,无韵之《离骚》"。这部前无古人的著作,几乎耗尽了他毕生的心血,是他用生命写成的。

练一练

1. 马王堆汉墓中,汉服给你留下了怎样的印象?

2. 汉朝长安城中最著名的宫殿是哪两所?

3. 出使西域并开辟了丝绸之路的使者是谁?

4. 丝绸之路上,我们引进了哪些外来的东西?

南朝古都——烟雨浸润下的南京城

【课前导读】南朝历经数个朝代更替，书写了我国历史长河中一段简短而美丽的故事。南朝的都城多设立在建康（今南京），因此，南京城也就见证了这段已湮没于历史长河中的烟雨南朝史。

看一看

> ### 江 南 春
>
> #### （唐）杜 牧
>
> 千里莺啼绿映红，水村山郭酒旗风。
> 南朝四百八十寺，多少楼台烟雨中。

【小导读】说起南朝，最让人们记忆犹新的就是在春风春雨中若隐若现的那些佛教建筑物了，它们在历代诗人的笔下承载了一段段扑朔迷离的传奇佳话。

说一说

❖ 你知道南朝有多少朝代吗？数一数其中有哪些朝代定都南京？

❖ 为什么当时中国会分为南北朝？

❖ 生活在南朝的人们，为了统一全国采取了哪些措施？

● 知识卡片

南 北 朝

南北朝(公元 420 年—公元 589 年)是中国历史上的一段分裂时期,公元 420 年刘裕推翻东晋建立了南朝宋,一直到公元 589 年隋朝灭南朝陈。虽然南北朝时期朝代更迭频繁,社会局势也比较混乱,但它却是我国历史上一段重要的时期。正是由于南北朝时期对我国部分地区的开发,促进了民族大融合和经济文化交流,才为隋唐时期的盛世奠定了基础。

学一学

【小导读】南朝历经宋、齐、梁、陈四代,南京作为四朝共同的都城,一方面见证了这四个朝代的变革,另一方面也因四朝在文化、建筑、艺术上的大放异彩而成为了人类历史上的一座璀璨的新星都城。直到现在,南京也一直是世界人民关注和向往的城市之一。

❖ 皇朝更迭的时代——南朝

南朝(公元 420 年—公元 589 年)是指在东晋之后建立于南方的四个朝代的总称,包括宋、齐、梁、陈。它们存在的时间虽然不长,但是却在客观上促进了我国南方地区的发展,使得建康、会稽、江陵等大城市兴起,同时促进了南方的经济、政治、文化发展突飞猛进,弥补了以前中华民族居于华北中原地区而忽视南方发展的缺陷。所以,南朝在中国历史上有着不可磨灭的贡献。

● 知识卡片

宋、齐、梁、陈

☑ 宋朝：公元 420 年—479 年，宋朝的开国皇帝为刘裕，为区别赵宋王朝，史学家们称之为"刘宋"。

☑ 齐朝：公元 479 年—502 年，南朝时期的第二个王朝，开国皇帝为萧道成，建都建康。

☑ 梁朝：公元 502 年—557 年，梁朝的建立者是萧衍，他擅长于文学。公元 499 年被任命为齐国雍州刺史时，趁内乱发兵夺取了皇位，建立了梁朝。

☑ 陈朝：公元 557 年—589 年，公元 557 年，陈霸先废去梁敬帝，自立为帝，建立陈朝，称为陈武帝。

❖ 六朝古都——南京

入朝曲

（东晋）谢 朓

江南佳丽地。金陵帝王州。

逶迤带绿水。迢递起朱楼。

飞甍夹驰道。垂杨荫御沟。

凝笳翼高盖。叠鼓送华辀。

献纳云台表。功名良可收。

所谓的六朝，指的是三国时期的吴、东晋，以及南朝时期的宋、齐、梁、陈这六个朝代。这六个朝代差不多都坐落于我国的南方地区，因

此,它们都选取了南京作为自己的都城,可以看出,南京城在当时历史上的重要地位。

作为六朝古都的南京,它既是南朝历代的政治中心,也是最重要的经济中心。在梁朝时期,城中居民就达到了二十八万户共一百多万人。城内有大市、东市、北市等四个集中的商贸中心,此外,临秦淮河边还有小市数十所,可见当时的南京城商业十分繁荣。

★ 六朝时期的南京是中国的政治、经济、文化中心。以建康为代表的南朝文化,与同时期的西方古罗马文化被称为人类古典文明的两大中心,在人类历史上产生了深远的影响。

◎ 台城旧址

在南京玄武湖南岸、鸡鸣寺之侧,有一处风景绝佳的地方——台城。台城的东端与明朝都城相接,西侧是一断壁,站在台城上,我们可以将玄武湖、鸡鸣寺、武庙等众多美景尽收眼底。

台城原是三国时代吴国的后苑城,后来被东晋成帝加以改建,六朝时期,建康宫顺势坐落于台城附近。

从东晋到南朝,台城一直是朝廷和皇宫的所在地,它既是政治中枢,又是帝王居住的场所。当时皇宫的规模很大,大大小小的宫殿庙宇就有三千五百多间,十分壮观。唐代大诗人韦庄在《台城》诗中赞美道:"江雨霏霏江草齐,六朝如梦鸟空啼。无情最是台城柳,依旧烟笼十里堤。"后来,人们便依据韦庄的诗歌将玄武湖之柳与台城连在一起,并将鸡鸣寺后的这段明城墙称为台城。现在,我们站在这段台城之上,最能感受到韦庄诗中台城那略显悲情的意境。

● 延伸阅读

玄 武 湖

玄武湖位于南京城中,是南京著名的国家级风景区,至今已有一千五百多年的历史,六朝时期曾作为皇家园林,是皇上游乐的地方。玄武湖是中国最大的皇家园林湖泊和最大的城内公园,著名的景点是"玄武五洲"——环洲、梁洲、樱洲、翠洲、菱洲,可谓处处有山水。玄武湖水清澈见底,人们总爱在夏日里泛舟湖上,领略紫金山脉和明城墙的风采。玄武湖是人们来南京游玩的首选胜地,被誉为"金陵明珠"。

❖ 多少楼台烟雨中——梵宫琳宇

◆ 南朝佛法

南朝时期,伴随着建康城的日益繁荣,海内外僧人也络绎不绝,接踵而来。一时间南京城里思想活跃,佛教的不同派别都开始开堂宣讲,形成了所谓的"无遮大会"。在这里,学者们论说激扬,各有千秋,引得无数听众前来一览风彩。

自东晋到南朝时期的许多皇帝,他们有的潜心研读佛学义理,有的则立塔刹精舍。特别是梁武帝,曾四次前往同泰寺,广研佛学,使佛教几乎成为国教。这些举措,有利于佛教义理的传播。

佛法的弘扬,成为了我国思想史上的一座里程碑,丰富了我国的哲学思潮,同时也让当时的人们不断接受新思想,开拓了人们的眼界。

◆ 鸡鸣寺

一朝辟僧楼，雄秀发其秘，城外湖皓白，湖外山苍翠。南岸山如马，饮江驻鞍辔，北岸山如屏，蓊青与天际。鹭洲沙出没，浦口塔标识，烟中万楼台，渺若蚁蛭细，亦有杜老忧，今朝豁蒙蔽。

——张之洞《鸡鸣寺》

在南京市北极阁的东北侧有一座古刹——鸡鸣寺，它饱经沧桑，屡建屡毁，香火不断。

鸡鸣寺所在的山为古鸡鸣埭，相传齐武帝萧颐游钟山射雉时，行至山阜前闻鸡鸣，此后人们便称之为鸡笼山。鸡鸣寺的前身，可以追溯到六朝著名的皇家寺院同泰寺，是"菩萨皇帝"梁武帝潜身修行的地方，因此，鸡鸣寺有一千多年的历史了。到了明代初期，才改名为鸡鸣寺。

◎ 梁武帝与鸡鸣寺

梁武帝被人们称为菩萨皇帝，可以看出他对佛教的痴迷程度。

梁武帝登基后的第三年就公开宣布要皈依佛教，于是在寺庙里接受佛戒，法名为冠达。他脱下龙袍，穿上僧人的衣服，转身成为一名虔诚的佛教徒，大臣们这才称他为菩萨皇帝。为了使梁武帝方便去寺院念经，在与后宫一墙之隔的地方建造了同泰寺（鸡鸣寺的前身），其中的大通门专门恭候皇帝进出。满腹慈悲的他，曾先后四次舍身同泰寺，自愿为僧，接受佛教的洗礼。

梁武帝学习佛法后，著有《大涅盘》、《大品》、《净名》、《大集》诸经的《疏记》及《问答》等数百卷，可见其对佛教义理的钻研态度。

梁武帝对佛教的热诚，影响了当时的大臣和百姓，民间对佛教感

兴趣的人越来越多。再加上佛教本身对受教育者没有过多的限制，一时间，佛教几乎成为了整个梁朝的国教，对以后各朝人民的信念以及中国的思想发展历程都产生了深远的影响。

● 延伸阅读

鸡鸣寺的结构

鸡鸣寺依山取势，有天王殿、千佛阁、正佛殿以及左观音殿、右轮藏殿和左加蓝殿、右祖师殿。此外还有钟楼、鼓楼、凉亭、禅堂、方丈、僧房、公学、斋房、客房、茶房等附属建筑。鸡鸣寺拥有田产 4000 余亩，常住僧侣有 100 人以上。

◆ 栖霞寺

在南京城的东北处有一座山，因山中多产草药，相传可以摄生，故名摄山。在山麓上建有一座寺庙，名为栖霞寺，故又称此山为栖霞山。栖霞寺建于南齐永明元年（公元 483 年），规模不大，但声名远播，是江南佛教三论宗的发祥地。

◎ 探秘栖霞：栖霞山的不解之谜

栖霞山是一个佛教圣地，它风景优美，引得人们纷纷前去观赏。而探究栖霞山的神秘之处，也是人们前往栖霞山的一大原因。美丽的栖霞山有着许多不解之谜，这些谜底经过了历史的沉淀都未浮出水面，成为了栖霞山永远的秘密。

史学专家曾经统计过千佛岩佛龛的数量，认为栖霞山有大大小小 349 个佛龛、515 尊佛像，而且最近几年在龙山、中峰、栖霞行宫等处岩壁又发现 30 余处大小不等的佛龛。《摄山志》中曾经这样记载："画石山在摄山东岩下，有石穴，日花洞。"那么这里的"石穴、花

洞"就是人们所说的"惩罚佛龛"吗？栖霞山其他地方究竟还有多少佛龛？

千佛岩"栖霞飞天"壁画之谜：2000年，史学专家又在千佛岩发现双飞天壁画，这一消息令人震惊。南京师范大学敦煌学黄征教授对此进行了考证，认为这就是"栖霞飞天"。壁画中飞天的姿势和线条的流动感，是莫高窟作品的风格。飞天壁画的路线是东行的，专家根据这一点并结合敦煌莫高窟现有的飞天推断，栖霞山千佛岩原先至少应有几百身飞天。黄征教授认为，唐天宝年间，鉴真和尚东渡日本，曾在栖霞寺逗留了三天，很有可能是鉴真将栖霞飞天带往日本。至此，还有很多未解之谜，比如栖霞飞天到底创作于哪一年？那些壁画是运用了哪一种绘制技法？千佛岩原来究竟存有多少飞天？这一系列问题均是待解之谜。

● 延伸阅读

栖霞寺的结构

栖霞寺的正面是供奉弥勒的弥勒殿，后大殿是神台上供奉着毗卢佛的毗卢殿，殿中帝释、梵天侍立左右，两侧十八罗汉各具神态。出毗卢殿，拾阶而上便是藏经楼。

六朝时期的佛教石刻艺术繁盛，其中以栖霞山千佛岩石窟和浙江新昌大佛寺（旧称宝相寺）的弥勒大佛龛像最具代表性，是我国研究古代佛教思想和中华历史的重要材料。

读一读

◎ 十里秦淮

秦淮河是南京古老文明的摇篮,在历史上极富盛名,是南京的母亲河。"桨声灯影,画舫凌波"见证了秦淮河繁华的历史,它还被誉为中国第一历史文化名河。秦淮河分为内河和外河,内河在南京城中,是十里秦淮最繁华之地。秦淮河的源头有两处,北部的源头位于句容县宝华山,南部的源头位于溧水县东庭山,两个源头在江宁县的方山埭交汇,从东水关流入南京城,成为了孕育南京古文明的生命之源。

秦淮河名称的由来,要追溯到春秋战国时期。据说楚威王东巡到了金陵,有方士说这是一个有帝王之气的地方,楚王想要延续自己的江山,就命人开凿山脉,引入水源。后人误认为此水是秦时所开,所以称为秦淮。

东吴以来,秦淮河一直是繁华的商业区,六朝时期更是成为了名门望族聚居的地方。这里不仅是经济中心,商人云集,贸易发达,还是文化中心,是文人墨客聚会的胜地。古诗"朱雀桥边野草花,乌衣巷口夕阳斜",描写的就是当时王导、谢安两大望族。宋代以后,它开始正式成为江南文化的中心。明清时期可以说是是十里秦淮的鼎盛时期,丝竹弦乐,昼夜笙歌,秦淮八艳的故事也流传至今。

现在,每年的元宵佳节,秦淮河还会举办灯会,传承中华民族的历史文化。

中华文化公开课

中华文化公开课

练一练

1. 南朝有哪几个朝代？他们的建立者是谁？

2. 为什么南京会被称为"六朝古都"？

3. 南京除了鸡鸣寺和栖霞寺，还有哪些南北朝风景名胜？

诗颂盛唐——瑰丽多姿的唐诗文化

【课前导读】唐朝是我国历史上的盛世之一，但不可避免的是，因为历史的不断前进，盛如唐朝也会逐渐转衰。将唐朝盛衰的历史记载下来的正是唐诗，它们见证了唐朝的全部历史，是记载唐朝历史的鲜活文字。

看一看

> 凡一代有一代之文学：楚之骚，汉之赋，六代之骈语，唐之诗，宋之词，元之曲，皆所谓一代之文学，而后世莫能继焉者也。
>
> ——王国维《宋元戏曲考序》

【小导读】楚辞、汉赋、六代骈语、唐诗、宋词、元曲，这些文学体裁烙上了不同时代的印迹，成为了时代的象征，后世无法复制。

说一说

✧ 你能说一说唐朝"贞观之治"的历史吗？唐朝为什么会由盛而衰？

✧ 唐朝的诗歌为什么如此发达？

✧ 你知道哪些唐朝的诗人？你最敬佩的唐朝诗人是哪位？

✧ 你知道唐诗有哪几种体裁吗？

中华文化公开课

◎ 伟大的唐诗

　　唐朝是中国诗歌的黄金时代，宋代计有功编纂的《唐诗纪事》，收录了 1150 家唐诗；到了清代编撰的《全唐诗》，竟收录了多达 2000 余家，48900 余首。可见唐诗数目众多，唐朝是中国历史上诗歌创作的高峰期。在诗作的形式方面，无论是古体律绝，还是五言七言，都由完备达到全盛，万花纷繁，让人目不暇接。当时人们普遍爱好诗歌，诗歌不仅是文人的专利，而且也是普通老百姓的喜好，从青楼女子到一般士众，从皇后嫔妃到王公大臣，从遣唐使到和尚道人，三教九流、男女老少皆爱诗歌。

　　唐诗是一个不分身份高低贵贱的精神慰藉品，在诗歌中，人们可以尽情地抒发自己对人生的感叹。唐诗，不仅仅记载了人们的情感世界，它更是唐朝由盛转衰的历史见证。诗人们借助唐诗，抒发了自己对盛唐时期的赞美与享受，同时，在唐诗中也包含了晚唐诗人对家国沦丧的哀怨之情。

学一学

　　【小导读】 唐诗中不仅有着华丽的辞藻、优美的韵律，它们更是记载了唐朝的历史。唐诗用自己的形式记载了唐朝繁盛的景象，也记录了唐朝末期的衰败。

❖ 初唐革新——"四杰"诗文

　　　杨炯与王勃、卢照邻、骆宾王以文诗齐名，海内称为王杨卢骆，亦号为"四杰"。

——《旧唐书》

【小导读】在高宗到武后初年,出现了以文章名天下的"初唐四杰",即王勃、杨炯、卢照邻和骆宾王。他们都是很有才华的诗人,年纪轻轻却才高八斗,虽然不是出身显赫,却以诗文而闻名天下。

"初唐四杰"是指王勃、杨炯、卢照邻、骆宾王四人。之所以将此四人合称,是因为他们生活的时代相近,诗歌创作的风格也很相似。他们四人反对当时辞藻华丽但柔而无骨的宫廷诗风,主张诗歌应该抒发真实情感。故而他们将诗歌题材的关注点拓展到了宫廷之外的社会、生活,同时在诗歌的体裁上做出了革新,固定了律诗、绝句的形式。我们现在常说的五言、七言就是初唐四杰创新和完善的。

初唐四杰的作品不仅表现了我国诗坛新旧革新的现象,更是描绘出了初唐时期万物复苏、有待改革的社会面貌。

◆ 王勃《滕王阁序》片段

初唐四杰以王勃为首,他的名篇《滕王阁序》成为了千古绝唱,气势雄伟,风格高昂,显示了诗文革新的初步成绩。

> 时维九月,序属三秋。潦水尽而寒潭清,烟光凝而暮山紫。俨骖𬴂于上路,访风景于崇阿。临帝子之长洲,得天人之旧馆。层峦耸翠,上出重霄;飞阁流丹,下临无地。鹤汀凫渚,穷岛屿之萦回;桂殿兰宫,列冈峦之体势。披绣闼,俯雕甍:山原旷其盈视,川泽纡其骇瞩。闾阎扑地,钟鸣鼎食之家;舸舰迷津,青雀黄龙之轴。云销雨霁,彩彻区明。落霞与孤鹜齐飞,秋水共长天一色。

【小导读】《滕王阁序》写出了滕王阁风景的优美,自然色彩的绚丽,其中"落霞与孤鹜齐飞,秋水共长天一色"更是成为了千古绝句。总之,《滕王阁序》一文的写景颇具匠心,字字珠玑,句句生辉,章章华

彩,一气呵成,使人读完后犹如身临江南水乡。

✪ 这首《滕王阁序》是当时社会现象的客观写照,由于初唐时期社会安定,人们安居乐业,才会使得诗人能够赞叹山水之美,赞叹皇家景观的壮阔。

◆ 骆宾王《帝京篇》(《上吏部侍郎帝京篇》)片段

初唐四杰中,骆宾王的诗作最多。他七岁即作《咏鹅》诗,被誉为神童。骆宾王的代表作有《在狱咏蝉》、《帝京篇》等,其中《帝京篇》为初唐罕见的长篇诗歌,在当时被誉为绝唱。

> 山河千里国,城阙九重门。
> 不睹皇居壮,安知天子尊。

【小导读】《帝京篇》描绘了帝京长安的繁华景象,同时也显示出大唐帝国建立之初,由于改革而强盛和蓬勃向上的时代风貌,向人们展示了初唐时期社会昌盛的景象。

◆ 卢照邻《长安古意》片段

> 长安大道连狭斜,青牛白马七香车。
> 玉辇纵横过主第,金鞭络绎向侯家。
> 龙衔宝盖承朝日,凤吐流苏带晚霞。
> 百丈游丝争绕树,一群娇鸟共啼花。
> 游蜂戏蝶千门侧,碧树银台万种色。
> 复道交窗作合欢,双阙连甍垂凤翼。

【小导读】卢照邻的《长安古意》长达六十八句,写出了当时长安现实生活中的形形色色。诗人以多姿多彩的笔触勾勒出京城长安的全貌,体现了大唐帝国的繁荣昌盛,被誉为初唐划时代的诗作,可与王勃的《滕王阁序》、骆宾王的《帝京篇》相媲美。

◆ 杨炯《从军行》

杨炯的诗作以边塞征战诗最为著名,他的作品具有很大的复杂性,既带有宫廷诗的烙印,又有与之抗衡的思想,成为唐初诗坛一股新风。

> 烽火照西京,心中自不平。
> 牙璋辞凤阙,铁骑绕龙城。
> 雪暗凋旗画,风多杂鼓声。
> 宁为百夫长,胜作一书生。

【小导读】杨炯通过《从军行》向人们呐喊出"国家兴亡,匹夫有责"的口号,表达了诗人忠贞的报国之心。同时,我们也可以从中看到,唐朝初期并不是一个完全太平的社会,其中也会参杂着战乱。

★ 除了"初唐四杰"之外,初唐时期还有许多著名的诗人,比如贺知章、张九龄、王之涣、孟浩然、王昌龄、王维等。你能背诵这些诗人的代表诗作吗?

❖ 盛唐气象——诗仙诗圣

【小导读】盛唐时,不仅是诗歌,整个社会气象也达到了鼎盛时期。正是由于唐朝的繁盛,诗坛也表现出歌颂祖国山河、国家昌隆的倾向。此时的诗歌,表现出了盛唐的博大与唯美,其中以李白、杜甫等人为代表。

◆ "诗仙"李白

李白是我国历史上伟大的浪漫主义诗人,被后人称为"诗仙"。他的诗歌具有丰富的想象力和高超的艺术技巧,他常常酒后抒发自己的情怀,充分体现了盛唐人士的时代性格和精神风貌。在中国诗歌史上,李白是不可替代的人物。

> **望庐山瀑布**
>
> 日照香炉生紫烟，遥看瀑布挂前川。
> 飞流直下三千尺，疑是银河落九天。

【小导读】李白在青少年时代博览群书，又好行剑术，生活情趣和才能多种多样。看到此时的唐朝成为世界的翘首，他满怀壮志，一边游历祖国的名山大川，一边求取功名，希望自己能为国家做出一番轰轰烈烈的事业。这首《望庐山瀑布》就是诗人在游历时写下的。

> **永王东巡歌十一首**（其一）
>
> 永王正月东出师，天子遥分龙虎旗。
> 楼船一举风波静，江汉翻为雁鹜池。

【小导读】李白所处的唐代虽然极尽奢华，却也免不了战乱之苦。安史之乱开始后，形势急剧恶化，李白更加忧国忧民。面对动荡不安的山河他只能暂且避居于庐山，然而他对这样的时局并不能漠然处之，于是他借助于诗歌，将安史之乱记录下来。《永王东巡歌十一首》正是他加入永王水军时所作。

● **知识卡片**

"诗仙"的由来

你知道李白的"诗仙"称号是怎么来的吗？据说，李白初到长安时，去拜访当时已很有名气的诗人贺知章，并奉上自己的诗作请贺知章指导。贺知章读完他的诗后，感叹道："这个人的诗作写得真是妙啊！他就像是那天上的谪仙人一样！"后来，杜甫在一篇诗作中也提到

了这件事，写道："昔年有狂客，号尔谪仙人。笔落惊风雨，诗成泣鬼神。"于是，后世就用"诗仙"的美名来称呼李白了。

◆ "诗圣"杜甫

杜甫七岁就能写诗，十四五岁的时候，洛阳一些有名的文人已经开始和他交往。他和李白一样，也曾经在祖国的南北漫游。杜甫的诗歌有着盛唐时期的繁荣气息，也有着隐藏在这当中的政治弊病，反映了唐朝由盛转衰的历史。

杜甫被称为"诗圣"，与李白齐名。

杜甫能被称为"诗圣"，一方面是其创作了大量的诗歌，为诗歌发展做出了巨大的贡献；另一方面也是因为其本人有着非常高的道德修养和人格魅力，为后世文人、百姓做出了好的榜样。

《自京赴奉先县咏怀五百字》片段

凌晨过骊山，御榻在嵽嵲。 蚩尤塞寒空，蹴踏崖谷滑。

瑶池气郁律，羽林相摩戛。 君臣留欢娱，乐动殷胶葛。

…………

暖客貂鼠裘，悲管逐清瑟。 劝客驼蹄羹，霜橙压香橘。

朱门酒肉臭，路有冻死骨。 荣枯咫尺异，惆怅难再述。

【小导读】这首诗中写出了作者看到盛唐时期虽然国家富有，但是统治者却不居安思危，在骊山行宫中肆意挥霍享乐。此时的社会已经出现了浮夸之风，贫富分化严重，一句"朱门酒肉臭，路有冻死骨"生动地将盛唐时期腐败的真实面貌描绘了出来。

✪ 杜甫一生写下了数千首诗歌，他用诗歌描绘了一个复杂多变的历史时代，具有极大的史学价值。他的诗歌深刻反映了悲惨的社会现实和人民的苦难，所以，人们把他的诗作称为"诗史"，也把他称作为我

国历史上伟大的现实主义诗人。

● 延伸阅读

李白与杜甫

李白和杜甫都是盛唐时期著名的诗人,他们不仅在诗歌创作上闻名于世,也有着一腔报效国家的热血。

他们二人在年轻时都曾游历大江南北,在这期间,二人努力地寻找仕途,但是,二人都没有被重用。后来又遭遇了"安史之乱",亲眼目睹了唐朝由盛转衰,一时间悲痛交加。

正是这样的经历,使得他们的诗歌在早期抒发赞美祖国山河之情,而后期则参杂着幽怨、消极之情。他们的诗歌成为了记载唐朝历史的优秀史料。

❖ 晚唐风云——小李杜

【小导读】"小李杜"是指唐代诗人李商隐和杜牧,他们生活在唐朝业已没落的时代,亲眼目睹了晚唐时期山河破碎、人民生活疾苦的景象。文人士族们只能感叹原先的盛唐辉煌,却对社会的衰败无能为力。于是,他们寓情于诗歌,用独特的语言将这一时代特征描绘了出来,扭转了晚唐时期衰败的诗歌现状。

◆ 杜牧

杜牧生于晚唐时期,这时的唐朝已经到了末期,他一心想报效国家,却不被重视,于是他将悲愤之情写成诗歌,记载了下来。

中
华
文
化
公
开
课

> **泊秦淮**
>
> 烟笼寒水月笼沙，夜泊秦淮近酒家。
> 商女不知亡国恨，隔江犹唱后庭花。

【小导读】《泊秦淮》这首诗表面是写秦淮商女，实际上折射出晚唐时期山河破碎的景象，这时候诗人颠沛流离，不知唐朝的命运将归于何处。

◆ **李商隐**

李商隐幼时孤苦，所以他只能努力奋斗，力争从科举得到一个出人头地的机会。因此，他一方面对政治倾注了极大的热情，一方面又发出怀才不遇的感慨，他的诗文不仅记录了自己的内心世界，也客观地反映出当时的社会情况。

> **登乐游原**
>
> 向晚意不适，驱车登古原。
> 夕阳无限好，只是近黄昏。

【小导读】作者看到夕阳美景，心中不禁赞叹不已，但是却也感叹美景不可挽留。这虽然是在描写景色，却也从另一个层面烘托出作者对晚唐时期社会动荡的无奈。

读一读

◎ 中唐现实主义的记录者——诗人白居易

白居易字乐天，祖籍太原，自号香山居士，是新乐府运动的倡导者，主张"文章合为时而著，歌诗合为事而作"，被尊称为"诗魔"、"诗

神"。

　　在经历了早期的繁盛后,唐朝开始走向衰败。此时的社会矛盾已经激化,白居易作为一名文人,他用自己的语言将这一阶段的历史记录了下来。白居易少年时代在战乱中度过,过着颠沛流离的生活,但他学习刻苦勤奋,他的一生写下了大量的诗歌文章,反映了当时的社会现实,描写出了人民的生活疾苦,是唐代流传下来诗歌最多的诗人。

　　白居易的诗歌写得通俗易懂,他的诗歌都是反映现实生活和揭露社会矛盾的优秀作品,例如著名的《新乐府》、《秦中吟》、《长恨歌》、《琵琶行》、《卖炭翁》等,都是对当时社会真实的写照。

◎ 卖炭翁

卖 炭 翁

（唐）白居易

卖炭翁,伐薪烧炭南山中。

满面尘灰烟火色,两鬓苍苍十指黑。

卖炭得钱何所营？身上衣裳口中食。

可怜身上衣正单,心忧炭贱愿天寒。

夜来城外一尺雪,晓驾炭车辗冰辙。

牛困人饥日已高,市南门外泥中歇。

翩翩两骑来是谁？黄衣使者白衫儿。

手把文书口称敕,回车叱牛牵向北。

一车炭,千余斤,宫使驱将惜不得。

半匹红绡一丈绫,系向牛头充炭直。

练一练

1. "初唐四杰"分别是哪四位诗人？

2. "诗仙"和"诗圣"分别指谁？你能背诵他们的诗歌吗？

3. 试着背诵几首你所知道的唐诗。

词观两宋——承平动乱的两宋更替

【课前导读】说起唐诗,必然会联想到与之齐名的宋词。上节课我们透过唐诗略览了唐朝由盛而衰的历史,本节课,让我们来透过微观的宋词世界,一起领略一下宋朝的风雅韵味。

说一说

◇ 你读过词吗? 说一说,你最喜欢哪首词呢?

◇ 你知道哪些著名的词人呢? 他们的词有哪些时代特征呢?

◇ 你知道宋词有哪些不同的风格和类别吗?

●知识卡片

北宋与南宋

宋朝有北宋与南宋之分。北宋(公元 960 年—公元 1127 年)开国皇帝宋太祖赵匡胤发动了"陈桥兵变"推翻了后周政权,建立了宋朝,定都汴京(今河南开封)。北宋初期,宋太祖赵匡胤和他的弟弟赵光义(宋太宗)发动了多起对外战争,结束了五代十国的分裂局面。北宋中期的百年间,北宋的经济、文化等都得到了巨大的发展,号称"承平盛世",可与盛唐时期媲美。但因北宋尚文轻武,在辽国、西夏、大金的频频进犯中屡屡保守求和,到后期时渐渐国势衰微,终灭于1126 年的"靖康之变"。

北宋灭亡后,当时的康王赵构被一众官员拥上皇位,成为宋高宗。

即位后的宋高宗一路南逃到临安（今浙江杭州）并定都于此，开始了历史上的南宋时期（公元1127年—公元1279年）。南宋政权建于戎马倥偬的战争岁月，在对金的战争中涌现了岳飞、韩世忠等大批的抗金名将。但南宋统治者多主和怯战，宁愿附属金国、偏安一隅也不愿意主动出击、收复故土。其间，北方的蒙古族崛起，成吉思汗建立了蒙古政权并先后消灭了西夏、金等政权，最终于1276年攻陷了南宋都城临安，并在随后几年中消灭了南宋朝廷，开启了元朝一统的时代。

学一学

【小导读】著名学者徐晋如曾说："不是大唐盛世、大宋承平才有了传颂至今的唐诗宋词，而是因为有了唐诗宋词，才有我们想象中的大唐与大宋。"[①]透过宋词，我们可以领略到北宋初统江山时的意气风发，体悟到承平盛世中的汴京繁华，也可以感受到宋亡之际的靖康耻辱，体知到偏安江南时期的恨怒无奈。下面，我们就一起来读一读宋词，感悟一下宋朝的历史吧！

❖ 宋之初统

公元960年，赵匡胤发动历史上著名的"陈桥兵变"，黄袍加身，成为北宋的开国皇帝。此后，他眼见天下分裂，发出了"卧榻之侧，岂容他人鼾睡"的感慨，并随之采取了"先南后北"的统一策略，消灭了南平、后蜀、南唐、北汉等政权，稳固了北宋的江山。

---

① 侯磊：《宋词中的大宋》，合肥：安徽人民出版社，2013年版，封面页。

> ## 虞美人·春花秋月何时了
> ### （南唐）李煜
>
> 春花秋月何时了？往事知多少？小楼昨夜又东风，故国不堪回首明月中。
>
> 雕栏玉砌应犹在，只是朱颜改。问君能有几多愁？恰似一江春水向东流。

【小导读】这首词是由南唐后主李煜所作，意思是说：想我当年还是南唐的皇帝时，每天的日子都过得有如春花秋月一般，望不到尽头。这样惬意的往事也不知有多少件，一件件都还历历在目。昨夜我所寄居的小楼又刮进了东风，南唐的这些故国往事，我已实在不忍去回想了。

宫中雕栏玉砌的建筑应当都还在，只是我的容颜已经苍老改变了。你要问我有多少忧愁？我的忧愁就好像这一江春水一样，滔滔不绝地往东流去。

✪ 这首词并非宋词，而是五代十国时期南唐后主李煜的词，大约作于李煜归宋后的第三年，词中流露出浓厚的亡国之思。《虞美人》虽是五代十国词，却很好地从侧面反映了北宋逐步统一、意气风发的时代盛景。

五代十国承启唐宋两朝，是历史上有名的分裂动荡时期。五代集中于北方黄河流域，分别是后梁、后唐、后晋、后汉、后周。十国集中于南方及黄河以东地区，分别是吴、前蜀、后蜀、南唐、吴越、闽、楚、南汉、南平、北汉。

五代十国结束了唐朝的安定盛世，中国进入了动荡的时代。但是，中国的文学艺术却出现了一番新的面貌。此时，单纯的五言、七言诗已无法完满地表达诗人的情感，更多的文人借助乐曲、长短句

来抒情表意。此外，因为战乱破坏，经济、政治、文化中心也逐渐由长安、洛阳等中原地区南移至江南地区，文人的诗词随之吸纳了南方文化的特点，显得更加温婉迤逦，情感饱满，从而形成了极具特色的词文化。

> ### 渔家傲·秋思
> ### （北宋）范仲淹
>
> 塞下秋来风景异，衡阳雁去无留意。四面边声连角起。千嶂里，长烟落日孤城闭。
>
> 浊酒一杯家万里，燕然未勒归无计。羌管悠悠霜满地。人不寐，将军白发征夫泪。

【小导读】塞外的秋景与江南相比大有不同，大雁往衡阳飞去，完全没有要停留的意思。号角声响起，回荡在四面八方，连绵不断。山峦重叠中，落日长烟之下，只余一个紧闭着城门的城池，处处透出孤单、凄凉之感。

喝上一杯浊酒，不免想起了万里之外的家乡，可是战事还未平息，也未建立起任何功名，回家的日子遥遥无期。远处传来悠扬的羌笛声，外面已是霜降满地。夜深了，将士们还不能安睡，将军已是满头白发，久戍边塞的士兵也留下了思乡的眼泪。

❂ 范仲淹既是著名词人、文学巨匠，留有名篇《岳阳楼记》传世；又是能文敢言的直言谏臣，骁勇善战的军事将才。这首《渔家傲·秋思》是范仲淹带兵征讨西夏时所作。

北宋建立后，很快便与北方的辽国政权、西北的西夏政权形成了三足鼎立的对峙局面。宋辽的对峙情景我们在以杨家将为题材的小说故事或电视剧中皆能体会一二。两国对战，各有胜负，其中最有影响力的便是宋真宗年间因战缔结的"澶渊之盟"。"澶渊之盟"后的一

百多年间,宋辽之间未曾再有大规模的冲突,这为两国提供了休养生息的良好契机,极大地促进了两国经济文化的发展,更是直接带来了北宋百年的盛世繁景。

宋仁宗年间,元昊继承西夏皇位后,仿宋制,创西夏文字,大力发展西夏的政治、经济、文化,逐渐与宋朝廷形成了分庭抗礼之势。西夏一改往年臣属旧状,主动进犯宋朝;宋朝廷大为震怒,便命范仲淹带兵守疆,抵御西夏。范仲淹虽为文官,但其自幼熟读兵书,带兵打仗毫不势弱,一度打得西夏闻风而逃。奈何北宋长久以来重文轻武,善守弱攻,西北战事拖沓良久,让一众将士有家归不得,所以就有了范仲淹"将军白发征夫泪"的感慨。

● 延伸阅读

◎ 澶渊之盟

"澶渊之盟"是指在公元 1005 年 1 月,辽宋两国在澶渊郡(今河南濮阳)所达成的盟约。北宋建立以后,与北方的辽国形成对峙的局面,两国互相攻伐,互有胜负。景德元年(公元 1004 年),辽国大举南下,皇帝重臣全体出动,直攻北宋都城开封。很多朝臣都劝宋真宗迁都,唯有寇准建议皇帝上前线御驾亲征,皇帝不愿,寇准便一直劝到皇帝同意为止。

于是宋真宗赶赴当时前线战场——澶渊郡,守城将士见皇帝来,士气大振,大败辽军。因此,辽只得同意议和,促成了"澶渊之盟"。

盟约包括四条内容,分别是:

一、辽宋为兄弟之国,辽圣宗年幼,称宋真宗为兄,后世仍以世以齿论。

二、以白沟河为国界,双方撤兵。辽归还宋遂城以及涿、瀛、莫三州。此后凡有越界盗贼逃犯,彼此不得停匿。两朝沿边城池,一切如

常,不得创筑城隍。

三、宋方每年向辽提供银十万两,绢二十万匹,至雄州交割。

四、双方于边境设置榷场,开展互市贸易。

在此后的一百多年间,辽宋不再有大规模的冲突,维护了双方百姓的安全。

❖ **宋之盛景**

"澶渊之盟"后,北宋进入了百年承平时代。没有了战乱的纷扰,北宋的社会经济得到了迅猛提升。发达的水陆交通、进步的农耕技术、精细的手工制作、繁奢的商品贸易带来的是都城汴京的兴盛以及形胜江南的富足。诗人、词人毫不吝啬笔墨,留下了大量的词作来颂扬这承平盛世。这一时期的盛景被孟元老以三万字弘大地记载在了《东京梦华录》上,亦被张择端以五米画卷精炼地绘制在了《清河上河图》上。直到现在,我们翻阅这些经典时,还会不由自主地被其所吸引,从而去想象着那繁盛百年间的热闹场景。

御 带 花

(北宋)欧阳修

　　青春何处风光好,帝里偏爱元夕。万重缯彩,构一屏峰岭,半空金碧。宝檠银釭,耀绛幕,龙虎腾掷。沙堤远,雕轮绣毂,争走五王宅。

　　雍容熙熙昼,会乐府神姬,海洞仙客。搜香摇翠,称执手行歌,锦街天陌。月淡寒轻,渐向晓,漏声寂寂。当年少,狂心未已,不醉怎归得。

【小导读】词意:春天什么地方的风光最好呢? 我最爱的还是汴

京的元宵风光。成千上万的丝织彩灯,构筑了峰岭般的灯山,把汴京城的半空点缀得金碧辉煌。各式各样华美的灯饰将红色纱幕点缀得光彩夺目,龙虎形状的彩灯欢舞,更显欢快活泼。王侯贵族们不怕路途遥远,乘坐着精美的马车从四面八方汇聚到京城,来参加元宵灯会。

元宵之夜被灯火照着宛如白昼,欢快的游人温文闲雅地漫步在街头。歌女乐工齐聚盛会,观灯的游人拽香摇翠,执手轻歌,整个街市都是一派繁华景象,充满着欢歌笑语。此时的我正当年少,随着人群一直游玩到月色淡薄的寂静深夜、寒露渐降的破晓时分,还依然欢快不已,不喝个酩酊大醉都不想要归去。

★《御带花》是宋代著名词人欧阳修所作,作者以浪漫华丽的笔调将汴京的元宵繁况铺呈于读者面前。元宵节是北宋时期最隆重、最热闹的节日之一,也是宋代词人最为偏爱的节日,李清照、柳永、晏殊等著名词人均有描述元宵盛景的美词佳句传于后世,有兴趣的同学可以找来读一读哦!

❖ 两宋承继

北宋立国百年间,虽经济、文化大为发展,出现了百年繁华的盛景,但其积贫积弱的隐患也随着历史的发展而逐渐显露出来。北宋长期实行重文轻武的"养兵而不用兵"政策,导致军力衰弱不振,冗官冗兵囤积,造就了积弱的局面;而"澶渊之盟"虽然为北宋赢得了百年的和平发展契机,但沉重的岁币支出也加剧了北宋的财政负担,造成了北宋积贫的弱状。

北宋末年,统治者日益腐败,加快了北宋覆灭的步伐。亡国皇帝宋徽宗是历史上著名的昏庸皇帝,他在位时重用蔡京、李邦彦等奸臣,大兴"花石纲",穷奢极欲,害得许多百姓倾家荡产、家破人亡,甚至激起了规模巨大的农民起义,四大名著之一《水浒传》就是根据北宋末年的农民起义改编而成的。

在北宋日益腐败、趋于崩溃的同时,北方女真族建立的大金政权却快速成长并壮大了起来。1125年,金太祖完颜阿骨打联合宋朝灭了辽国后,便开始了攻打宋朝的征战。靖康年间,金兵多次入侵,此时的北宋皇帝钦徽二宗软弱怕事,一味主张议和投降。金兵南下,亦不多作抵抗,而是选择弃汴京外逃。靖康二年,金兵入侵并挟持了宋徽宗与宋钦宗,直接导致了北宋王朝的灭亡,史称"靖康之变"。

满江红·怒发冲冠

(宋)岳 飞

怒发冲冠,凭栏处,潇潇雨歇。抬望眼,仰天长啸,壮怀激烈。三十功名尘与土,八千里路云和月。莫等闲,白了少年头,空悲切!

靖康耻,犹未雪;臣子恨,何时灭?驾长车,踏破贺兰山缺。壮志饥餐胡虏肉,笑谈渴饮匈奴血。待从头、收拾旧山河,朝天阙!

【小导读】《满江红》是岳飞最为世人熟识的一首词。词意为:我怒发冲冠,凭栏远望,猛烈的风雨刚刚停歇。抬起头来,向天长啸,宣泄我胸中强烈的报国之情。三十年来追逐的功名好似尘土,在八千里外的战场上只有云、月相伴。不要虚度光阴啊,别等岁月染白了少年的头发,再徒自悲叹。

靖康二帝被俘的耻辱,至今尚未洗刷;臣子的愤恨,何时才能消灭?我愿驾着战车踏破贺兰山的关口,满怀壮志、谈笑从容地吃胡人的肉、喝匈奴的血。等我重新收复昔日河山,再将胜利的喜悦带到天朝的宫阙。

★岳飞是南宋著名的抗金英雄,他一生治军严谨,带领岳家军征战沙场,立下战功无数。可惜南宋统治者奉行偏安政策,岳飞一直郁

郁不得志,最终被奸人秦桧所害,不得善终。

靖康之变后,北宋为金所灭,当时的康王赵构被拥戴即位为宋高宗,建立了南宋朝廷。南宋初建,高宗起用了部分主战派大臣抵御金兵入侵,起到了一定的成效,涌现出了一批著名的抗金名将,岳飞即是其中的代表。再有,此时的金朝初入中原,根基未稳,未能一举灭宋,因而给了南宋喘息的机会,南宋逐渐走向稳定,渐与金朝形成了南北对峙的局面。

两宋承继,宋人国亡家破,战火纷飞中的百姓流离失所,此时的宋词亦再不复北宋繁盛时的绮丽奢华,而更多地承载了亡国之痛、逃难之悲、雪耻之恨。

武 陵 春

(宋)李清照

风住尘香花已尽,日晚倦梳头。物是人非事事休,欲语泪先流。

闻说双溪春尚好,也拟泛轻舟。只恐双溪舴艋舟,载不动许多愁。

【小导读】《武陵春》是李清照晚年流离失所时的愁绪写照,词人用浅近的词句将国破家亡、离愁满怀的深沉心境描写得淋漓尽致。词意为:狂风停了,地上堆满了吹落的花瓣,染得尘土都沾上了香气。时间已经很晚了,我却依然懒得梳洗。故土与旧物仍在,但却已经是国破人亡了。心中愁绪万千,想要倾诉给别人听,但还未开口已经是泪流满面。

听人说双溪的春景很好看,也想着要泛舟一游,赏春景,解忧愁。但是又担心我这满身的愁绪太重,只怕那双溪的舴艋小舟也载不动,还是不去了吧!

❂ 李清照是两宋承继之际的著名女词人,她体会过北宋的承平美好,也经历过南宋的动乱不堪,因而她的词作也跟随其生活轨迹出现了两种不同的风格。李清照早期的作品描述的多是女子的闺中情怀,含蓄温婉;后期的作品则更多的染上了国破家亡、颠沛流离的悲凉愁绪,缠绵凄苦。

❖ 宋之覆灭

南宋建国后,统治者一味主和畏战,宁愿偏安一隅也不愿主动收复故土。宋金对峙期间,虽曾多次发生战事,但多以南宋屈辱求和告终。自宋高宗重用奸相秦桧起,南宋历史上连续多次出现了权臣专权的现象,致使南宋虽经济、文化得到一定程度的发展,但政治、军事每况愈下,最终于1279年为元军所灭,南宋国史仅维持了153年。

柳梢青·春感

(宋)刘辰翁

铁马蒙毡,银花洒泪,春入愁城。笛里番腔,街头戏鼓,不是歌声。

那堪独坐青灯,想故国、高台月明。辇下风光,山中岁月,海上心情。

【小导读】词意:元军骑着裹着蒙毡的战马在城中巡视,连元宵节的花灯都伤感得仿佛在流泪;春天已经到来,城中却满是忧愁。笛子吹奏的是番人的腔调,街头唱戏击鼓,吟唱的也不是华夏的歌声。

哪里还受得了一人独坐、孤灯相伴的日子,真是怀念故国的楼台明月啊。面对时下萧瑟的光景,不禁生起隐逸山间、海上抗元的心情。

❂ 刘承翁是宋末著名的爱国主义词人。宋亡之后,他以遗民自居,归隐山林不肯为元朝所用。此篇便是词人归隐后,望着被元军攻

陷的萧索临安城,选取了临安沦陷后的一个元宵灯景,满含着酸楚的眼泪写下的凄景。

赏一赏

◎ 柳永笔下的江南繁奢

望海潮·东南形胜

（北宋）柳 永

东南形胜,三吴都会,钱塘自古繁华。烟柳画桥,风帘翠幕,参差十万人家。云树绕堤沙。怒涛卷霜雪,天堑无涯。市列珠玑,户盈罗绮,竞豪奢。

重湖叠巘清嘉。有三秋桂子,十里荷花。羌管弄晴,菱歌泛夜,嬉嬉钓叟莲娃。千骑拥高牙。乘醉听萧鼓,吟赏烟霞。异日图将好景,归去凤池夸。

★《望海潮》是宋代著名词人柳永在杭州生活时所作。作者以生动细腻的笔调描绘出繁华的钱塘盛景,将秀美的杭州、繁华的闹市、惬意的士民生活淋漓尽致地展现在众人的面前。

东南地势优越,钱塘作为三吴大都市自古以来就很繁华。柳絮如烟,桥廊似画,微风卷起翠绿的帘帐,房屋高低参差,约有十万户人家。江堤边树木高耸入云,郁郁葱葱。汹涌的波涛卷起霜雪般的浪花,将江面延绵成万里无涯之景。街市上珍宝陈列,家家户户摆满了绫罗绸缎,似乎要比一比谁家更为奢华。

湖山相连,将西湖美景衬托得更为清秀美丽。九月深秋之际,桂花盛开,夏日的十里荷花还铺陈满湖。晴朗的白天,游人欢快地吹着

羌笛;撩人的夜色中,采菱姑娘的歌声飘荡于湖面之上;老翁垂钓,萌娃采莲,其乐融融。达官贵人在千名护卫的簇拥下微醉着聆听箫声鼓乐、吟诵诗词、观赏湖光美景。改日一定要把这些美景绘画成图,待回到朝廷时,一定能赢得赞美无数。

练一练

1.“澶渊之盟”是北宋时期还是南宋时期签订的,签订的双方分别是谁?

2.“靖康之变”是什么时候发生的事件? 它的影响是什么?

3.你能说一说岳飞的《满江红》这首词的意思吗?

4.试读几首你所知道的宋词,并解释词意。

宋明理学——儒学的巅峰

【课前导读】儒学经历了秦汉的兴盛,在之后相当长的时间里处于衰微状态。在宋代,儒家学者融合了佛教和道家、道教的思想,创造了一种新儒学——宋明理学。宋明理学对中国人的生活影响很大,今天人们常说的"没天理"就是宋明理学世俗化、生活化的表现。

看一看

西　铭

（宋）张　载

乾称父,坤称母;

予兹藐焉,乃混然中处。

故天地之塞,吾其体;

天地之帅,吾其性。

民,吾同胞;物,吾与也。

【小导读】《易经》的乾卦,表示天道创造的奥秘,称作万物之父;坤卦称作万物之母。我如此的藐小,却混有天地之道于一身,处于天地之间。这样看来,充塞于天地之间的,就是我的形色之体;而统帅天地万物以成其变化的天道,就是我的天然本性。人民百姓是我同胞兄弟姊妹,而万物皆与我为同类。

★ 你听说过张载这个人吗?你怎么看"民吾同胞,物吾与也"?

说一说

❖ 你能说一说孔子之后儒家还有哪些重要的思想家吗？

❖ 你知道宋明理学有哪些代表人物吗？你能讲讲他们的故事吗？

❖ 说一说什么是天理？什么是欲望？

❖ 你觉得应该先学习做个好人呢，还是应该先学习具体的知识？

孔子　孟子
董仲舒
荀子
仁义礼智信
刚毅木讷
忠恕　恭宽信敏惠

★ 宋明时期有很多大儒，不仅学问做得好，而且他们的人格也是后世的楷模，我们要多向他们学习才是！

学一学

【小导读】儒学形成于春秋战国时期，在汉代成为独尊。但是儒学在汉代以后陷入了衰落，宋代和明代，儒学借鉴了佛家和道家的智慧达到了顶峰。

❖ **先秦与两汉儒学的繁荣**

> 儒家者流,盖出于司徒之官,助人君顺阴阳明教化者也。游文于六经之中,留意于仁义之际,祖叙尧、舜,宪章文、武,宗师仲尼,以重其言,于道为最高。
>
> ——《汉书·艺文志》

【小导读】《汉书》记载,儒者起源于司徒这个职业,主要职责是帮助君王处理政事、教化人民。儒家的经典是四书、五经,儒家的追求是仁和义。儒家溯源可追至尧舜、周文王、周武王。孔子是儒家的创始人,成就最高。

★ 在前面《百家争鸣》一课中我们已经学过了儒家两位代表人物孔子和孟子,你还记得他们的主要观点及代表作吗?

孔子是儒家学派的创始人,号称有 3000 多个弟子。他的核心思想是"仁",他被后人尊称为"圣人"。孟子是孔子后的另外一个重要人物,出生于战国,他被称为"亚圣",主张仁政,提出了性善论,认为人的天性是善的。

与孟子齐名的还有一个人,就是荀子。荀子提出了化性起伪的理论,认为人的天性没有善恶,人的善恶倾向是人为教导的结果。

汉代董仲舒提出了"罢黜百家,独尊儒术"的观点,使儒家思想具有了很重要的地位。董仲舒还提出了天人感应的理论,认为人和天可以互相感知。

● **知识卡片**

四书五经

四书五经是四书和五经的合称,是中国儒家经典的书籍。四书指

的是《论语》、《孟子》、《大学》和《中庸》。而五经指的是《诗经》、《尚书》、《礼记》、《周易》、《春秋》，简称为诗、书、礼、易、春秋；在之前，还有一本《乐经》，合称诗、书、礼、乐、易、春秋，这六本书也被称做"六经"。其中的《乐经》后来亡佚了，就只剩下了五经。四书五经是南宋以后儒学的基本书目，是儒生学子的必读之书。

❖ 汉代以后儒学的衰落

受董仲舒天人感应的影响，汉代出现了谶纬（chèn wěi）之学，谶纬之学是对未来的一种政治预言，有迷信的倾向。后来儒学便没落了，道家和佛家的学说盛行。

> 尧以是传之舜，舜以是传之禹，禹以是传之汤，汤以是传之文武周公，文武周公传之孔子，孔子传之孟轲。轲之死，不及其传焉。
>
> ——韩愈《原道》

在唐代的时候，韩愈和李翱主张复兴儒学。韩愈借《原道》一文提出了"道统说"，推演了儒家的传承体系，认为儒家是从尧、舜、禹、汤、文王、武王、周公、孔子、孟子这些人的思想发展过来的，孟子之后便没有正统的儒学了。

与韩愈同时期的李翱则提出了"复性说"。李翱认为人的本性都是善的，但是情却有善恶之别；圣人与百姓的根本区别在于：圣人不会为情所惑，而百姓则容易为情所惑从而迷失本性。这一理论为宋明理学的发展繁荣奠定了基础。

❖ **宋明理学**

> 民吾同胞，物吾与也。 ——张载
>
> 心外无物。 ——王阳明
>
> 存天理，灭人欲。 ——朱熹

【小导读】儒学在宋代有了一个新的称谓——宋明理学。宋明理学将"理"或者说"天理"作为宇宙万物的最终根据，认为人们只要掌握了"理"就掌握了世界以及人生的根本法则。

◆ **代表人物**

张载是宋明理学中的一个重要人物，他的学说被称为"气学"。他认为天地万物都是由气孕育和构成的，人和天地万物源于气，都是一体的，所以人们之间都是同胞，万物之间都是同类，所以要爱护天下万物。

宋明理学中另一个重要的人物就是朱熹，他的学说被称为"理学"。朱熹受程颢、程颐的影响比较大，人们把他们的学问称为程朱理学。他认为天理是世界的本源，遍布宇宙万物，而人的欲望是罪恶的根源，要"存天理，灭人欲"。朱熹认为天地万物都含有天理，人们应该格物致知，通过体悟学习天地万物中的天理，成为至善的圣贤。

宋明理学中还有一个重要的学派，它就是陆王心学，代表人物是陆九渊和王阳明，王阳明是心学的集大成者。王阳明认为，人的心（也叫良知）本来是至善的，所以我们要"致良知"，"致"是动词，"致良知"就是要让自己的行为顺从良知的流露。

◆ **天理与人欲**

> 圣人千言万语，只教人明天理、灭人欲。 ——朱熹

【小导读】圣人说了千千万万句话,其目的只有一个,那就是要人们心存天理、消灭欲望。

> 问:"饮食之间,孰为天理,孰为人欲?"
> 曰:"饮食者,天理也;要求美味,人欲也。"
>
> ——《朱子语类》

【小导读】问:"在饮食的问题上,什么是天理,什么是人欲呢?"答:"人饿了、渴了要吃饭、喝水,这就是天理。不过,总是想吃美味佳肴,这就是人的欲望。"

✪ 宋明理学家们虽然主张灭人欲,但不是所有的欲求都是应该消除的,只有那些过分的欲求才能算作欲望,而正当的欲求都是合乎天理的。

◆ 学习与做人

> 今日格一物,明日又格一物,豁然贯通,终知天理。
>
> ——程颐

【小导读】"格"的意思是学习、推敲。这句话的意思是说,今天学习一个事物,明天又学习一个事物,这样慢慢积累,哪天突然贯通起来了,最终就会掌握天理。

> 先立乎其大者,则其小者弗能夺也。
>
> ——陆九渊

【小导读】先把重要的东西(人的良心)挺立起来,那么在细小的事情上就不会犯错误。

✪ 我们既要学习关于事物的知识,也要学习做人。我们是应该先

培养自己的善良之心呢,还是应该先学习具体的知识? 两者哪个更重要?

◎ 鹅湖之会

公元 1175 年,大学者吕祖谦邀请当时著名的儒者朱熹和陆九渊到江西信州鹅湖寺商讨学问,不想两人见面后发生了很大的争论。争论的核心问题就是学习的方法问题。朱熹认为,学习应该一点一点慢慢积累,时间长了就会豁然贯通,就会知道什么是对,什么是错。而陆九渊认为,学习应该先培养善心、良心,如果没有善心,无论学了多少知识都会做错事。两人对对方的观点都不满意,只好不欢而散。这就是历史上著名的"鹅湖之会"。

◆ 求知与践行

> 论先后,知为先;论轻重,行为重。
>
> ——朱熹

【小导读】就先后来说,求知应该在先;就重要性来说,践行最为重要。

> 我如今且去讲习讨论做知的工夫。待知得真了,方去做行的工夫。故遂终身不行,亦遂终身不知。此不是小病痛,其来已非一日矣。某今说个知行合一,正是对病的药。
>
> ——王阳明

【小导读】我现在来讨论求知的方法。如果等知道一切然后再去实践,那么终身都不会有实践,这样一来一辈子也不会有真正的知识。这不是小的问题,这个问题已经不是一日两日了。我今天讲的知行合

一,就是解决这个问题的良药。

☻ 王阳明提出知行合一,就是为了反对朱熹知先行后的观点,对此你怎么看?

◆ 人的使命

> 为天地立心,为生民立道,
>
> 为去圣继绝学,为万世开太平。
>
> ——张载

【小导读】为天地之间建立正义,使世间百姓安身立命,继承古代圣贤的学问,使之不断绝,让千秋万代的人们享受太平。

☻ 宋明理学从宇宙起源开始,论证了人为什么要做一个有仁德的人,以及人该怎样去做一个有仁德的人,在今天依然具有很大的意义。

练一练

1. 什么是天理? 什么是人欲?
2. 陆九渊是如何看待学习知识与做人之间的关系的?
3. 张载用哪四句话表达了做人的使命?
4. 朱熹关于求知与践行的主要观点是什么?

明清文艺——绚烂多姿的文人社会

【课前导读】明清时期的文学艺术,不仅出现了很多不朽的传世之作,而且作品的形式也多种多样,例如诗词、小说、戏曲、书法、绘画等,各方面都取得了了不起的成就。明清文艺既关涉天下国家,也论说市井民生;既勾勒时局巨变,也细琢户室温情。真是多姿多彩,绚烂无比。

看一看

石 灰 吟

（明）于 谦

千锤万凿出深山,烈火焚烧若等闲。

粉身碎骨浑不怕,要留清白在人间。

【小导读】于谦是明代有名的功臣,官至少保,世称于少保。他为官清正,但最终却以谋逆罪被冤杀。他与岳飞、张煌言并称"西湖三杰"。这首诗反映了作者坚定不屈的意志,及其坚守正义、不同流合污的品格。

★ 你从石灰的品格中学到了什么?你要做什么样的人?

说一说

❖ 你看过四大名著吗？讲讲书中你印象最深的故事。

❖ 你读过《聊斋志异》吗？你觉得书中的妖怪可爱吗？为什么？

❖ 你听说过纳兰性德吗？会背他写的词吗？

❖ 你会唱京剧吗？你知道哪些京剧名家？

学一学

【小导读】明清两代的文学艺术非常繁荣,而且形式多种多样,我们去好好学习一下吧。

❖ 明清小说

◆ 长篇小说——四大名著

《三国演义》成书于元末明初,作者是罗贯中,它是我国最早的一部长篇历史小说。全书共 120 回,以描写魏、蜀、吴三个政权之间的政治和军事斗争为主,大致分为黄巾之乱、董卓之乱、群雄逐鹿、三国鼎立、三国归晋五大部分。主要人物有曹操、刘备、孙权、诸葛亮、周瑜、关羽、张飞等。作者以恢宏而又细腻的文字勾勒出一幕幕波澜壮阔的战争场面,让人流连忘返。

《水浒传》成书于元末明初,作者是施耐庵,它是我国第一部以农民起义为题材的长篇小说。《水浒传》全书 120 回,以北宋末年宋江领导的农民起义为故事主线,塑造了很多被腐败的政治逼上梁山的英雄好汉的形象。书中 108 好汉个个特色鲜明,比较有名的人物有宋江、林冲、武松、李逵、鲁智深等。

《西游记》成书于明代,作者是吴承恩,全书总共 100 回。《西游

记》是一部具有浓郁浪漫主义气息的长篇神话小说,主要描写的是唐僧、孙悟空、猪八戒、沙悟净师徒四人前往西天拜佛求经的故事。师徒四人在取经路上共经历了九九八十一难,每一难都惊心动魄、扣人心弦。

《红楼梦》原名《石头记》,成书于清代,我们现在看到的《红楼梦》,前八十回是曹雪芹写的,后四十回是高鹗写的。它是我国古代最优秀的长篇小说,在世界文学史上占有重要的地位。《红楼梦》描写了封建贵族家庭由盛到衰的过程,以及贵族青年贾宝玉和林黛玉的的爱情悲剧。

☆ 明清时期是我国古典小说发展的成熟时期,出现了很多经典的长篇小说。除了上文介绍的四大名著外,《封神演义》、《儒林外史》、《镜花缘》、《官场现形记》、《孽海花》等都是脍炙人口的名篇。

◆ **短篇小说——"三言二拍"、《聊斋志异》**

"三言二拍"是明代五部短篇小说集的简称。"三言"是指冯梦龙编写的《警世通言》、《醒世恒言》、《喻世明言》,"二拍"是指凌蒙初编写的《初刻拍案惊奇》、《二刻拍案奇》。这五部短篇小说集反映了中国古代市民阶层的生活面貌,歌颂了普通市民正常的生活欲求及其真情真性,对传统伦理道德的虚伪、保守进行了批判。其中比较经典的故事有"杜十娘怒沉百宝箱"、"卖油郎独占花魁"、"乌将军一饭必酬"、"韩侍郎婢作夫人"等。

《聊斋志异》成书于清代,作者是蒲松龄。《聊斋志异》俗称《鬼狐传》,因为其中描写了大量的鬼怪、妖狐。不过,蒲松龄笔下的妖魔鬼怪并不是个个都面目可憎,相反他们大多是美好、正义的化身,因此人们称《聊斋志异》中的"牛鬼蛇神比那正人君子更可爱"。《聊斋志异》中的人物形象鲜明、故事曲折新奇,是中国古代文言小说艺术成就的最高代表。其中代表性的篇章有《画皮》、《陆判》、《小谢》、《婴宁》等。

◎ 聊斋故事之陆判

陵阳有个人叫朱而旦,性情豪放,但不太聪敏。一次,朋友聚会,众人问他敢不敢到十王殿里把长得最恐怖的判官的雕像背出来,他就去了,并果真将其背了出来。在将判官的雕像送回殿里之前,他向雕像敬了一杯酒,并说:"对不起,今天冒犯了,有机会邀请你去家里喝酒。"

一天,朱而旦在家中自酌,这个判官果然到来,他称自己姓陆,人们都称他为陆判。两人非常投缘,聊得很快乐。朱而旦拿自己作的文章给陆判看,陆判认为他写得不好。一次,陆判趁朱而旦熟睡,给他换了一颗聪明的心,此后,朱而旦的文章便写得非常出色,并在乡试中考了第一名。

朱而旦的朋友听说陆判能换心,都想找陆判帮忙,陆判答应了。但当这群人看到陆判恐怖的样子后,各个吓得魂飞魄散,都撒腿跑开了。

后来,朱而旦对陆判讲:"既然你能换心,应该也能换脸吧? 我有一事相求,我的结发妻子哪里都好,就是脸长得不美,你能不帮她换一换?"陆判说可以。不久,吴御史家的女儿去世了,这个女子长得特别标致,于是陆判就把这个女子的头给朱而旦的妻子换上了。吴御史得知此事的实情后,便将朱而旦认作干女婿。

朱而旦去世后,在阴间做了官,但他时常回来照看妻子,还送给儿子一把佩刀,告诫他要行事谨慎,并要将此刀代代相传。

❖ 明清诗词

【小导读】明清时期,中国正处于帝国时代末期,出现了很多反思和变革传统的思潮,这在明清时期的诗词中有所反映,龚自珍的《己亥杂诗》就是其中的代表。除此之外,爱情、乡愁等是诗歌永恒的题材,

在这方面,纳兰性德的作品具有较高的成就。

> **己 亥 杂 诗**
>
> (清)龚自珍
>
> 九州生气恃风雷,万马齐喑究可哀。
>
> 我劝天公重抖擞,不拘一格降人才。

【小导读】只有依靠风雷那么大的力量才能使中华大地展示出蓬勃的生气,可是朝野上下都缄口不言,这终究是一种悲哀。我希望上天能够重新振作,不要局限于一定的标准,为中华大地降下各种各样的人才。

> **长 相 思 · 山 一 程**
>
> (清)纳兰性德
>
> 山一程,水一程,身向榆关那畔行。夜深千帐灯。
>
> 风一更,雪一更,聒碎乡心梦不成。故园无此声。

【小导读】一路上跋山涉水,士兵们正向山海关外行进。夜深的时候,千万个军帐中都点起了灯。

帐外风雪交加,风雪声打碎了将士们思乡的梦。此时故乡应该很宁静,没有这些狂风暴雪声吧。

❖ 明清戏曲

【小导读】明清时期也是中国戏曲发展的鼎盛时期,在古代四大名剧——《西厢记》(元代王实甫作)、《牡丹亭》、《桃花扇》、《长生殿》中,有三部诞生于明清时期。更为重要的是,在清代中后期,各种地方戏曲艺术汇集京师,通过相互间的交流、吸收、融合,形成了中国的国粹——京剧。

◆ 四大名剧之《牡丹亭》、《桃花扇》、《长生殿》

《牡丹亭》是明代著名剧作家汤显祖的代表作,全名《牡丹还魂记》,描写的是贫寒书生柳梦梅与富家小姐杜丽娘之间曲折的爱情故事。这部作品充分反映了人间真情与传统礼教之间的冲突,带有明显的个性解放色彩。

《桃花扇》是明末剧作家孔尚任的代表作,该剧讲述的是侯方域与李香君之间的爱情故事。作者以爱情故事为线索,中间穿插了大量的时代背景描写,例如魏忠贤的专权、明王朝的内乱、清军的入关、南明的覆亡等。作者希望由此反思国家兴亡的经验教训,砥砺民族气节。

《长生殿》是清初剧作家洪升的代表作,改编自白居易的《长恨歌》,讲述了唐玄宗与杨玉环之间的爱情故事。作者在剧作中重点描写了皇帝昏庸、朝廷腐败与国家兴亡的关系,并以此影射明代的灭亡,探索亡国的教训。

◆ 国粹京剧

京剧形成于清朝中后期,是各种地方戏相互融合的结果。从乾隆时代开始,南方的三庆、春台、四喜、和春四大徽班陆续进京,他们吸收昆曲、秦腔、汉调以及其他民间戏曲的曲调和表演方法,在不断地交流、吸收过程中形成了京剧。京剧形成以后,从宫廷迅速发展到全国,在民国时期京剧的发展达到鼎峰。

● 知识卡片

☑ 生旦净丑——京剧的角色划分

京剧根据人物的性别、年龄、身份等因素将所有的角色分为四类,即生、旦、净、丑。生一般是对男性正面角色的统称;旦一般是对女性正面角色的统称;净又称花脸,一般指性格、长相奇特的男性;丑则是喜剧角色,又称小花脸,在舞台上的表演通常比较滑稽、夸张。

☑ 唱念做打——京剧的四项艺术表现方式

170

唱、念、做、打是京剧的四项艺术表现方式，也就自然成为京剧演员的四种基本功。唱是指歌唱；念是指念白，也就是根据音乐节奏说出台词；做是指舞蹈性的动作；打是指武打动作。不同的京剧角色对各种基本功的侧重不同，例如花旦侧重做功，武净侧重打功。

练一练

1. 明清时期代表性的长篇小说和短篇小说有哪些？
2. "不拘一格降人才"是什么意思？
3. 中国古代戏曲的四大名剧是指哪四部作品？
4. 京剧的人物角色有哪几类？京剧演员要具备哪几种基本功？

本篇导读

　　中华文明素以重礼而享有盛誉。在古代中国，礼既是国家制度、行为规范，又是修身之本。《释名》有言："礼，体也。言得事之体也。"如此观之，礼既为人之为人处世之根本，亦为人之为人之标准。故《论语》言"不学礼，无以立"，说的就是这个道理。故此篇名为"雅礼"，即希望通过"雅礼"之阐释，教授洒扫往来、日用伦常、社会国家等礼仪，启发中华儿童自小便知礼、懂礼、践礼，做一个守礼的好少年。

开笔破蒙

看一看

◇ 左图为南京大学哲学系"青少年国学启蒙班"实践团队为南京市清凉山社区的孩子们传授国学知识的第一课——开笔礼。

● 知识卡片

在我们现代的国学启蒙课中,常把"开笔礼"作为第一项仪式。实际上,这在古代也被称为传统人生礼仪的第一项礼仪。那么我们一般说的国学又是什么呢?

国学,即一国之学,又称国粹、汉学、中国学。中华民族过去的所有文化历史,包括哲学、政治、历史、地理、医学、戏剧、书画、术数,等等,都是我们的国学,它贯穿了中华民族上下近五千年的历史。作为中国人,我们应该学习国学,因为它不仅可以教会我们做一个好人,还能够引导我们去继承中华民族的传统文化,从而担负起民族复兴的重任。

说一说

◇ 小朋友们都来说一说，上学的第一天，你是如何度过的呢？

◇ 小朋友们参加过开学典礼吗？开学典礼都有哪些内容呢？

◇ 小朋友们听说过或者参加过"开笔礼"吗？谁能说一说，"开笔礼"是什么意思？它有哪些步骤呢？

学一学

【小导读】在新学期开始的时候，学校都会举办一场隆重的开学典礼，来迎接新学期、新学生的到来。开学典礼一般包括升国旗、唱国歌、国旗下宣誓、校长寄语、教师和学生代表讲话等步骤。在开学典礼上，校长、老师和学长们都会语重心长地告诫学生：新的学期预示着新的开始，同学们一定要在新的学期里好好学习，天天向上，争取更大的进步！

你知道吗？我国现代最早的开学典礼是 1924 年 6 月 16 日黄埔军校的开学典礼。但是，古时候也有与开学典礼相似的礼仪，这就是我们这节课要学的"开笔礼"。

❖ 什么是"开笔礼"？

开笔礼是中国古代极为隆重的人生大礼，它是少儿开始识字习礼时的一种启蒙教育仪式，对于每一个读书人来讲都有重要的意义。

在古代，少儿入学的第一天，学堂的启蒙老师会给学童开"天眼"、启"智慧"，为他们讲授做人的基本道理，并带领他们读书、写字、参拜孔子像。完成一系列仪式之后，学童才能入学读书。这一系列仪式就是"开笔礼"，也叫破蒙。

❖ "开笔礼"仪式有哪些步骤？

◆ 正衣冠

正衣冠是整理衣服和帽子的意思，它是开笔礼的第一个环节。衣服和帽子不仅具有保暖、遮羞的功能，更重要的是，它能够反映人的精神面貌。

"先正衣冠，后明事理"。衣冠是让我们忆起先祖优秀品德的最好载体，也是知书明理的第一步骤。

✪ 穿着整洁是第一步！

想一想

为什么正衣冠是开笔礼的第一步？穿着整洁是不是一定要穿名贵的衣服呢？

> 冠必正 纽必结 袜与履 俱紧切
>
> 置冠服 有定位 勿乱顿 致污秽
>
> 衣贵洁 不贵华 上循分 下称家
>
> ——《弟子规》

【小导读】帽子要端正，纽扣要扣好，鞋袜要穿齐整，以稳重端庄为好；帽子衣服都要放在固定的位置，不要乱放，以免造成脏乱。

穿衣服应注重整洁干净，不应过分追去奢华名贵；穿着应符合自己的身份、场合，更要考虑到家庭经济状况。

中华文化公开课

◎ 嵇绍拒演的故事

嵇绍是西晋有名的贤士,是"竹林七贤"之一的嵇康之子。一天,嵇绍穿着朝服去求见齐王时,齐王正和董艾等人在宫中闲聊。见了嵇绍,董艾就对齐王说:"嵇绍善于乐器演奏,皇上何不让他弹一曲让大伙儿乐乐呢?"齐王也正有此意,忙命人抬来乐器请嵇绍演奏,可是嵇绍就是不肯演奏。皇上生气地说:"今天朕很高兴,想请爱卿演奏一曲助兴,你却百般推辞。身为臣子,你怎么能违抗圣意呢?"嵇绍庄重地说:"我今天穿着整齐的朝服来见您,您怎能让我做乐工的事呢? 您是主持朝政的君王,更应该讲究礼仪,端正秩序。如果我今天是穿着便服参加您的私人宴会,我一定会为皇上演奏的!"齐王听了,深感惭愧,赶紧放弃了让嵇绍演奏的打算。董艾也自讨没趣,灰溜溜地离开了。

◆ 朱砂启智

朱砂启智指的是老师用毛笔沾上朱砂,在孩子的额头正中点上红痣,以开启孩童的智慧天眼。朱砂启智有开启智慧的意思,它寄托了老师和父母对孩子的美好祝愿,愿他们从此眼明心明,爱读书,读好书。

✪ 朱砂启智充满着老师和父母对我们的美好祝福,我们要热爱读书,尊重知识和书本。

◆ 写"人"立誓

完成朱砂启智之后,老师会带领大家一起写下"人"字。小朋友们知道,为什么要写"人"字吗?

古人认为,学习最根本的不是学会书本知识,而是要先学会做人。写"人"字的过程,就是我们立誓"好好做人"的过程。每一位学童都要像"人"字一样,站得稳,立得直,成为一个堂堂正正、顶天立地的"人"。

✪ 一撇一捺学做人!

想一想

八端是做人的根本,要时刻谨记。如果忘记了"八端",就会被人嘲笑为"忘八端"(王八蛋)了!

> 做人"八端"
> 孝、悌、忠、信
> 礼、义、廉、耻

孝:孝顺父母　　悌:兄弟友爱
忠:尽忠国家　　信:言而有信
礼:懂礼守节　　义:有正义感
廉:廉洁公正　　耻:知耻自重

◆ 许下心愿

在纸上写下学习心愿和理想,埋在树下,长大后再看看,你的理想实现了没有? 理想是一簇火种,能点燃拼搏进取的火焰;理想是一盏明灯,能照亮人生奋斗的历程。

★ 你的心愿和理想是什么呢?

> 横渠四句
> 为天地立心,为生民立道;为去圣继绝学,为万世开太平。
> ——张载

【小导读】"横渠四句"是宋代大哲学家张载的一生理想。他认为,人活于天地之间,应当持有一颗博爱仁慈的善良之心;应当坚持让百姓安居乐业的奋斗使命;应当学习往圣的旷世学问并将它发扬光大;应当努力争取为后世开辟永久太平的基业。

◎ 为中华崛起而读书的故事

周恩来12岁的时候就离开故乡到东关模范学校读书了,那时候,中国正在发生着剧烈变动,社会动荡不安。为了让学生们从小树立远大的志向,有一天,学校的魏校长亲自以"立命"为题给学生们上修身课。魏校长讲到精彩处突然停顿下来,问道:"同学们为什么要来读书啊?"有的人回答:"为名利而读书。"还有人回答:"为做官而读书。"而当时的学生周恩来却响亮地回答:"为中华之崛起而读书!"魏校长赞叹道:"有远大志向的人就应该像周恩来同学学习啊!"

周恩来一生都致力于中华民族解放事业,为新中国鞠躬尽瘁,死而后已。他卓著功勋、崇高品德、光辉人格,深深铭记在全国各族人民心中。

读一读

不力行,但学文;长浮华,成何人?

但力行,不学文;任己见,昧理真。

读书法,有三到;心眼口,信皆要。

方读此,勿慕彼;此未终,彼勿起。

——《弟子规》

【小导读】没有亲自去实践,虽然是学习了知识,但是增长的却是浮华不实的习气,这样的读书又有什么用呢?

虽然亲自去实践了,但是没有好好学习知识,就会任性而为,蒙蔽真理,这样也是没有用的。

正确的读书方法要注意三到:心到、眼到、口到。三者缺一不可。

开笔破蒙

一本书才读了没多久，就不要想着看别的书。这本书没看完，就不要读别的书。读书要有始有终，这样才能读好书。

练一练

1. 和别的小朋友们一起演示"正衣冠"。

2. 说一说"朱砂启智"的含义。

3. 写下自己的心愿和理想，并谈一谈，你要如何去实现它呢？

4. 背诵"为天地立心，为生民立道；为去圣继绝学，为万世开太平"这句话，并解释一下这句话的意思。

中华文化公开课

179

言语称谓

看一看

> 子曰:"吾十有五而志于学,三十而立,四十而不惑,五十而知天命,六十而耳顺,七十而从心所欲,不逾矩。"
>
> ——《论语》

【小导读】孔子说:"我十五岁立志于学习;三十岁能够有所建树;四十岁能不被迷惑;五十岁懂得了天道物理的根本规律;六十岁听到任何事情都能有所了解;七十岁能随心所欲而不越出法度。"

★ 人们根据孔子的这句话,对不同年纪的人有了如下称谓:三十岁——而立之年;四十岁——不惑之年;五十岁——知天命之年;六十岁——耳顺之年。

说一说

✧ 你有哪些亲人,你是怎么称呼他们的? 他们又是怎么称呼你的呢?

✧ 你是怎么称呼你的同学呢? 有没有给他们起外号呢?

◎ 令尊与令堂的故事

有个小名叫傻瓜的男孩,有一天,他爸爸妈妈上街去了,他爸爸的一个朋友正巧来访,傻瓜去应门。客人问:"令尊、令堂在家吗?"傻瓜瞄了客人一眼,大声说:"没这个人!"客人在门前探头朝内看,没见到大人,很失望地离开了。没多久,傻瓜的爸妈回来了,傻瓜对爸爸说:"刚才有一个人好奇怪,他来我们家找令尊令堂,我跟他说没这个人。"爸爸听到后就告诉傻瓜说:"唉!令尊就是我,令堂是你妈妈,你是傻瓜。我们家就三个人。明白了吗?我再说一遍。"傻瓜的爸爸又说了一遍,傻瓜就点点头了。第二天,傻瓜的爸爸、妈妈又外出,又是同一个客人来访,傻瓜就去开门。客人依然客气地问:"令尊、令堂在家吗?"傻瓜就回答说:"唉!令尊就是我,令堂是你妈妈。"客人往门里看看又没大人在家,也就没理会傻瓜要离开了,才一转身,就听到傻瓜继续说:"你是傻瓜。"

学一学

❖ 亲属称谓

◆ 你知道古代人是怎么称呼自己的家人的吗?

	自己称呼亲人时	向别人提起亲人时	称呼别人的亲人时
爸爸	父亲	家父、家严	令尊
妈妈	母亲	家母、家慈	令堂
儿子	呼名字	犬子、小儿	令郎、令公子
女儿	呼名字	犬女、小女	令爱、令千金

◆ 古人对自己长辈和晚辈的称呼

上九代:父、祖、曾、高、天、烈、太、远、鼻。

下九代：子、孙、曾、玄、来、昆、仍、云、耳。

◆ **经典学习**

> "生孩六月，慈父见背；行年四岁，舅夺母志。祖母刘愍臣孤弱，躬亲抚养。"
>
> ——李密《陈情表》

【小导读】我刚满6个月的时候，父亲就去世了。我长到4岁的时候，舅舅逼迫母亲改嫁了。奶奶刘氏怜悯我一个人体弱多病，亲自抚养我。

☆ 这段经典文字中提到了"慈父"、"舅"、"母"、"祖母"、"臣"等称谓，小朋友们能说一说，这些称谓分别对应着哪些亲属吗？

◆ **现代亲属称谓**

> **称 谓 歌**
>
> 爸爸的爸爸是爷爷，爸爸的妈妈是奶奶，
> 爸爸的哥哥是伯伯，爸爸的弟弟是叔叔，
> 爸爸的姐妹是姑姑，妈妈的爸爸是外公，
> 妈妈的妈妈是外婆，妈妈的姐姐是姨妈，
> 妈妈的妹妹的阿姨，妈妈的兄弟是舅舅。

◎ 岳父、岳母、东床称呼的由来

古代帝王经常在著名山头给百官加封进爵，称为"封禅"。唐玄宗李隆基封禅泰山时，中书令张项担任封禅使，他把自己的女婿由九品一下提成了五品。唐玄宗问起这件事时，张项的女婿支支吾吾，无言以对，旁边的人讥笑他说："这是借助了泰山的力量啊！"玄宗这才知道

是张项徇私,便很不高兴地把张项的女婿又降回了九品。后来,人们就把妻子的父亲称为"泰山",又因为泰山是五岳之首,所以"泰山"也称"岳父",而妻子的妈妈自然就称"岳母"了。

"东床"就是女婿的意思。东晋时郗鉴让人到王导家物色女婿,下人回来说:"王家的少年都不错,但听到我是要来物色女婿时,一个个都装出矜持的样子。只有一个年轻人,露着肚子躺在床上,只顾吃东西,好像没听到我们说话一样。"郗鉴一听忙说:"这个人正是我要物色的好女婿啊!"这个年轻人就是后来大书法家王羲之。后来,人们就常用"东床快婿"来形容为人豁达、才能出众的女婿。

❖ **对他人的称呼**

◆ **你知道古代人是怎么称呼自己和他人的吗？**

☞ 谦称自己：

读书人：晚生,小生,晚学,在下；

普通人：愚人、鄙人、敝人、卑、窃；

女　　子：奴家、小女子、民女、妾身；

老年人：老朽、老汉、老夫、老拙、老妇；

☞ 敬称他人：

对帝王的敬称：万岁、圣上、圣驾、陛下；

对有一定地位的人的敬称：阁下、尊者；

对朋辈的敬称：君、子、公、足下、夫子、先生、兄台；

· · · · · · · · · · · ·

◆ **经典学习**

【小导读】称谓不对,讲话就不能顺畅有理；讲话不顺畅有理,事情就不能办成功。因此,正确的称呼很重要。

中华文化公开课

中华文化公开课

> 名不正则言不顺，言不顺则事不成。
>
> ——《论语》

★ 小朋友们，你们喜欢看古装电视剧吗？电视剧里常会提到"兄台"、"阁下"、"在下"、"鄙人"，你们知道这些词的意思吗？

● 知识卡片

老师称呼知多少

☑ 西席：汉明帝刘庄为太子时，拜桓荣为师。他登上皇位后依然对桓荣很尊敬，常到桓荣府内听桓荣讲经。汉代室内坐次以靠西墙而坐，面向东方为尊，汉明帝每次都给桓荣安排坐西面东的坐席，以表示对启蒙老师的尊敬。后来人们就用"西席"敬称老师。

☑ 师长：古时候对教师的尊称之一。

☑ 先生：原为古时对老教师的尊称。

☑ 山长：五代时，蒋维东隐居衡岳讲学，来听他讲学的人非常多，这些人都尊称蒋维东为"山长"。后来，人们便沿用"山长"一词来称呼山中书院的主讲老师。

☑ 老师：原是宋元时代对地方小学教师的称谓，后专指学生对教师的尊称，一直沿用至今。

◆ **小朋友们应该如何称呼他人呢？**

对年长者称呼：爷爷、奶奶、老人家；

对中年人称呼：伯伯（年纪轻的称叔叔）、阿姨；

对年轻人称呼：哥哥、姐姐；

正式场合称呼：女士、先生。

★ 小朋友，除了尊敬地称呼别人，我们在与他人讲话时，也要注意

文明礼貌哦！下面让我们看看有哪些文明礼貌用语吧！

● **知识拓展**

文明礼貌用语

1. 问候语——"您好！""早上好""晚上好"
2. 告别语——"再见""请慢走""您走好"
3. 致谢语——"谢谢""非常感谢""麻烦你了"
   回敬语——"不客气""不用谢"
4. 道歉语——"对不起""请原谅""真不好意思"
   回敬语——"没关系""不要紧"
5. 求助语——"请问""麻烦您""打扰了"
6. 慰问语——"您辛苦了"
7. 赞美语——"太棒了""你真了不起"

读一读

◎ 小白兔问路

　　有一只小白兔很不懂礼貌，在家里跟妈妈说话都不叫"妈妈"而是喊"喂喂喂"的。你看，她又在喊了："喂，我饿了！"隔壁的母鸡大婶跟兔妈妈说："这孩子太不懂礼貌了，你要教教她啊！"兔妈妈却回答："不要紧，它还小，长大了自然就懂事了。"母鸡大婶摇摇头，走开了。

　　有一天，兔妈妈叫小白兔到南山洼奶奶家去拿点东西，告诉她顺着门前的这条山路，穿过树林，过一条小河再向右拐弯就到了。小白兔不耐烦地说："我知道了！"兔妈妈不放心，再三嘱咐："如果迷了路，

问路的时候一定要讲礼貌,开口先称呼,接着说声'请问'……"还没等妈妈讲完,小兔"呼"地一下蹿了出去。她一会儿摘花,一会儿扑蝶,早已把妈妈的话丢在脑后,结果迷路了。

小白兔看见蜜蜂大姐正在采花蜜,连忙跑上前去:"喂,到南山洼从哪里走?""这是哪家的孩子,一点礼貌也不懂!"蜜蜂大姐生气地摇了摇头,没有搭理她。天上飞来了燕子阿姨,小白兔又问:"喂,你知道去南山洼从哪里走吗?"燕子阿姨生气地回答:"不知道。"过路的黄狗大伯看到小兔这样不懂礼貌,可生气了,小白兔刚开口:"喂!……"黄狗把头朝后一扭,不理她。

小白兔心想:妈妈说过,狗认路的本领是非常好的,他扭头的方向肯定就是南山洼的方向了!于是,小白兔放心大胆地顺着那个方向奔跑,越跑越远,她找哇找哇,直到太阳落了山,还没有找到奶奶家,这一下可把她急坏了。天黑了,小白兔心里多害怕呀!她"哇"地一声哭起来,后悔自己没有听妈妈的话,哭得可伤心了!整整哭了一夜,把两只眼睛都哭红了。

小朋友们,看了这个故事,你们有什么启发呢?

练一练

1. 在古代,向别人提起自己的爸爸时,称(   ),向别人提起自己的妈妈时,称(   );称呼别人的爸爸为(   ),称呼别人的妈妈为(   )。

2. 下面的词语中,表示谦虚的自称是:(   )

A. 足下   B. 兄台

C. 在下   D. 阁下

3. 说一说你学会了哪些文明礼貌用语。

4. 想一想,今后要如何礼貌对待自己的亲人、老师和同学呢?

餐饮礼仪

看一看

【小导读】与西方国家的饮食文化相比，我国的饮食更讲究色、香、味、形、器。经过上下五千年的修炼，中国厨师的烹饪技术已经达到炉火纯青的地步，个个都像魔术大师，利用水与火烹调出一道道珍馐美馔。是不是很值得骄傲呢？

说一说

◇ 说一说你最喜欢的食物有哪些？

◇ 说一说你在古装剧中看过的古代吃饭时的场景。古代人吃饭和我们现代人吃饭有什么区别？

学一学

❖ 中国的饮食观念

【小导读】你听说过"人是铁,饭是钢,一顿不吃饿得慌"这句话吗?"吃"在中国人看来是一件非常重要的事情。在粮食稀缺的年代,有粮可食对于百姓来讲就跟"天"一样重要,只要能吃饱,其他什么都不重要。后来,百姓慢慢富足,在有能力吃饱的基础上,又多出了"吃好"、"吃健康"的要求。下面,我们一起来学一学,中国人"吃饱"、"吃好"与"吃健康"的饮食观念吧!

◆ 吃饱

☞ "民以食为天"

人人都要吃饭。在古人看来,有粮可食是最重要的事情。

饥荒是中国古代农民起义的重要原因,也是王朝更替的重要导火索。

● 知识卡片

"民以食为天"的由来

楚汉争霸时,刘邦据守的荥阳西北有座敖山城,城内有当时关东最大的粮仓——敖仓。刘邦因抵挡不住项羽的猛烈攻击,计划后撤,想将敖仓让给项羽。他的谋士郦食其坚决反对道:"王者以民为天,而民以食为天。现在,项王还不知道粮仓的重要性,但粮仓对我们是非常有利的。如果我们放弃了粮仓,将它拱手让给敌人,就相当于把民心让给了敌人,这是非常不利的。希望汉王能够迅速组织兵力,固守敖仓,从而改变目前不利的局势啊!"刘邦听从了谋士的建议,最终赢

得了百姓的支持,取得了胜利。

☞ 饮食有节,过犹不及

"吃饱"并不是要吃十分饱,而是要保持七分饱的适量状态。吃太多和吃太少都不利于健康。

吃东西要有节制,不能随心所欲地挑食,要注意营养均衡。

✪ 过犹不及的意思是事情做过了头,就和做得不够一样,都是不合适的。不仅仅是吃饭,做任何事情都要牢记过犹不及的道理哦!

● 知识卡片

怎样才算正确的"吃饱"呢?

小朋友们,你们听说过"吃饭七分饱,潇潇洒洒活到老"这句谚语吗? 这句话告诉我们,吃饭不宜过饱,保持七分饱有利于健康长寿。这是因为人的饱腹感从胃传递到大脑需要大约 20 分钟,也就是说,当你的胃已经填满时,大脑大概才接收到七分饱的信号;如果这时你选择继续吃,等你的大脑接收到已经吃饱的信号时,你的胃已经处于撑着的状态了。如果长期处于吃撑状态,肠胃消化不畅,大脑供血不足,人就容易处于疲劳状态,身体健康就得不到保障。因此,吃饭不宜过饱,七分饱才是最合适的。

◆ 吃好

☞ 色香味俱全

中国菜肴的烹饪讲究色、香、味俱全,这是中国饮食文化的主要内涵。

"色"就是颜色鲜艳,看着就让人胃口大开;"香"就是香气扑鼻,闻着就让人垂涎欲滴;"味"就是味道鲜美,尝着就让人不舍停筷。

● **知识卡片**

五味——酸甜苦辣咸

小朋友们看过纪录片《舌尖上的中国》中"五味的调和"一集吗？你能说说，"五味"是指哪五种味道吗？

咸：咸的味觉源自于盐，它是百味之首，也是中国菜肴中不可缺少的一味调料。与其他调料的增味作用不同的是，盐的使命并不是增加咸味，而是要调出食物本身固有的味道。

甜：甜的味觉源自于糖，人们常用甜来形容喜悦和幸福的感觉，如"像吃了蜜糖似的"。小朋友们大多喜爱甜食，但要注意食甜有节哦，不然就会被蛀牙和肥胖困扰啦！

酸：酸的味觉源自于醋，它不仅能够提振食欲，还可以去腥除腻，提升菜肴的鲜香味道。

辣：辣能在第一时间让人想起辣椒，它是川菜中不可或缺的一种味道。除了辣椒外，辣也可用来形容姜、蒜的刺激性味道哦！

苦：苦与其他四味的不同之处在于，它的味觉一般源于食材本身，如苦瓜、苦菊等。苦虽不被人们喜欢，但它也是健康饮食中不可缺少的一味，适量食用有苦味的食物可以清火降燥，延年益寿哦！

☞ "食不厌精"与"食不厌粗"

"食不厌精"出自孔子，他提倡"食不厌精，脍不厌细"，意思是说，粮食要磨得越精越好，肉要切得越细越好。

"食不厌粗"是现代社会广为人们所接受的另一种饮食理念，这种理念认为，与精细的食物相比，粗粮杂食的营养更丰富，食用粗粮更有利于健康。

★"食不厌精"强调的是烹饪及用餐时的精细，反映在生活中就是

一种认真、细致、符合礼仪的态度。"食不厌粗"强调的是食材选择时的营养与健康,反映在生活中是一种绿色、环保的饮食态度。在生活中,我们既要注重食材的健康性,也要注重饮食的礼仪性;将两者结合,才能真正"吃好"!

✳ 想一想:

我们现在基本上都能吃得饱、吃得好,那么,怎样才算吃得健康呢?

1. 少吃油炸快餐食品,如薯条、汉堡包等。

2. 不挑食,荤素搭配。

3. 一日三餐合理安排,不可以不吃早餐。

4. 小朋友,你还知道哪些健康饮食的小知识呢?

◆ 经典学习:珍惜粮食,尊重他人的劳动成果

观刈麦(节选)

(唐)白居易

足蒸暑土气,背灼炎天光,

力尽不知热,但惜夏日长。

复有贫妇人,抱子在其旁,

右手秉遗穗,左臂悬敝筐。

听其相顾言,闻者为悲伤。

家田输税尽,拾此充饥肠。

【小导读】农夫的双脚踩着滚烫的地面,后背经受着炎热的阳光烘烤。他们的力气耗尽了也不觉得热,只想到要珍惜这漫长的夏日,抓紧时间耕作。还有一位贫穷的妇女,抱着孩子站在割麦者的身旁;她右手拿着从田里拾取的麦穗,左胳膊上挂着一个破篮子。她告诉大

家,因为缴纳租税把田地都卖光了,所以只能抱着孩子出来拾些麦穗充饥。听着她说的那些话,大家都为她感到悲伤。

☆ 小朋友们,你们还学过哪些关于珍惜粮食的诗句或词语?大家都来说一说,我们应该怎样珍惜粮食呢?

❖ 餐桌礼仪

◆ 座次礼仪

"尚左尊东"与"面朝大门为尊":餐桌上左侧、东方的位置是上座,面朝大门的位置也是上座。上座一般会安排给身份尊贵的人、长者、客人就坐。

入座时,应礼貌地邀请客人上座,再请长者入座客人身旁,依次入座。

◆ 点菜礼仪

点菜前应先征询一下同桌人是否有忌口的菜,以防与他人的宗教信仰、健康禁忌或是饮食偏好相冲突。

点菜时应综合考虑人数、菜品点菜。一般人均一菜为宜,男士较多时可适当加量;所点菜品最好有荤有素,有冷有热,搭配均匀。

◆ 用餐礼仪

用餐时,应尽量做到"食不言",少发出声音。当然,如果是宴请客人,可以适当抽空和客人聊几句风趣的话,以调节餐桌气氛,但不要大声喧哗,以免引起别人的反感。

用餐时,要先请长者、客人动筷,以示对他们的尊重。如果要给别人布菜,最好使用公用筷子。

◆ 离席礼仪

吃完饭不要立即离开,应该等一等同桌的人。

离席的时候要跟同桌的人打招呼:"我吃饱了,你们慢用。"

☆ 上面介绍的几种餐桌礼仪是普遍适用的,但接下来的这种用筷

礼仪可就是食用中餐时不得不知的了。

◆ 用筷礼仪

筷子是中国人最主要的进餐工具，也是当今世界上一种独特的餐具。不会使用筷子的人，就只能眼睁睁地看着很多美味的中餐菜肴而无从下手哦！

☞ 使用筷子的方法

筷子的上面用大拇指、食指和中指控制；筷子的下面要固定不动，只动筷子的上面，然后夹住食物。夹食物时，最好用另一只手或者托盘，放在食物下方，以免食物掉落。

☞ 对饮食　勿拣择

吃饭的时候不要用筷子在盘子里拨来拨去，挑挑拣拣，这是很没有礼貌的行为。

☞ 用筷礼仪知多少？

夹住食物后，不能把食物放回盘子里。

不能用筷子指着人或吃饭时拿着筷子指手划脚。

不能够拿筷子在菜盘上来回地挑拣、拨动，却又不夹菜。

不能将筷子竖直插入米饭中。

不能用筷子敲打碗、盘。

不能将筷子含在嘴里。

⋯⋯⋯⋯⋯

✪ 小朋友们，开动你们的脑筋想一想，在日常生活中，我们还需要注意哪些餐饮礼仪呢？

● **知识拓展**

文明用餐知多少

1. 饭前洗手,饭后漱口;

2. 吃饭时不乱跑,不乱动;

3. 嘴里有食物时,不要说话;

4. 不挑食、不剩饭;

5. 细嚼慢咽;

6. 饭后帮助父母一起整理餐桌;

7. ………

读一读

> 饭蔬食,饮水,曲肱而枕之,乐亦在其中矣。
>
> 不义而富且贵,于我如浮云。
>
> ——《论语》

【小导读】每天吃粗粮,喝冷水,头枕着手臂睡觉,也能从中找到无穷的乐趣。用不正义的手段得到富贵,对我来说就像浮云一样,很快就会散去,这是绝对要不得的。

★ 孔子认为君子应该安贫乐道,无论是吃饭还是生活,简简单单就好,知足常乐,不要铺张浪费。小朋友们,我们不仅要树立正确的饮食观念,养成良好的用餐习惯,还要以小观大,从简单的饮食礼仪中去体悟人生修养的道理哦!

练一练

1. 民以食为天是什么意思?

2. 过犹不及是什么意思? 你能举一个过犹不及的例子吗?

3. 你听说过光盘计划吗? 为什么我们要实行光盘计划呢?

4. 学完这一节课,你知道了哪些日常餐饮礼仪?

中华文化公开课

节日礼俗

小孩小孩你别馋,过了腊八就是年。

贴窗花,点鞭炮,回家过年齐欢笑。

摇啊摇,看花灯,我们一起闹元宵。

清明节,雨纷纷,大地开始冒春苗。

赛龙舟,过端午,粽子艾香满堂飘。

七夕节,看今朝,牛郎织女会鹊桥。

过中秋,蟹儿肥,十五月圆当空照。

重阳节,要敬老,转眼又是新春到。

年年岁岁,岁岁年年,福星高照!

说一说

◇ 上面的儿歌中有哪些节日? 你是如何度过这些节日的?

◇ 你最喜欢哪个节日? 为什么呢?

学一学

❖ **春节**

◆ **经典学习**

> **元　日**
>
> （宋）王安石
>
> 爆竹声中一岁除，春风送暖入屠苏；
>
> 千门万户曈曈日，总把新桃换旧符。

【小导读】在噼噼啪啪的爆竹声中送走了旧年迎来了新年，人们迎着和煦的春风，开怀畅饮屠苏酒。初升的太阳照耀着千家万户，家家户户都取下了旧桃符（门联），换上了新桃符，迎接新春。

★ 春节是我们中国人最传统、最隆重的节日，时间是农历正月初一。在世界各地，凡有华人居住的地方，都要过春节。

◆ **春节的意义**

春节是亲人相聚的节日，团圆的日子里大家和睦相处，欢乐愉快；

春节很好地传承了中华民族的传统习俗礼仪，是展现中华民族文化魅力的节日；

春节礼仪，是世界文明中的璀璨瑰宝。

◆ **春节主要礼仪**

☞ **剪纸**

剪纸就是用剪刀（或刻刀）在彩色纸上剪（刻）出美丽的图案，它是我国传统的民间艺术形式之一。因为人们常用它来贴在窗户上以示喜庆，所以

南京剪纸

剪纸也叫窗花。逢年过节,家家户户依照着花草、动物或人物故事剪出各种好看的窗花,或贴在窗户、门上,或用它做灯笼、喜庆花等,大大增加了节日的喜庆气氛。

☞ 挂年画

新春佳节,家家户户都要在墙上挂年画,以表达辞旧迎新的喜悦。年画的题材多种多样,如"迎春接福"、"富贵平安"、"五谷丰登"、"六畜兴旺"、"风调雨顺"、门神画像,等等,巧妙地反映了劳动人民的理想心愿与生活情趣。

挂年画

☞ 贴春联

春联,也称"门对""对联",起源于桃符和门贴。春联以工整、对偶、简洁、精巧的文字抒发了人们新年里的美好愿望,是我国独有的、富有民族文学色彩的礼仪。

☞ 除夕守岁

除夕之夜,我国民间有守岁的习惯。年三十夜里,一家老少包饺子、吃饺子,终夜不睡以待天明,就是"守岁"。

✪ 春节礼仪还有祭灶、包饺子、放鞭炮、舞狮子、踩高跷,等等。你还知道哪些春节习俗呢?一起来跟大家分享一下你喜欢的春节礼仪吧!

● 拓展阅读

除夕夜古诗三首

旅馆寒灯独不眠，客心何事转凄然？
故乡今夜思千里，霜鬓明朝又一年。

——（唐）高适《除夜》

迢递三巴路，羁危万里身。
渐与骨肉远，转于童作亲。
那堪正漂泊，来日岁华新。

——崔涂《巴乡道人除夕抒怀》

儿童强不食，相守夜欢哗。晨鸡旦勿鸣，更鼓畏添过。
坐久灯烬落，起看北斗斜。明年岂无事，心事恐蹉跎！
努力尽今夕，少年犹可夸。

——苏轼《守岁诗》

❖ 元宵节

◆ 经典赏析

正月十五夜

（唐）白居易

春风来海上，明月在江头。
灯火家家市，笙歌处处楼。

【小导读】春天的风从大海上吹来,一轮明月从江边升起。大街上都是美丽的花灯,酒楼里都是快乐的歌声。

★ 元宵节是农历正月十五,是一年中第一个月圆之夜,是春节之后的第一个重要节日。元宵夜又称上元节、元夜、元夕。

◆ **元宵节的意义**

元宵节是我国最古老的夜晚节日,农历正月十五这一晚是新年里的第一个月圆之夜,人们借着月圆点起花灯,燃放焰火,庆祝着新春的到来。

元宵节是春节欢庆活动的最高峰,也是中国传统的狂欢节。

◆ **元宵节主要习俗**

☞ 扎花灯

花灯,也叫彩灯、灯笼,是中国举世无双的精美艺术品。民间从迎春节开始到元宵节前夕都在扎花灯,到元宵节那天,就张灯结彩,赏花灯,猜灯谜。常见的花灯有走马灯、羊角灯、老虎灯、长生灯、荷花灯、九莲灯、长明灯,等等。

☞ 祈福祭祖

在我们的传统习俗中,节日也是祭祖的日子,正月十五,元宵煮好后先盛一碗敬奉于祖先的牌位前,然后合家团聚,品尝香甜的元宵。

★ 元宵节的习俗还有猜灯谜、舞狮子、踩高跷、划旱船、扭秧歌、吃元宵,等等。

◎ 元宵节的起源

西汉初,文帝深感太平盛世来之不易,便把平息"诸吕之乱"的正月十五定为与民同乐日。正月为元月,古人称夜为"宵",于是汉文帝就将这天命为元宵节。不过,当时还没有张灯、观灯的习俗。

到了汉武帝时,"太一神"的祭祀活动也被定在正月十五,加深了节日的气氛。司马迁创建太初历时,元宵节就已经被确定为重大节日了。

❖ 清明节

◆ 经典赏析

> ### 清　明
>
> #### （唐）杜　牧
>
> 清明时节雨纷纷，路上行人欲断魂。
> 借问酒家何处有，牧童遥指杏花村。

【小导读】清明节一直在下雨，路上的行人都非常伤心难过。向人询问哪里有酒家，牧童远远地指了指杏花村。

★ 清明节一般在公历 4 月 5 日左右，大约始于周朝，2006 年 5 月 20 日，经国务院批准列入第一批国家级非物质文化遗产名录。清明节是中国的汉族、壮族、朝鲜族、苗族等十多个民族的传统节日。

◆ 清明节的意义

清明节是我国的传统节日，也是一年中最重要的祭祀节日。

清明节是一个富有特色的节日，它既是祭祖和扫墓的日子，充满着生离死别的悲酸泪；又是春回大地之际踏青和游玩的好时节，充满着青春快乐的欢笑声。

◆ 清明节主要习俗

☞ 扫墓祭祖

扫墓，包括给先人的坟墓除草、清扫垃圾、献花、祭祀等过程。其实，扫墓在秦以前就有了，但不一定是在清明之际，清明扫墓则是秦以后的事，到唐朝才开始盛行。

☞ 放风筝

风筝又称为纸鸢、构鹞，已超过 2000 年历史。相传墨子用木头制成木鸟，研制三年而成，是人类最早的风筝。后来鲁班用竹子，改进墨

翟的风筝材质,进而演进成为今日的多线风筝。相传《红楼梦》的作者曹雪芹也是一位风筝制作大师。

✪ 清明节的习俗礼仪丰富有趣,除了给亲人扫墓寄托哀思以外,还有踏青、荡秋千、蹴鞠、插柳,等等。

◎ 清明节的来历

相传大禹治水后,人们就用"清明"之语庆贺水患已除,天下太平。这个时候春暖花开,万物复苏,天清地明,正是春游踏青的好时节。踏青早在唐代就已开始,历代承袭成为习惯。踏青除了欣赏大自然的湖光山色、春光美景之外,还开展各种文娱活动,增添生活情趣。

清明节流行扫墓,其实扫墓是清明节前一天寒食节的内容,后来就逐渐传成清明扫墓了。

❖ 端午节

◆ 经典赏析

端午武成殿宴群官

(唐)李隆基

端午临中夏,时清人复长。

四时花竞巧,九子粽争新。

【小导读】端午节是在夏天的中间到来,天气清爽,白天的时间一天比一天长。各种花儿竞相开放,粽子种类很多,味道独特。

✪ 端午节又称端阳节,重午节,中天节,五月节。端午节本是五月五日节,有时还突出它的正时是在午(中午 12 点)时,所以也叫重午节。

◆ **端午节的意义**

端午节为每年的农历五月初五,相传是为了纪念伟大诗人屈原而设,后来人们借助这一节日来褒扬热爱祖国的屈原精神。屈原精神,已经成为我们民族精神的象征,代表真、善、美,代表着崇高与伟大。

◆ **端午节主要习俗**

☞ 吃粽子

粽子是我国传统的节日食品,又称角黍、筒粽。端午节吃粽子的习俗在魏晋时期已经盛行。

☞ 赛龙舟

端午节赛龙舟是我国一项历史悠久的水上竞赛项目,起源于越王勾践时期。当时吴越的人民为了表示自己是"龙子"的身份,划着刻画成龙形的独木舟,表达对龙的敬意。唐宋之后,赛龙舟大为兴盛,每逢端午节,都会有各种各样、富有特色的赛龙舟活动。

☞ 挂艾蒿或菖蒲

艾蒿和菖蒲都是草本植物,蒲具有杀菌、防蚊驱虫的作用。另外,古代人认为它们可以驱邪避害,在自家门前挂上艾蒿和菖蒲可以保护家人平安健康。

★ 端午节的礼仪还有带荷包、喝雄黄酒等。

◎ 端午节的来历

端午又叫端五,"端"是初的意思,就是初五,所以端午节是在农历的五月初五,是我国一个古老的节日。

我国古代爱国诗人屈原遭谗言被流放后,目睹国家政治腐败,无力拯救自己的国家,于是投江自杀,以死殉国。人们为了不使鱼虾吃掉他的身体,纷纷用糯米和面粉做成各种点心投到江中,这就是端午节吃粽子的来源。

❖ 七夕节

◆ 经典赏析

> 七月七日长生殿,夜半无人私语时。
> 在天愿作比翼鸟,在地愿为连理枝。
>
> ——(唐)白居易《长恨歌》

【小导读】七月七日这天夜半,唐玄宗和杨贵妃在长生殿山盟海誓:在天上愿做比翼齐飞的比翼鸟,在地上愿为枝干相接的连理枝,永永世世作恩爱夫妻。

✪ 七夕节是农历的七月初七,是过去女孩子们非常重视的节日,又称女儿节、乞巧节。

◆ 七夕节的意义

七夕节蕴含着勤劳智慧、自强不息的精神,贯穿着守诺言、重信义、崇尚礼义的品质,以及追求美好生活的理想信念。

◆ 七夕节主要习俗

☞ 乞巧

七夕这天,古代女子们在月光下摆一张桌子,摆上茶、酒、水果、五子(桂圆、红枣、榛子、花生、瓜子)等祭品;又有鲜花几朵,束红纸,插瓶子里;花前置一个小香炉,祭祀织女,并进行月下穿针比赛,乞求心灵手巧、觅得佳偶、早生贵子,等等,玩到半夜才结束。

☞ 拜魁星

七月七日是魁星的生日。想求取功名的读书人特别崇敬魁星,所以一定要在七夕这天祭拜,祈求魁星保佑自己考运亨通。古代士子中状元时称"大魁天下士"或"一举夺魁",都是因为魁星主掌考运的缘故。

✪ 七夕节还有晒书晒衣的礼仪,中国西南一带还有在七夕节染指

甲的习俗,湖南、浙江一带也有在七夕节取泉水洗头发的习俗。

❖ 中秋节

◆ 经典赏析

> 人有悲欢离合,月有阴晴圆缺,此事古难全,但愿人长久,千里共婵娟。
>
> ——(宋)苏轼《水调歌头》

【小导读】人有悲伤、欢乐、离别、相聚,月亮有消失、出现、圆满、缺少。这些事情自古以来就难以周全,只希望人们能健康平安,即使相隔千里也能一起赏月。

★ 中秋节,是每年农历八月十五。八月为秋季的第二个月,古时称为仲秋,因处于秋季之中和八月之中,故民间称为中秋,又称秋夕、八月节、八月半、月夕、月节;又因为这一天月亮满圆,象征团圆,又称为团圆节。

◆ 中秋节的意义

中秋节,人们仰望天空如玉如盘的明月,自然会期盼家人团聚。远在他乡的游子,也借此寄托对故乡和亲人的思念之情。

中秋节是传承历史,传递亲情的节日。

◆ 中秋节主要习俗

☞ 吃月饼

月饼是中国人家喻户晓的糕点,也是中秋节必吃的糕点,它象征团圆和睦。传说,嫦娥偷吃了丈夫后羿从西王母那儿讨来的不死之药后,飞到月宫。但月宫上非常寒冷,只有她一个人,嫦娥十分后悔,想念丈夫,对丈夫说:"明天是月亮圆满的时候,你用面粉做成像月亮一样的食物,放在屋子的西北方向,然后喊着我的名字,我就可以回家来了。"第二天,后羿按照嫦娥说的做了之后,嫦娥果然从月亮里面飞了

出来。从此,中秋节就有了吃月饼、赏月的习俗了。

☞ 玩兔爷

中秋节还有祭兔爷的习俗,你还记得神话故事里嫦娥手中抱着的那只兔子吗?没错,中秋节祭的就是这只兔子。兔爷一般用泥做成兔首人身形象,身上披着铠甲、画着彩绘,背部插着护旗,脸上贴着金泥。兔爷的形式也是多样的,有坐有立,有捣着药的庄重形象,也有骑着兽的诙谐形象。

★ 中秋节的礼仪还有观潮、燃灯、赏月、吃鸭子、吃田螺、吃芋头、饮桂花酒等。

❖ 重阳节

◆ 经典赏析

> **九月九日忆山东兄弟**
>
> (唐)王　维
>
> 独在异乡为异客,每逢佳节倍思亲。
> 遥知兄弟登高处,遍插茱萸少一人。

【小导读】一个人在他乡,每到欢庆佳节时,就更加思念家中的亲人。我在遥远的异乡想象着,今天兄弟们登高的时候,大家插戴茱萸,就少了我一个人。

★ 重阳节在农历九月初九日。古代经典《易经》中把"九"定为阳数,九月初九,两九相重,故而叫重阳,也叫重九。重阳节早在战国时期就已经形成,到了唐代,重阳正式被定为民间的节日,此后历朝历代沿袭至今。

◆ 重阳节意义

重阳节登山秋游,可以开阔视野、交流感情、锻炼身体,还能培养人们回归自然、热爱祖国大好山河的高尚品德。

重阳节时间为九月初九,有长长久久之意,因此人们常在此日举办祭祖或尊老的活动,这样可以培养我们尊老敬老的文明礼仪。

◆ **重阳节主要习俗**

☞ 登高、插茱萸、赏菊饮酒

传说东汉年间,汝南人桓景跟随费长房学道,一天费长房告诉他:"今年九月初九,你家有大灾难,你马上回家,做些彩衣袋,内装,每人一袋,挂在肩上,插上茱萸登高,在山上饮菊花酒,就可以免祸。"桓景听了,便照着办。第二天回家一看,鸡犬都死了。此后,重九登高、插茱萸、赏菊饮酒可以免灾得福在民间传开并成风俗。

☞ 敬老尊老

2012年12月28日,全国人大常委会表决通过《老年人权益保障法》,法律明确规定每年农历九月初九日(重阳节)为老年节。老年节入法更加凸显敬老爱老,尊老助老的重要性。

练一练

1. "灯火家家市,笙歌处处楼"说的是哪个节日?(　　　)

A. 春节　　　　　　　　　　B. 元宵节

C. 清明节　　　　　　　　　D. 端午节

2. 清明节除了扫墓,还有_____、_____、_____等习俗。

3. 端午节是为了纪念谁?(　　　)

A. 李白　　　　　　　　　　B. 白居易

C. 杜甫　　　　　　　　　　D. 屈原

4. _____时节雨纷纷,路上行人欲断魂。

5. 五月初五是_____节,主要习俗有吃粽子、赛龙舟。

6. 八月十五是_____节,亲人团圆送祝愿。

7. 九月初九是_____节,又是_____节,尊敬老人不能忘。

8. 如果要你在重阳节那天为爷爷奶奶做一件事情,你打算做什么?

9. "但愿人长久,千里共婵娟"说的是哪个节日?(   )

A. 七夕节   B. 中秋节

C. 重阳节   D 圣诞节

10. 说说看,除了这节课学的节日外,你还知道哪些节日? 它们都有哪些习俗?

克谐以孝

看一看

✧ 小朋友们，你们会背诵《游子吟》这首诗吗？谁能给大家讲一讲这首诗的意思呢？

> ### 游 子 吟
>
> （唐）孟 郊
>
> 慈母手中线，游子身上衣。
> 临行密密缝，意恐迟迟归。
> 谁言寸草心，报得三春晖。

◎ 孝为百行首 万善孝为先

劝孝歌

（清）王中书

孝为百行首，诗书不胜录。富贵与贫贱，俱可追芳躅。
若不尽孝道，何以分人畜。我今述俚言，为汝效忠告。
百骸未成人，十月怀母腹。渴饮母之血，饥食母之肉。
儿身将欲生，母身如在狱。父为母悲伤，妻向夫啼哭。
惟恐生产时，身为鬼眷属。一旦见儿面，母命喜再续。
爱护如心肝，日夜勤抚鞠。母卧湿草席，儿眠干蓐茵。

中华文化公开课

儿睡正安稳，母不敢伸缩。一闻儿啼声，心惊与胆覆。
儿秽不嫌臭，儿病甘心赎。寝食不能安，求神兼作福。
横簪与倒冠，不暇思沐浴。儿若能步履，举步虑颠覆。
儿若能饮食，省口恣所欲。儿若能戏弄，玩器随时蓄。
乳哺经三年，汗血耗千斛。劬劳辛苦尽，儿至四五六。
衣食父经营，礼义父教育。父贫或佣工，艰辛难尽录。
事事竭勤劳，江湖随处逐。日日去捱磨，稍积资财谷。
只为养儿计，衣食忧穷蹙。欲望子成人，延师课诵读。
纸笔与束修，在在筹丰足。慧敏恐疲劳，顽钝忧庸碌。
有善先表暴，有过常掩护。儿行十里程，亲心千里逐。
日暮未归来，倚门继以烛。爱惜千万般，儿年十五六。
性气渐刚强，行止难拘束。儿长欲成婚，为访闺中淑。
媒妁费金钱，钗钏捐布粟。未免费赀财，何曾计数目。
一日媳入门，孝思异昔夙。

……………

效法古之贤，声名同馥郁。奉劝世间人，爱亲如爱玉。
万善孝为先，信奉添福禄。

说一说

❖ 大家都来说一说，你帮父母做过什么事情呢？

❖ 我们为什么要孝顺父母、长辈呢？我们又该如何孝敬父母、长辈呢？

学一学

> 夫孝,德之本也,教之所由生也。
> 身体发肤,受之父母,不敢毁伤,孝之始也。
> 立身行道,扬名于后世,以显父母,孝之终也。
> 夫孝,始于事亲,中于事君,终于立身。
>
> ——《孝经》

【小导读】古人认为,孝要从侍奉父母做起,中间阶段是效忠君王,最终则是要建功立业,扬名于后世,这样才是完满的孝。小朋友们有没有觉得奇怪,为什么孝还要"事君"呢?

"孝中于事君"并不是说仅以孝顺父母之心去侍奉君主,而是要求我们推而广之,以孝顺父母之心去爱护亲人、朋友、老师,甚至去爱护陌生人。小朋友们还记得《还珠格格》里小燕子说的出自《孟子》的"老吾老以及人之老,幼吾幼以及人之幼"这句话吗?说的就是这个意思!

❖ 孝为德之本

> 子曰:"夫孝,天之经也,地之义也,民之行也。"

孔子说:"孝,是天经地义的事儿,就像天地有它的运行规律,孝道也是人类最根本的品行。"

> 夫孝,德之本也,教之所由生也。

孝是一切道德兴起的根源,所有的品行教化都是由孝引申出

来的。

> 子曰:"教民亲爱,莫善于孝。教民礼顺,莫善于悌。"

孔子说:"想要教百姓相亲相爱的道理,没有比教孝更好的办法了;想要教百姓礼貌、谦逊的道理,没有比教悌更好的办法了。"

★ 孝顺是人类最根本的道德品格,我们孝顺父母,是天经地义的事。父母含辛茹苦地养育着我们,不仅提供我们衣食住行,给予我们一个健康、快乐的童年;还教育我们相亲相爱,教会我们很多做人做事的道理。如果一个人没有孝心,那他跟畜生又有什么区别呢? 小朋友们,现在知道我们为什么要孝顺父母了吧!

❖ 孝始于事亲

> 身体发肤,受之父母,不敢毁伤,孝之始也。

一个人的身体、毛发、皮肤都是从父母那里得来的,所以要特别加以爱护,不敢损坏伤残,这是最基本的孝行。

> 子曰:"孝子之事亲也,居则致其敬,养则致其乐,病则致其忧,丧则致其哀,祭则致其严,五者备矣,然后能事亲。"

孔子说:"孝子侍奉亲人,生活中要表现出对父母的恭敬之情;供养父母时,要让他们感觉到你的快乐心情;父母生病时,要让他们感觉到你的忧虑关切之情;父母去世时,要传达出你的悲伤哀痛之情;祭祀去世的父母时,要传达出肃穆庄严之情。这五个方面做全了,才算是

尽了孝道。"

◎ 乳姑不怠

唐朝有一个叫崔山南的人,他的曾祖母长孙夫人年事已高,牙齿全掉光了。他的祖母非常孝顺,每日早起梳洗之后,便去厅堂用自己的乳汁喂养婆婆。长孙夫人那几年没有吃过一粒米饭,却也能健健康康地活着。一日,长孙夫人病重,便把全家老小都召集在一起,对大家说:"我没有什么能够报答媳妇的恩情的,但愿以后的子孙、媳妇都能够像她孝敬我一样孝敬她!"后来,子子孙孙果然像长孙夫人所叮嘱的那样,都很孝顺。

评价:父母是小孩子最好的榜样,若是父母能够孝顺、博爱,那么小朋友们在耳濡目染中也会变得富有孝心,富有爱心。若天下的父母亲都能够像唐老夫人那样孝顺自己的婆婆,哪儿会有电视剧里那些吵吵闹闹的婆媳矛盾呢?

✪ "克谐尽孝"是从孝顺父母开始的。孝顺父母,首先是要学会爱护自己。每一个孩子都是父母的天使,不爱惜自己的人,不仅伤害了自身,也伤害了疼爱自己的父母。孝顺父母,当然更要学会爱自己的父母。小朋友们,现在知道我们应该怎样孝敬父母、长辈了吧!

做一做

【小导读】在"学一学"单元,我们已经知道了为什么要孝顺父母,也知道了该从哪五个方面去尽孝道。但是,这五个方面不是一蹴而就的,而是要用一生去践行的。那么,作为小朋友,在日常生活中,又该从哪些细节方面入手,去尽我们所能孝顺父母呢?在接下来的"做一做"单元,你就能找到你想要的答案啦!

◆ 敬顺父母

> 父母呼，应勿缓；父母命，行勿懒。
>
> 父母教，须敬听；父母责，须顺承。
>
> ——《弟子规》

父母呼唤我们的时候，要及时答应，而不能不理不睬的；父母有事交代我们做的时候，要及时行动，不能偷懒。

父母教给我们做人、做事的道理，要恭敬地聆听；如果我们做错了事，父母责备、教训我们时，要虚心接受，不能强词夺理地惹父母生气、伤心。

◆ 晨昏定省

> 冬则温，夏则清；晨则省，昏则定。
>
> 出必告，反必面；居有常，业无变。
>
> ——《弟子规》

子女侍奉父母，冬天的时候要让他们感觉暖和，夏天的时候要让他们感觉凉快；早上要记得跟父母说"早上好"，晚上要记得跟父母说"晚安"。

出门的时候要告诉父母"我出门了"，回来的时候要告诉父母"我回来了"；平时的生活作息要有规律，不要任意改变，以免让父母担心。

❂ 小朋友们，爸爸妈妈常会嘱咐我们"天气冷，要多穿点衣服哦！""明天还要上课呢，要早点休息哦！"，想一想，你们有没有关心过爸爸妈妈呢？或者，你们是怎样关心爸爸妈妈的呢？

◎ 扇枕温衾

东汉时期有个叫黄香的人，他九岁的时候母亲就去世了，他将对

母亲的哀切思念都转化成了对父亲的孝顺,小小年纪就能够事事躬亲,勤劳侍父。夏天特别炎热时,他会拿扇子把父亲的枕头、席子都扇凉快后再让父亲入睡;冬天特别寒冷时,他会自己先钻到被窝里将被子捂暖后再让父亲入睡。当时的太守刘护听说了这件事情后,十分惊讶这么小的孩子居然能够如此孝顺,便大大表扬了他一番。黄香不仅对自己的父母非常孝顺,对其他人也充满爱心。在他做魏郡太守时,魏郡恰逢水灾饥荒,他便拿出自己的俸禄和赏赐赈济贫民,并带动了很多富人一起帮忙救济,救活了很多人,人们都称赞他是"天下无双"的好人。

◆ 弃恶扬善

> 事虽小,勿擅为;苟擅为,予道亏。
> 物虽小,勿私藏;苟私藏,亲心伤。
>
> ——《弟子规》

即使是小事,也不要擅自做主而不向父母禀告;如果任性妄为,容易出错,就会害自己的父母伤心,那便是不孝了。

公共财物即使再小,也不能私自占为己有;如果偷拿别人的东西,品德就败坏了,父母知道了肯定会非常伤心的。

★ 看过《三国演义》的小朋友应该都知道刘备"临终托孤"的故事,那你们又知不知道,"勿以恶小而为之,勿以善小而不为"这句话也是出自刘备之口呢?刘备临终前给"扶不起的阿斗"——刘禅留了一份遗诏,劝勉刘禅要多做好事,多积福报。好事再小也要去做,坏事再小也不能去做;积小成大,积少成多,小善积累多了便会成为利天下的大善,而小偷小摸的恶行积累多了,迟早会成为十恶不赦的大坏人!

"勿以恶小而为之,勿以善小而不为。惟贤惟德,能服於人。"

——《三国志·蜀书·先主传》

◆ 承欢膝下

亲所好,力为具,亲所恶,谨为去。

亲爱我,孝何难? 亲憎我,孝方贤。

——《弟子规》

父母所喜爱的东西,要尽力去为他们准备;父母讨厌的事物,要小心谨慎地去除。

当父母喜爱我的时候,孝顺有什么难呢? 当父母不喜欢我们,或者管教很严的时候,我们能够一样孝顺,这才是难能可贵的贤明啊!

✻ 小调查:

☑ 你知道你的爸爸妈妈最喜欢吃什么菜吗?

☑ 你知道爸爸妈妈的生日是什么时候吗? 爸爸妈妈经常帮你过生日,那你帮爸爸妈妈过过生日吗?

☑ 如果爸爸妈妈批评你,你怎么办?

◆ 不义而争

亲有过,谏使更,怡吾色,柔吾声。

谏不入,悦复谏,号泣随,挞无怨。

——《弟子规》

父母亲犯错误的时候,应该小心地劝导他们改错向善,劝导他们

的时候,要和颜悦色,声音轻柔,语气诚恳。

如果父母不听规劝,要耐心地等待时机继续劝导;如果父母亲不能改正自己的错误,甚至生气,我们即使难过得痛哭流涕,甚至被生气的父母责打,也要毫无怨言,再次劝谏,以免使父母发生大错。

◎ 苦心劝父

春秋时期,有一个叫孙元觉的人,他自小就非常懂事,可他的父亲却对他的祖父非常不孝顺。在孙元觉九岁时,他的父亲把祖父装在一个大筐里背在身上,在路过一个深山里的悬崖时,他的父亲想把祖父扔下去。孝顺的孙元觉跪在地上哭求父亲不要这样做,可是任他怎么哀求,父亲都不理他,而是铁了心地要把祖父扔下去。这时,孙元觉突然停止哭泣,站起来对着他父亲说了一句话。就是这句话让他的父亲不仅打消了扔掉祖父的念头,还恭恭敬敬地将祖父背回了家中,从此以后变得非常孝顺。

小朋友们,你知道孙元觉说了一句什么话吗?

★ 小贴士:孝顺父母固然要听父母的话,但是也要学会辨别父母的话是否正确哦!如果父母有说错、做错的地方,要敢于指出他们的错误,并诚恳地督促父母改正,这样才能避免父母做出不义的行为,也才能避免出现"上梁不正下梁歪"的悲剧哦!

练一练

1. 孝子事亲,要做到哪五个方面?
2. 请为父母做一件力所能及的小事,并谈一谈我们该怎样孝顺父母。

尊师重教

看一看

教 师 颂

王振华

四度春风化绸缪,几番秋雨洗鸿沟。

黑发积霜织日月,粉笔无言写春秋。

蚕丝吐尽春未老,烛泪成灰秋更稠。

春播桃李三千圃,秋来硕果满神州。

想一想

◇ 上面的这首诗中,你能总结出哪些跟老师相关的词语或诗句?

◇ 你还知道哪些尊师重教的词语或诗句呢?

◇ 我们为什么要尊敬老师呢?又该怎样尊敬老师呢?

◎ 尊师名言集锦

☑ 荀 子:国将兴,必贵师而重傅。

☑ 关汉卿:一日为师,终身为父。

☑ 谭嗣同:为学莫重于尊师。

☑ 鲁　迅：天才可贵,培养天才的泥土更可贵。

☑ 斯大林：教师是人类的灵魂工程师。

◎ 尊师词语集锦

万世师表　　尊师重道

诲人不倦　　程门立雪

一字之师　　饮水思源

门墙桃李　　春风化雨

白首北面　　师道尊严

学一学

【小导读】《三字经》里有一句话叫作"子不学,非所宜;幼不学,老何为"。意思是说,小孩子不好好学习是不应该的,如果小时候不好好学习,年纪大了你能干什么呢? 接下来,我们就来看看,小朋友们为什么要学习,又为什么要尊敬老师呢?

❖ **为什么要学习?**

> 玉不琢不成器,人不学不知道。
>
> ——《礼记·学记》

玉不经过精心的雕琢,便不能成为精美的器物;人不经过学习,就不能了解做人的道理。

中华文化公开课

中华文化公开课

> 人非生而知之者，孰能无惑？惑而不从师，其为惑也，终不解矣。
>
> ——韩愈《师说》

人不是生下来就能知道一切的，谁能够没有困惑呢？有了困惑却不去跟随老师学习，不向其他人请教，那么这个困惑就永远也解不开了。所以，在学习的过程中，如果遇到了不懂的地方，一定要及时向老师、同学请教。要记住，有"学"有"问"，才能够真正"有学问"啊！

> 古之学者必有师。
>
> ——韩愈《师说》

古时候的学者，都是有老师的。不仅仅是古人，我们每个人在成长过程中，都会遇到各种各样的老师，他们或者在课堂上教过你语文、数学等科目，又或者在课堂外教过你绘画、书法等艺术。当然，除了上课的老师外，我们还会遇到许多教过我们做人、做事道理的亲人、朋友，他们都是我们的老师。你知道"三人行，必有我师"这句话吗？说的就是"处处有老师"这个道理。

● 人物卡片

孔 子

孔子是中国古代最著名的思想家和教育家。他开创了私人讲学的先河，提倡有教无类的办学宗旨，广收门徒三千人并根据每个人的特点因材施教，成名者有七十二人。孔子开创的儒家学派是中国传统文化的主流和正统，他本人也被后世尊为"万世师表""至圣先师"。

❖ **为什么要尊师？**

◆ **师的教育作用**

> 师者，所以传道、授业、解惑者也。
>
> ——韩愈《师说》

传道：老师的首要职责，并不是简单地向学生灌输书本上的知识，而是要通过自己的言传身教教给学生做人、做事的道理，培养学生高尚的人格品质。因此，传道是老师最突出、最重要的贡献。

授业：老师的第二职责，就是要教给学生具体的知识和基本的技能。古时候老师教授的知识主要是"礼、乐、射、御、书、数"这六艺的内容，古人凭借所学的这些知识去考科举、中状元，从而成为国家的栋梁之才。现在，小朋友们要实现自己的宏伟目标和远大理想，首先便是要跟随老师学好语数外等各项知识内容哦！

解惑：老师会竭尽全力帮助学生解决生活、学习中的各种困惑。他们就像我们的父母亲人一样关心我们，他们为了学生的成长和成才奉献了自己宝贵的一生。

◎ **李大钊与他的老师白毓昆先生**

李大钊年轻时曾在天津北洋法政专门学校学习，当时在该校任教的白毓昆先生对这个勤奋好学的学生特别关爱。白毓昆先生以其高尚的情操、渊博的学识将大群青年学生吸引到自己身边，他不仅给他们讲授课本上的专业知识，还给他们讲历代英雄豪杰的故事，讲人生应该抱持的基本态度，讲救国救民的道理，等等。在白毓昆先生的教育和感染下，李大钊燃起了能能烈火般的革命热情，他一边苦读书籍，寻求振国良策；一边以老师为榜样，积极传播革命道理。1912 年，白毓昆先生参加滦州起义失败，他大义凛然地高呼着"慷慨赴死易，从容

就义难;革命当流血,成功总在天"的绝命诗慷慨就义,他的顽强斗志和以身殉道的光辉形象深深影响了李大钊。1927 年,李大钊因宣扬革命被军阀张作霖杀害,临刑时,他也像他的老师一样,高呼着革命的口号,毅然为革命事业献出了自己的生命。

◆ 师的奉献精神

> 春蚕到死丝方尽,
> 蜡炬成灰泪始干。
> ——李商隐《无题》

老师是燃烧自己照亮别人的蜡烛;
老师是吐丝织锦温暖人间的春蚕;
老师是辛勤浇灌祖国花朵的园丁;
老师是爱生如子恩逾慈母的亲人;
…………

✪ 你还知道哪些关于老师的比喻?

● 知识卡片

师的称谓

☑ 最广泛流行的敬称:老师
☑ 最历史悠长的尊称:先生
☑ 最富哲理的称谓:人类灵魂的工程师
☑ 最质朴无华的褒称:园丁
☑ 最真情感人的爱称:慈母
☑ 最纯挚的称谓:春蚕
☑ 最温馨动人的称谓:蜡烛
☑ 最具中国特色的喻称:孺子牛

☑ 最生动形象的默称：春雨
☑ 最高评价的专称：人梯

★ 小朋友们，还记得我们在《言语称谓》那节课学到的"老师称呼知多少"吗？对照着学习，你会更有收获哦！

做一做

【小导读】《礼记·学记》中提到，"凡学之道，严师为难。师严然后道尊，道尊然后民知敬学"。意思是说，在学习过程中，尊敬老师是最难做到的一件事；只有老师得到了尊敬，他所传授的道理才能得到民众的尊重；只有道理得到了尊重，人们才懂得敬重学习、敬重教育事业。那么，在日常的学习生活中，我们应该怎样尊敬老师呢？

❖ 思想上尊师

> 一日为师，终身为父。
>
> ——《鸣沙石室佚书·太公家教》

"一日为师，终生为父"的意思是说，即使只做了你一天的老师，也应一辈子把他当作父亲一样尊敬、爱戴。

◎ 李宗仁尊师若父

李宗仁幼年时有一位老师，名叫曾其新，他驼背弯腰，被人们戏称为"曾背锅"。别看他相貌丑陋，李宗仁将军却将他当作自己的父亲一样尊敬。曾老师年老无依，李宗仁就将其接到军队里，长期出钱奉养，每日亲自问安；他还在司令部驻地附近修建房屋供老师静养，并专门调派了自己的副官去侍奉老师。除了曾其新老师外，李宗仁还有一位

姓朱的老师,也是长期跟随李宗仁生活,李宗仁对他亦是照顾得无微不至。老百姓们都说,李宗仁将军的言行真正体现了"一日为师,终身为父"的师生之爱,得恩不忘报,才是真正的大丈夫。

> 天地者,生之本也;先祖者,类之本也;君师者,治之本也。
>
> ——荀子《礼论》

这句话的意思是说:天和地是万物生存的根本;祖先,是人类、民族聚集生存的根本;而君王和老师,则是天下大治的根本。在古人看来,老师是跟天、地、君、亲排在同等重要的位置上的,所以在古代民间祭祀里,会将"天地君亲师"合在一起祭拜。

❖ 行动上尊师

◆ **上课前**:体谅老师的辛劳,养成良好的尊师习惯。

上课前,学生应主动将黑板擦干净,以供老师使用;上课的铃声一响,学生应端坐在教室里,安静地等候老师来上课。

当老师宣布上课时,全班应全体起立,在班长的带领下向老师问好;待老师答礼后,才能坐下。

学生应当准时到校上课,若因特殊情况不得不在老师开始上课后进入教室,须敲门并报告老师,得到老师的允许后才能进入教室。

◆ **听课中**:遵守课堂纪律;尊重老师的劳动成果,自觉接受老师的教育;勤学好问,虚心求教。

在老师讲课的过程中,同学应安静地端坐在自己的座位上,集中注意力听讲,并做好听课笔记,不交头接耳、嬉笑打闹。

老师提问时,学生应开动脑筋,积极发言,答题前应先举手示意,得到老师的许可后再起立回答。回答问题时,应当使用普通话,且声音要清晰响亮。回答正确得到老师的表扬固然可喜,但回答错误了也不要气馁,更不可产生畏难心理,要虚心接受老师善意的批评,并及时

改正。

同样地，老师不是完人，也会出现这样那样的小错误，学生要保持一颗宽容之心，正确对待老师的错误。当发现老师存在错误或者自己存在不理解之处时，不宜在课堂上打断正常教学秩序；有礼貌的做法应该是等到下课后，找老师委婉地提出自己的意见和问题，在融洽的氛围中解决问题。

◆ 下课后：路遇老师应主动问好，讲文明，懂礼貌。

下课铃声响后，如果老师没有宣布下课，学生仍然应该安心听讲，不可急于收拾书本或随意走动；老师宣布下课后，学生应目送老师离开教室后才能离开。

在路上偶遇老师时，应快步走上前，主动问"老师好"；与老师一起行走时，不可越过老师与旁人攀谈；老师有意交谈时，应礼貌应答；老师无意交谈时，应礼貌地道"老师再见"后再离开。

休息时间尽量不要打扰老师，如有事情需要去办公室找老师时，应先轻轻敲门，得到允许后方可进入，问"老师好"后说明来意；在老师办公室内不应随便翻动老师的东西，也不宜逗留太久，事情办完后应道"再见"并离开。

★ 尊敬老师既要表现在"老师好""老师您辛苦了"这些口头言语上，又要表现在"主动关心老师""不给老师添乱"这些实际行动中，更为重要的是，我们必须从思想上尊敬老师，将老师当作我们的父母来爱戴。居里夫人说："不管一个人取得多么值得骄傲的成就，都应该饮水思源，应当记住是老师为自己的成长播下了最初的种子。"小朋友们，除了上述尊师小礼仪外，你还能说一说，我们应该怎样尊师吗？

中
华
文
化
公
开
课

练一练

1. 本节课我们学了哪些关于"尊师重道"的词语?

一字之师 _____ _____

春风化雨 _____ _____

2. 我们一般用什么来比喻老师?(至少说出三个)

_____

3. 我们为什么要把老师当成自己的父母亲人一样爱戴?

4. 请谈一谈你最喜爱的一位老师,并说一说你为什么喜爱这位老师。

5. 老师认为你做错了一件事情,当着全班同学的面批评了你;但这件事并不是你做的,你感到非常委屈。这个时候,你应该怎么办呢?

尊长敬老

人生十年曰幼,学;二十曰弱,冠;三十曰壮,有室;四十曰强,而仕;五十曰艾,服官政;六十曰耆,指使;七十曰老,而传;八十、九十曰耄,七年曰悼。悼与耄,虽有罪,不加刑焉。百年曰期,颐。

——《礼记·曲礼上》

【小导读】古人以十年为一个单位来划分年龄层次,每个年龄层都有自己该做的事情:从出生算起的十年叫做幼,要学习;二十年叫弱,要行冠礼;三十年叫壮,有妻室;四十年叫强,可以出仕做官;五十年叫艾,可以主政;六十年叫耆,可以指导别人做事;七十年叫老,应将工作交于后人;八十年、九十年叫耄,就跟七岁幼童一样值得怜爱,即使有罪,也不应加以刑罚了。百岁以后叫期或颐,应该受到后辈的供养。

龟 虽 寿

（三国·魏）曹 操

神龟虽寿，犹有竟时。腾蛇乘雾，终为土灰。
老骥伏枥，志在千里。烈士暮年，壮心不已。
盈缩之期，不但在天。养怡之福，可得永年。
幸甚至哉，歌以咏志。

【小导读】这首诗是三国时期的曹操晚年写成的，意思是说：神龟长寿，但也有生命终结的时候；腾蛇虽能腾云驾雾，最终也会死亡并化为土灰。与他们不同的是，年老的千里马虽躺在马棚里，但它的雄心壮志却仍然能够驰骋千里；有着远大抱负的人也是一样，即使到了晚年，奋发图强的雄心也是不会停止的。人的寿命长短，不是由上天所决定的；只要调养好身心，也可以益寿延年。我现在很高兴啊，这把年纪了还能用诗歌来表达我内心豪迈的志向啊！后来，人们常常用"老骥伏枥，志在千里；烈士暮年，壮心不已"来赞扬年长之人老当益壮、锐意进取的壮志豪情。

想一想

◇ 我们为什么要尊重老人？你知道哪些尊重老人的行为？
◇ 古人云"长幼有序"，想一想长幼之间的秩序为什么不能乱？

学一学

【小导读】尊老爱幼是中华民族值得引以为豪的传统美德。在传统社会里，尊长敬老是与"克谐尽孝""尊师重道"紧密联系在一起的；

但尊长敬老又不局限于孝敬父母，尊敬老师。我们应该"老吾老以及人之老"，像尊敬自己家里的老人一样去尊敬社会上所有的老人。

❖ **为什么要尊长敬老**？

> 老吾老，以及人之老；幼吾幼，以及人之幼。天下可运于掌。人人亲其亲，长其长，而天下平。
>
> ——《孟子》

孟子认为，敬爱自己家的老人，并把这种爱推及到爱别人家的老人；疼爱自己的孩子，并把这种爱推及到爱别人的孩子，这样的话，全天下的人都相亲相爱，社会就会非常和谐。这时，天下就像操控在手掌之中，治理起来非常容易。

这段话告诉我们，敬爱老人是培养和激发人的真挚情感的重要方式，一个人只有先敬爱自己家的老人，才有可能去爱其他的老人，甚至全天下的人。如果老人都得到了敬养，社会就会充满关爱之心，天下也就太平，社会也就和谐啦！

> 若要好，问三老。
>
> ——《中山狼》

"三老"是古代负责教化的官员，后来指品德高尚、人生经验丰富、有学识的老人。

我们之所以要尊重老人，一方面是由于老人为社会贡献了一生，我们在生活中所享受的一切成果都有他们的一份功劳，他们理应得到我们的尊重。另一方面，老人在他们的一生中经历了无数的事件，拥有丰富的人生经验，我们在生活中遇到了问题和麻烦都可以向他们请教。俗话说"家有一老，如有一宝"，说的就是这个意思。根据老人的

指点行事,我们会少走很多弯路。那些品德高尚、学识丰富的老人更是整个民族和国家的宝贵财富,因此我们要敬爱老人,让他们充分发挥自己的价值。

● **知识卡片**

古代老人的年龄称谓

☑ 50 岁:知命之年　知非之年　艾服之年　大衍之年

☑ 60 岁:花甲之年　平头甲子　耳顺之年　杖乡之年

☑ 70 岁:古稀之年　杖国之年　致事之年　致政之年

☑ 80 岁:杖朝之年

☑ 80～90 岁:耄耋之年

☑ 90 岁:鲐背之年

☑ 100 岁:期颐之年

> 亲亲,仁也;敬长,义也。
>
> ——《孟子》

孟子曾经说过,"仁"是指人内心中真挚的爱别人的情感,"义"是指人按照应该做的道理去做。亲近自己的亲人,是一种"仁",敬爱长者,是一种"义"。也就是说,在孟子看来,敬长是人应该去做的天经地义的事情。

◎ 商山四皓的故事

商山四皓是四位德高望重、学识渊博的老人,他们原本都是秦朝的博士,后来秦始皇焚书坑儒,他们都逃到了商山之上。刘邦建立汉朝之后一直想请四位老人出山,但他们都不满刘邦的为人,因此一直

归隐。

后来,刘邦想要废除太子刘盈而改立宠妃戚夫人之子——如意为太子。刘盈的母亲吕后便请张良出主意,张良认为,只要太子刘盈能请商山四皓下山,太子之位便可安稳。于是刘盈便派人去请四皓,在迎请四皓的过程中,刘盈言辞谦卑、礼物厚重,充分体现了对长者的尊重。四皓看刘盈的确为人忠厚,便决定下山。四皓下山后,经常在太子府出入,与刘盈形影不离。一次,刘邦征战归来,发现太子身后有四皓跟随,便问:"这四位是谁?"等四皓报上姓名,刘邦很惊异地问:"我一直想要请几位下山,可是你们一直不愿意,现在为什么要和我儿子来往呢?"四皓说:"皇上您喜欢骂人,我们不愿受您的辱骂,太子刘盈为人谦和,尊重长辈,所以我们都来投奔他。"刘邦听后,回去对戚夫人说:"太子现在深得人心,又有贤人相助,不能更换啊。"从此刘邦就打消了更换太子的念头,刘邦去世后,太子刘盈登上了皇位。

★ 想一想,假如刘盈不尊重老人,结果又会如何呢?

❖ 怎样尊长敬老?

> **年长以倍,则父事之。十年以长,则兄事之。**
>
> ——《礼记·曲礼上》

如果长辈的年龄是自己年龄的两倍以上,则以父辈之礼对待他;如果他的年龄比自己大十岁左右,则以兄长之礼对待他。可见尊长之礼是以孝敬父母、敬爱兄弟等基本礼仪为前提的,掌握了这些基本的礼仪,见到其他长辈时做相应的调整即可。

> **颁白者不负戴于道路,七十者衣帛食肉。**
>
> ——《孟子·梁惠王》

年轻人知道敬老爱老,头发花白的老人就不会在路上背负着重东西了,因此,年轻人在路上看到背负着重东西的老人,应该主动上前帮忙。老人身体虚弱,不穿丝质的衣服就不能保暖,不吃肉就不能吃饱,因此,古人认为,在生活水平低下的情况下,应该优先让老人吃好、穿好。

● **拓展阅读**

尊 长 之 礼

◆ **长者与之提携,则两手奉长者之手。**

当长者伸手牵扶年幼者的时候,年幼者要用双手捧着长者的手。当长辈与晚辈握手的时候,晚辈也应该用双手来握。

◆ **侍食于长者,主人亲馈,则拜而食;主人不亲馈,则不拜而食。**

古时候,年少者陪长者吃饭,如果主人亲自给夹菜或盛饭,要先向主人行拜礼再食用。如果主人没有亲自夹菜或盛饭,则可以直接食用。

在现代社会中已经不实用拜礼了,但如果有长者给自己夹菜或盛饭,自己还是应该先表示感谢,然后再食用。

◆ **谋于长者,必操几杖以从之。长者问,不辞让而对,非礼也。**

和长者商量事情,应该帮长者拿椅子或手杖,恭恭敬敬地跟在长者后面。如果长者向年少者请教问题,年少者要先辞让一下,然后再回答,否则会显得很傲慢。

★尊长之礼体现在生活中的方方面面,我们不可能将各种情形下的尊长礼仪都列举出来,但只要我们时时刻刻有一颗尊长、敬长之心,就一定可以在现实生活中做一个尊长敬老的好孩子。

做一做

或饮食	或坐走	长者先	幼者后
长呼人	即代叫	人不在	己即到
称尊长	勿呼名	对尊长	勿现能
路遇长	疾趋揖	长无言	退恭立
骑下马	乘下车	过犹待	百步余
长者立	幼勿坐	长者坐	命乃坐
尊长前	声要低	低不闻	却非宜
进必趋	退必迟	问起对	视勿移

——《弟子规》

❖ **敬老**

◎ 敬老日

小朋友们,还记得我们在节日礼俗中学到的"敬老日"是几月几号吗？没错,就是每年的 9 月 9 日！在古人看来,"九九"与"久久"同音,有长久长寿之意,同时,秋季又是收获的季节,因此,古人认为这是一个值得庆贺的吉利日子,从很早就开始过九月九日重阳节。1989 年开始,中国正式将每年的 9 月 9 日定为敬老节,将传统的登高贺重阳与尊老爱老结合起来,让更多的人认识到敬老、爱老的重要性。

◆ 长幼有序

不管是用餐、就座还是行走,都应该谦虚礼让,让年长者优先,年少者在后,这是中华民族传统的尊老美德。

◆ 谦恭敬让

称呼长辈,不可以直呼他的姓名,这是极不礼貌的行为。在跟长辈讲话时,要谦虚,不要在长者面前逞能或夸耀自己的优点,这会显得很不稳重。

✪ 在古代,路上遇到了长者,要快步走上去向长者作揖行礼。今天,如果在路上遇到了认识的长辈,也应该主动上前打招呼,等长者先走后,自己再走。

◆ 关怀备至

在长者面前说话时,声音要适中,既不要大声喊叫,也不要声音太小,以免长者听不清楚。同时,要关注长者的需求,长辈有事呼唤人,应该主动帮忙叫唤;如果那个人不在,自己要主动到长辈面前询问是否有事需要帮忙,是否需要代为转告,等等。

❖ 养老

◆ 赡养义务

赡养老人是每个中华儿女应尽的责任与义务。人到老年,身体逐渐衰弱,做什么事情都力不从心了。这个时候,我们需要从衣食住行方方面面给予老人悉心照料。

◆ 常回家看看

赡养老人,不仅需要照料老人的衣食住行,更需要从心理层面给予老人宽慰,使老人生活舒心,内心愉悦。很多老人的要求并不高,他们只是想要孩子们"常回家看看"。

◎ 你会唱吗?

《常回家看看》
车行/作词

找点空闲,找点时间;领着孩子,常回家看看。

带上笑容,带上祝愿;陪同爱人,常回家看看。

妈妈准备了一些唠叨;爸爸张罗了一桌好饭;

生活的烦恼跟妈妈说说;工作的事情向爸爸谈谈。

常回家看看,回家看看;

哪怕帮妈妈刷刷筷子洗洗碗,

老人不图儿女为家做多大贡献呀,

一辈子不容易就图个团团圆圆!

常回家看看,回家看看;

哪怕给爸爸捶捶后背揉揉肩,

老人不图儿女为家做多大贡献呀,

一辈子总操心只奔个平平安安!

练一练

1. 你如何理解"敬长,义也"这句话的含义?

2. "老吾老以及人之老"是什么意思呢?

3. 你能列举几个赞美老人的成语吗?

4.《常回家看看》这首歌告诉了我们什么道理?

5. 我们应该怎样赡养老人?

交友之道

审 交

（唐）孟 郊

种树须择地，恶土变木根。

结交若失人，中道生谤言。

君子芳桂性，春浓寒且繁。

小人槿花心，朝在夕不存。

莫蹋冬冰坚，中有潜浪翻。

惟有金石交，可与贤达论。

【小导读】选择朋友，就像我们种树时需要选择土地一样，如果土地选择不好，树根就烂掉了，那树还能长大吗？

择友，要择君子、弃小人。如果结交了不好的朋友，便会招来各种流言蜚语。只有金石之交，才能与贤达之人并论。

◇ 你有几个好朋友？

◇ 你最好的朋友叫什么名字？你为什么喜欢他做你最好的朋

友呢？

　　◇ 你觉得怎样的朋友算是好朋友？

青梅竹马

天涯若比邻

近朱者赤　　八拜之交　　　　义结金兰

破琴绝弦

近墨者黑　　酒肉朋友

割席绝交

狐朋狗友

点头之交、泛泛之交

学一学

　　子曰："益者三友，损者三友。友直，友谅，友多闻，益矣。友便辟，友善柔，友便佞，损矣。"

　　　　　　　　　　　　　　　　　　——《论语》

❋ **想一想：**

　　如果我的朋友犯了错，我该怎么办呢？

❖ **益者三友**

◆ 直（正直真诚）

> 子曰："朋友切切偲偲,兄弟怡怡。"
>
> ——《论语》

孔子说："朋友之间要相互督促,相互勉励,要恳切地提出善意的批评。兄弟之间要相处愉快。"

> 子游曰："朋友数,斯疏矣。"
>
> ——《论语》

子游说："与朋友交往的时候,如果频繁地唠叨、抱怨,朋友间的关系也会变得生疏。"

> 子曰："忠告而善道之,不可则止,无自辱焉。"
>
> ——《论语》

孔子说："对待朋友,要真诚地劝告并且恰当地去引导他;若是他不能听取,就停止算了,不要自取其辱了。"

◎ **闻鸡起舞**

东晋时期,有一对叫作祖逖和刘琨的朋友,他们自小便感情深厚,不仅常常一起玩耍、互相学习,而且他们俩还有着一个共同的远大理想,那便是"建功立业,报效祖国"。一次,他俩学习累了,便同床而卧睡着了。睡至半夜,祖逖被屋外公鸡的叫声吵醒,虽然屋外一片漆黑,祖逖却惊觉时间相当宝贵,必须早早把握。于是,他踢醒睡在旁边的

刘琨说道:"虽然别人认为半夜听见鸡叫声是不吉利的,可我觉得,这是公鸡在提醒我们时间宝贵呢! 我们还是快快起床,抓紧时间练剑吧!"刘琨欣然同意好友的说法,于是两人每天听到鸡鸣声后便起床练剑,在相互督促、相互鼓励中不断提高自己的文才武艺。后来,他们二人都成为了文武全才,受到了皇帝的赏识,祖逖被封为镇西大将军,刘琨也做了都督,两个好朋友一起实现了报效祖国的愿望。

★ 正直是交友的基础,对待朋友,首先要正直真诚。朋友之间要常常互相鼓励,互相监督。若是朋友犯了错,要及时提出善意的批评。但不要频繁地在朋友耳边唠叨、抱怨哦! 若是朋友不能听取你的批评意见,就不要再频繁地劝他了,因为,不能虚心听取别人意见的朋友不值得深交哦!

◆ 谅——信(诚实守信)

与朋友交而不信乎?

——《论语》

要经常问一问自己:和朋友交往,我信守诺言了吗?

与朋友交,言而有信

——《论语》

与朋友交往,要言而有信,说到做到。

子曰:"人而无信,不知其可也。"

——《论语》

孔子说:"做人如果没有诚信,我不知道他还可以做什么。"

◎ 一诺千金

秦朝末年,有一个叫季布的楚国人,以行侠仗义而闻名于世。据说,只要是季布答应了别人的事情,无论多么困难,他都会竭力去帮别人办到,甚至当时还流传"得黄金百斤,不如得季布一诺"的说法。在楚汉之争中,季布是项羽的得力干将,曾多次帮助楚霸王打败过刘邦。后来,刘邦战胜项羽得到了天下,便下令悬赏一千两黄金来捉拿季布,并告知天下,若有敢藏匿季布者,诛杀三族。可是,因为季布过去对朋友重情重义,深得人心,人们都不愿意为一千两的赏赐出卖他,甚至宁愿冒着杀头的危险,也要为季布提供藏身之所。后来,季布藏身于一个周姓朋友家中,这个朋友将他秘密送至鲁地一户朱姓人家。朱家人很欣赏季布对朋友的信义,便将他保护起来,并请当时与刘邦较为亲近的夏侯婴帮忙解救。夏侯婴欣赏季布"一诺千金"的信义,便在刘邦面前为他说情,最终使刘邦赦免了季布,并任命其为河东太守。

✪ 小贴士:诚实守信不仅是修身立命的根本,也是交朋友的黄金准则。与朋友交往,要做到言而有信;若是连基本的信用都没有,人家怎么敢跟你做朋友呢?

◆ 多闻——师(见闻广博)

子曰:"无友不如己者。"

——《论语》

孔子说:"不要跟品德不如自己的人交朋友。"

子曰:"三人行,必有我师焉。"

——《论语》

孔子说:"三个人同行,其中一定有可以做我老师的人。"

◎ 割席绝交

东汉时期,有一对叫作管宁和华歆的朋友,他们原先的关系很好。有一天,管宁和华歆一起在菜园子中挖地种菜时,挖出了一块金子。管宁见到金子如见到砖瓦石块一般,并不去管它,继续挥锄干活;华歆却捡起金子在手上看了又看,不舍地扔在一旁。以前,管宁和华歆经常一起坐在同一张席子上读书,两人几乎形影不离。

有一天,正当两人又同席读书的时候,门外传来一阵吵吵闹闹的声音,原来是有一个官员坐着轿子路过此地,引起众人围观了。

这个时候,管宁仍然埋头读书,并未理会外面发生的事情;华歆却忍不住羡慕之情,扔下了书本,加入了围观的队伍。管宁看华歆如此不专心读书,又那么羡慕做官之人,知道华歆的志向不在学问、德行上,而在官场、虚荣之中,这种人不再适合做自己的朋友了。于是管宁便拿刀割断席子,分开了座位,并且告诉华歆:"你再不是我的朋友了!"

★ 小贴士:见闻广博也是选择朋友的标准之一,结交学问、道德都比自己高尚的朋友,我们便可以向他们学习,不断提升自己。孔子说,三人同行,其中一定有一个可以做我老师的人。这句话告诉我们:要时刻保持一颗谦虚的心,向周围比自己优秀的人学习。

❖ 损者三友

◆ 便辟

> 谓习于威仪而不直。常指谄媚逢迎(之人)。
>
> ——《论语》

便辟(biàn bì):"便辟"的意思与正直相反,指精通威仪,做人不公正、不正直,常有溜须拍马的意思。

◆ 善柔

> 谓工于媚悦而不谅。阿谀奉承，口蜜腹剑。
>
> ——《论语》

善柔："善柔"的意思与"谅"相反，"谅"有诚实、诚信的意思，而"善柔"则指精通谄媚逢迎之事，常常说的是一套，做的是另外一套。

◎ 口蜜腹剑

唐玄宗时期，有一个宰相叫李林甫，他表面上将同朝为官的李适之当作好朋友，还常常装作很诚恳的样子提点李适之，让李适之对他信任有加。有一次，李林甫又装作很诚恳的样子去暗示李适之："听说华山底下埋藏了大量的黄金，如果能够开采出来，可是能大大地增加国库的收入啊！可惜，皇上竟然不知道此事呢！"李适之信以为真，便连忙跑去建议唐玄宗开采金矿。唐玄宗一听很高兴，便立刻将李林甫找来商量开采事宜。李林甫却说："此事我早就已经知道了，可是华山是帝王的风水宝地，怎么能随便开采呢？别人劝您开采，一定是别有用心，企图破坏我大唐的龙脉啊！"玄宗一听，深以为然，从此更加宠信李林甫，对李适之却渐渐疏远了。

◆ 便佞

> 谓习于口语而无见闻之实。常指巧言令色之人。
>
> ——《论语》

便佞(pián nìng)："便佞"的意思与"多闻"相反，"多闻"是指见识广博、真正有学问之人；而"便佞"是指花言巧语之人，这种人往往没有真才实学，却喜欢夸夸其谈。

★ 小贴士：谄媚逢迎、口蜜腹剑、夸夸其谈的小人都不适合做朋

友。真正的朋友,一定是待你真诚,值得你去信任的;真正的朋友,一定是信守诺言,值得你去托付的;真正的朋友,一定是可以为师、为友,值得你去学习的。小朋友们,你学会怎样选择朋友了吗?

读一读

己欲立而立人,己欲达而达人。己所不欲、勿施于人。言必信、行必果。君子以义交,小人以利交。君子以文会友,以友辅仁。交友必胜己。

——《论语》

◎ 君子之交淡如水

唐朝有一个著名的将军叫薛仁贵。在参军之前,他与妻子一直住在一个破窑洞之中,生活穷苦不堪,常常是吃了上顿没有下顿,要靠朋友接济才能过活。后来,薛仁贵跟随唐太宗李世民御驾东征,大败高句丽、回纥、突厥,平定了辽东之乱,获封平辽王,从此飞黄腾达,身价倍增。许多人都携带贵重礼品前来王府攀亲道故,都被薛仁贵婉言回绝了。

薛仁贵未得志之时,有一个叫王茂生的朋友,王茂生常常在他们衣食无着时接济他们。薛仁贵得志之后,王茂生便有心试试飞黄腾达后的薛仁贵是否还记得当年饥寒交迫时的友情。于是,王茂生便找来两个大酒坛子,倒空了里面的美酒,换上了满满两坛清水,趁着薛仁贵宴请宾客时送到平辽王府。宴会上负责启封酒坛的执事官一打开酒坛,吓得面如土色,赶紧向薛仁贵报告,并建言薛仁贵严惩戏弄者。岂料,薛仁贵非但没有生气,反而亲自去府门口将王茂生迎进府内,并命

令执事官取来大碗,当着场上宾客的面,一口气喝下三大碗清水。随后,他向在场文武百官解释道:"我过去落难时,全靠王兄弟夫妇经常资助,如果没有他们,也就没有今天的平辽王。如今我美酒不沾,厚礼不收,却偏偏要收下王兄弟送来的清水,因为我知道王兄弟贫寒,送清水也是王兄的一番美意,这就叫君子之交淡如水!"

练一练

1. 好的朋友:_____;_____;_____
2. 坏的朋友:_____;_____;_____
3. 如果你发现你的好朋友放学之后不回家,却跑到网吧去玩游戏,你会怎么办?(   )

A. 向老师或者他的父母告发他。

B. 劝他不要继续玩游戏,并主动向父母承认错误。

C. 不告发他,但私下会劝告他以后不要这么做。

D. 这不关我的事,我还是会跟他做朋友。

4. 如果你发现你的朋友贪玩,不爱学习,你该怎么帮助他呢?如果你劝了他好多次,他还是不乐意学习,你该怎么办呢?

5. 怎么样才能交到知识渊博的好朋友呢?

乡里规约

说一说

✧ 你所在的社区或街道有哪些文明规范？它们对你有什么影响？

✧ 你知道为什么古人要制定乡约，现代社区要制定文明规范吗？

✧ 你听说过"远亲不如近邻"这句话吗？你怎么理解这句话呢？猜一猜，这句话跟我们这节课的学习内容有什么关系？

● 知识卡片

乡　约

乡约是古时候一乡居民基本的公共生活规范，这些规范涉及日常往来、礼仪风俗、公共事务等各个方面。乡约通过礼仪的方式来扬善去恶，以加强居民的道德修养、公德意识等。中国历史上的乡约有很多，其中比较著名的有北宋吕大钧的《吕氏乡约》、明朝王阳明的《南赣乡约》、吕坤的《乡甲约》等。

学一学

❖ **乡约的基本内容**

◆ 德业相劝

> 见善必行，闻过必改，能治其身，能齐其家，能事父兄，能教子弟，能御僮仆，能事长上，能睦亲故，能择交游，能守廉介，能广施惠，能受寄托，能救患难，能规过失，能为人谋事，能为众集事，能解斗争，能决是非，能兴利除害，能居官举职。凡有一善，为众所推者，皆书于籍，以为善行。
>
> ——《吕氏乡约》

一乡之居民一定要相互劝勉，多行善事。一切有利于自身修养、家庭和睦、帮助乡邻、兴利除害的事都要努力去做。乡里之间要互为榜样，见他人之善行，要载于书籍，并公之于众。

◆ 过失相规

> 犯义之过：一曰酗搏斗讼，二曰行止踰违，三曰行不恭逊，四曰言不忠信，五曰造言诬毁，六曰营私太甚。
>
> 犯约之过：一曰德业不相劝，二曰过失不相规，三曰礼俗不相成，四曰患难不相恤。

> 不修之过：一曰交非其人，二曰游戏怠惰，三曰动作无仪，四曰临事不恪，五曰用度不节。
>
> 以上不修之过，每犯皆书于籍，三犯则行罚。
>
> ——《吕氏乡约》

对于违背道义、违背乡约、不进行自我修养的种种过错，乡邻之间要相互规劝，不要任凭他人一错再错。如果偶尔犯一点过错，这是很正常的，人非圣贤，谁能无过啊。不过犯了错误也要记载下来，使大家引以为戒。如果犯的错误太多，那就要受到相应的处罚了。

◆ 礼俗相交

> 凡行婚姻葬祀之礼，礼经具载，亦当讲求，如未能遽行，且从家传旧仪。凡与乡人相接，及往还书问，当众议一法共行之。凡助事谓，助其力所不足者，婚嫁则借助器用，丧葬则又借人夫，及为之营幹。
>
> ——《吕氏乡约》

乡间一切婚姻丧祭、待人接物之礼，大家应该共同商议一个礼仪标准，从而方便相互往来。礼经中有记载的，就依礼经而行，礼经中没有记载的的可以依据家传的方法。婚嫁和丧葬所需的器物与人力，大家都要相互借助，互行方便。必要时也可以帮助他人统筹安排。

◆ 患难相恤

> 患难之事七：一曰水火，二曰盗贼，三曰疾病，四曰死丧，五曰孤弱，六曰诬枉，七曰贫乏。

> 凡事之急者,自遣人遍告同约,事之缓者,所居相近及知者告于主事,主事遍告之。凡有患难,虽非同约,其所知者,亦当救恤,事重则率同约者共行之。
>
> ——《吕氏乡约》

对于水火、盗贼、疾病、死丧、孤弱、蒙冤、贫穷这七种患难,邻里之间一定要视事情的轻重缓急而相互帮助。即使不是同约中人,如果遇到了灾难,知道的人也应该去帮助他。如果事情很严重,知道的人可以通知同约中人,大家一起去帮助他。

❖ 乡饮酒礼

✪ 如果大家都遵守乡约,邻里之间肯定非常和睦。可是这些约定是怎么落实的呢?下面我们就一起来学一学古人最常用的一种规约方法:乡饮酒礼。

【小导读】乡饮酒礼是我国古代非常重要的乡间礼仪。古人一般选择每个月中的固定一天,全乡居民聚集在一起,共同饮酒、吃饭,并在此过程中举善、纠恶、申明乡约。在举行乡饮酒礼的过程中,男女老幼按照各自的地位和年龄就坐、敬酒,这样不仅可以培养人们敬长爱幼、礼让有序等道德品行,还可以增加乡里居民相互交流、相互熟悉的机会。在乡饮酒礼中,举善、纠过、申戒是最为重要的三个环节。

◆ 举善

乡饮酒礼开始后,先由年少者向长者敬酒,酒过三巡,由主持仪式的"约正"宣布进入举善的环节。这时,负责记录本乡善事的"约史"会向大家宣读一月以来本乡发生的善事,并请在座居民证明。居民证明无误,或者补充没有记录的善事后,由约正对行善之人进行褒扬,并向

大家讲解做善事的意义。然后,约正向行善的人敬酒,他们也斟酒回敬。

　　✪ 通过举善环节,行善之人得到了表扬,他们自然会得到全乡人的认可,人们也都愿意和他们往来,这样他们在邻里间会得到更多的尊重,他们的人际关系就会越来越和谐,正所谓"积善之家,必有余庆"。他们的善行,也会鼓舞全乡人去多做善事,这样全乡的风气就会越来越好。

◆ 纠过

　　举善过后,酒过三巡,约正宣布进入纠过环节。约史向大家宣布一月以来本乡一些人做的错事,宣读完毕,请大家证明并补充。当所有的错事都确定之后,约正开始劝勉犯错的人,希望他们尽快改正。然后约正向大家声明,自己也有很大的责任,是自己有失职责,才导致这些人犯错,讲毕,约正自罚一杯酒。犯错的人也赶紧承认一切都是自己的错,以后一定好好改正,多行善事,并自罚一杯酒。饮酒结束后,犯错的人向约正行礼,并回到自己的座位上。

　　✪ 在纠过环节,虽然许多人的过错被揭露出来了,但并没有受到强烈的指责和批评。人们会通过劝勉的方式,使他们悔过自新并及时改正错误。这既避免了犯错之人错误的不断积累,也使他们得到了邻里之间的宽容和接受。只要他们在纠错过程中态度端正,就可以放下自己因过错而产生的心理负担。将人们犯的错误在公共场合指出来,对其他的居民也是一种告诫。

◆ 申戒

　　纠过后,酒过两巡,大家开始吃饭,饭后,约正宣布进入申戒环节。约正对大家说,今天表扬了许多做好事的人,也劝勉了许多做错事的人。人非圣贤,谁都有犯错的时候,过而能改,善莫大焉。大家要以做好事的人为榜样,多多努力。然后再把本乡的基本规范向大家宣读一遍,希望大家遵守乡约,不要违背。申戒之后,乡饮酒礼也就结束了。

✪ 在申戒环节,约正对本次乡饮酒礼进行总结,告诫大家注意一些容易犯的错误,并且重申本乡的基本规范。这样,通过每月的申戒,人们会对自己生活中应注意的事情有清楚的认识,并且会不断加深对乡约的记忆和了解,从而增加了乡约在现实生活中的约束力。

❖ 当今社会的社区规范和市民规范

◆ 社区基本规范

【小导读】在现代社会中,每个小区和街道都有自己的文明规范或文明守则,这些规范和古时候的乡约性质是一样的,但随着社会生活方式的变化,如今的文明规范和古时候的乡约也有很多不同。先来了解一下现代社区的基本文明规范吧。

☞ 公共事务

积极参与居委会组织的各项活动,协助居委会做好社区管理。

☞ 公共秩序

不乱停车辆、乱搭乱建,不违规饲养家禽、动物,不打扰他人的正常生活。

☞ 公共卫生

保持环境卫生,爱护社区绿化,不乱丢垃圾、乱晒衣物。

☞ 公共安全

提高警惕,防火、防盗、防事故,积极参与维护社区治安。

☞ 邻里互助

团结邻里,友爱互助,尊重社区老人和其他弱势群体。

✪ 现在的社区规范更关注公共秩序和公共环境,鼓励、倡导的意味更浓,不过没有古时候那么强的规范性了。除了上面提到的这些规范,你还知道哪些?

◆ 市民基本规范

【小导读】现代人的日常生活空间不再局限在自己所在的社区,

而是扩展到了人们所在的整个城市。因此，我们还应该了解自己所在城市的基本规范。市民的基本规范主要有以下几个方面：

☞ 爱护市容

不乱画、乱贴，不乱丢垃圾，不随地吐痰，不随处吸烟，爱护公共设施，不乱折花草树木。

☞ 遵守秩序

不翻越护栏，不乱穿马路，不乱摆摊点，不乱停车，不乱放鞭炮。

☞ 讲究文明

诚实守信，文明礼让，不污言秽语，不强买强卖，尊重城市管理人员。

◎ 《南京市市民守则》

热爱祖国　建设南京
遵纪守法　维护公德
勤劳俭朴　诚实守信
尊师重教　好学上进
移风易俗　计划生育
礼貌待人　友好文明
敬老爱幼　拥军优属
家庭和睦　邻里相亲
讲究卫生　保护环境

◎ 南京市社会公德之"七不"

不随地吐痰
不说粗话脏话
不在公共场所吸烟
不乱扔垃圾

乡里规约

不损坏花草树木
不损坏公共设施
不闯红灯

练一练

1. 古代乡约的最基本内容有＿＿＿＿＿、＿＿＿＿＿、＿＿＿＿＿、
＿＿＿＿＿。

2. 你打算如何践行自己所在社区或街道的文明规范？

3. 古代的乡饮酒礼在现代社会还行得通吗？如果让你设计一个
可用于当今社会的类似礼仪,你会如何设计？

礼尚往来

看一看

过 故 人 庄

（唐）孟浩然

故人具鸡黍，邀我至田家。

绿树村边合，青山郭外斜。

开轩面场圃，把酒话桑麻。

待到重阳日，还来就菊花。

【小导读】老朋友悉心准备了丰盛的饭食，邀请我去他的农舍做客。翠绿的树木环绕着小村庄，村子外面青山连绵不绝，景色十分好看。打开窗子面对着谷场和菜园，我们举杯欢饮，闲话家常。到了告别的时候，我们依依不舍，相约着等到九月初九重阳节那一天，还要再来农舍，一起喝酒，一起赏菊。

✪ 这首诗描述的是诗人到友人家里做客的情景，表达了朋友之间的深厚情谊及诗人对农家恬静闲适生活的向往。

想一想

◇ 去别人家里做客时，需要注意哪些礼貌？

◇ 同学到你家做客,作为主人的你应该怎么招待他呢?

◇ 你听过"推敲"的故事吗?请给大家说一说。为什么用"僧敲月下门"而不用"僧推月下门"呢?

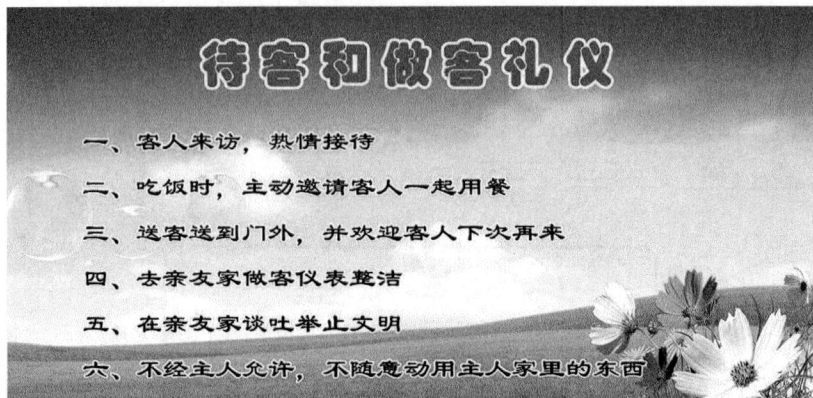

待客和做客礼仪

一、客人来访,热情接待

二、吃饭时,主动邀请客人一起用餐

三、送客送到门外,并欢迎客人下次再来

四、去亲友家做客仪表整洁

五、在亲友家谈吐举止文明

六、不经主人允许,不随意动用主人家里的东西

学一学

【小导读】中国人素有热情好客的优良传统,这从孔子说的"有朋自远方来,不亦乐乎?"就可以看出来。不过不管是去别人家里拜访,还是在自己家里接待客人,都需要注意一定的礼仪规范。不然,就会因为不懂礼貌而得罪别人。现在,我们就来学一学待客和做客的礼仪吧!

❖ 往来原则

> 上交不谄,下交不渎。
>
> ——《周易》

◆ 诚挚

交友待客,关键是要以一颗真诚之心待人。既不能低声下气,又

不能高傲怠慢。只有以真诚、平等的心态做客、待客，才能真正做到宾至如归。

◎ 千里送鹅毛，礼轻情意重

唐太宗时期，云南一少数民族的首领为表示对唐朝的友好，特地派了使者缅伯高向太宗皇帝敬献天鹅。使者团路过沔阳河时，好心的缅伯高把天鹅从笼子里放出来，想给它洗个澡。不料，天鹅挣开了他，展翅飞向了高空。缅伯高急忙伸手去捉，可只扯下了几根天鹅毛。缅伯高急得顿足捶胸，号啕大哭。随从们劝他说："天鹅已经飞走了，您在这里哭也没有用啊，还是想想有没有什么补救方法吧！"缅伯高一想，也只能如此了。

到了长安，缅伯高拜见唐太宗，并献上礼物。唐太宗见是一个精致的绸缎小包，便令人打开，一看是几根鹅毛和一首小诗。诗曰："天鹅贡唐朝，山高路途遥。沔阳河失宝，倒地哭号啕。上复圣天子，可饶缅伯高。礼轻情意重，千里送鹅毛。"唐太宗初始觉得莫名其妙，但待缅伯高解释完事情原委之后，唐太宗非但未生气，还高兴地连声说："难能可贵！难能可贵！千里送鹅毛，礼轻情意重！"

缅伯高虽然丢失了重礼，但他难能可贵的诚信美德及随鹅毛附上的敬重情谊让唐太宗颇为感动。后来，人们就常用"千里送鹅毛"来形容礼物单薄，但情谊厚重。

◆ 热情

> **不失足于人，不失色于人，不失口于人。**
>
> ——《礼记》

这句话的意思是说，君子在别人面前的行为举止、仪表态度、言语论调都不应犯错误。接待客人，既要有内心的热情，又要有言语和行动上的欢迎；拜访别人，也要让主人感受到你做客的诚意与热情。想

一想,如果别人到你家里做客,你的态度轻慢,言语敷衍,客人能开心吗?又比如,你去别人家里做客,别人如此待你,你还想再去他家做客吗?

◆ 谦虚

> 虚心接人,则于人无忤;自满者反是。
>
> ——《读书录》

"满招损,谦得益"的古语告诉我们,做人不能太骄傲自满,而应该谦虚有礼。待人接物同样如此:保持一颗谦逊之心,不管是在哪里都不会得罪人,人人也愿意帮助你;相反,骄傲自大的人不仅会得罪别人,还会让自己遭受无端损害。

✪ 诚挚、热情、谦虚是做客、待客的三个基本原则,也是做人、交友的基本原则。掌握了这些基本原则,并灵活地将它们运用于自己的学习、生活中,哪里还怕自己不懂礼呢?下面,我们就一起来学一学,古人基于三原则所确定的做客、待客之礼吧!

❖ 待客之礼

> 凡与客入者,每门让于客。客至于寝门,则主人请入为席,然后出迎客。
>
> ——《礼记》

古人家里有院门、房门,大户人家院子大、房子多,还可能有许多门。为了表达对客人的尊敬,主人应该每到一个门口,都让客人先入。到最里面一道门时,主人一般会让客人稍等,自己进去摆好席子,然后再出来请客人进去。

✪ 古人的待客之礼虽然繁琐,但充分体现了主人对待客人的尊

敬、客气之情。今天的礼仪崇尚简洁，但也强调，在客人来拜访时，要多多礼让客人，让客人感受到主人的热情。

> 尊客之前不叱狗。
>
> ——《礼记》

有重要的客人来拜访时，不要在客人面前呵斥小狗，否则会让客人感到主人是在变相地骂自己，感到自己不受欢迎。

★ 在接待客人时，一定要注意自己说话的语气，不管是对客人说话还是对家中其他人说话，都不要严声厉色，否则会让客人感到自己不受尊重。另外要多和客人聊天，不要冷落客人。除了言语之外，举止也要注意，在给主人递水果、茶水时要小心，轻拿轻放，不要太鲁莽，否则也会让客人感到尴尬。

◎ 笑话一则：该来的没来

有个人请客办事，看看约定的时间过了，还有一大半的客人没来。主人心里很焦急，便说："怎么搞的，该来的客人还不来？"一些敏感的客人听到了，心想："该来的没来，那我们是不该来的喽？"于是悄悄地走了。主人一看又走掉好几位客人，愈发着急了，便说："怎么这些不该走的客人，反倒走了呢！"剩下的客人一听，又想："走了的是不该走的，那我们这些没走的倒是该走的了！"于是又都走了。最后只剩下一个跟主人较亲密的朋友，看到这种尴尬的场面，就劝他说："你说话前应该先考虑一下，否则说错了，就不容易收回来了。"主人大叫冤枉，急忙解释说："我并不是想让他们走的啊！"这个朋友听了，大为脑火，说："不是叫他们走，那就是叫我走了！"说完，头也不回地离开了。

❖ *拜访之礼*

> 将适舍，求毋固。将上堂，声必扬。户外有二屦，言闻则入，言不闻则不入。
>
> ——《礼记》

去别人家拜访，不要主动要求进入别人家中。当自己要进入房间的时候，应该大声询问有没有人在，以便屋里的人知道自己的到来。

如果看到门外有两双鞋，说明屋内有客人在。这时如果里面的人说话很大声，你可以进去；如果屋内没有声音或声音很轻，就不要立刻进去，而应该大声询问过后才能进入。

❂古人强调的礼仪在今天依然适用。我们去别人家拜访时，应先轻轻敲门或按门铃，当有人应声允许进入或出来迎接时方可入内。敲门不宜太重或太急，一般轻敲两三下即可，切不可不打招呼擅自闯入。即使门开着，也要敲门或以其他方式告知主人有客来访。

> 侍坐于君子，君子欠伸，撰杖屦，视日蚤莫，侍坐者请出矣。侍坐于君子，君子问更端，则起而对。
>
> ——《礼记》

到别人家拜访，看到主人打哈欠、起立穿鞋或是不断看时间，说明主人已经累了，应该主动地起身辞别了。如果陪长者在一起，长者询问别的事情，晚辈要起身回答。

❂这点对于现在的小朋友们也适用哦！到别人家拜访，逗留的时间不要太长，否则可能耽搁主人的计划。对于长辈问的问题，即使不用站起来回答也要恭敬地回答。

> 吊丧弗能赙,不问其所费。问疾弗能遗,不问其所欲。见人弗能馆,不问其所舍。
>
> ——《礼记》

去参加丧礼的时候,如果不能在费用上帮助别人,就不要问别人花费多少。在看望病人的时候,如果不能给病人什么,就不要问病人想要什么。如果不能给别人提供住宿,就不要问他住宿的情况。

✪ 这并不是不关心他人,如果自己什么都不能提供,又问这问那,一旦别人提出了需求,自己力不能及,双方都会感到很尴尬。

◎ 王安石待客

王安石当宰相的时候,他有一个姓萧的亲戚来到了京师,于是王安石约他第二天到家里来做客。第二天,这个姓萧的年青人穿着盛服到王安石家来拜访,心想王安石一定会盛宴款待他。可是眼见中午就快过去了,肚子饿得咕咕叫,这个年青人还是不愿离去。

又等了好久,王安石才给他安排了午餐,年青人一看,端上来的都是一些家常便饭,一点也不丰盛,心里便有些责怪。一开始,王安石先陪他喝了三杯酒,然后上了两枚胡饼,过了一会又上了两盘猪肉,最后上了一碗米饭和一碗菜汤。这个姓萧的年青人平时非常骄纵,吃得也是大鱼大肉,看到王安石给他准备的饭菜这么清淡,便不下筷子了。桌上的胡饼,他只是拿起来在中间咬了两口,其他的就扔在了桌上。王安石看到之后,就把这位年青人吃剩的胡饼拿起来自己吃了。年青人看到这种情形,感到非常惭愧,立刻就辞别了。

✪ 思考上面这个故事,我们在拜访别人时应注意哪些礼仪?

☑ 到别人家拜访,逗留的时间不要太长,尤其是在主人非常繁忙的情况下。

☑ 如果没有提前约定,或主人没有主动提出,尽量不要在主人家

用餐,因为主人可能并没有准备。

☑ 古人讲"客随主便",到别人家拜访要听从主人的安排,不要以自己的习惯去要求主人。

❖ 送礼

> 赐人者不曰来取,与人者不问其所欲。
>
> ——《礼记》

如果要送给别人东西,就要主动送过去,不要让别人亲自来拿。同样,如果已经预备好了送给别人的礼物,就不要再去询问别人想要什么了。因为如果别人提出想要自己不能给的东西,就会非常尴尬了。

> 贫者不以货财为礼,老者不以筋力为礼。
>
> ——《礼记》

送礼的一个重要原则就是礼品要与自己的身份相符合:如果自己家里很穷就不要和别人攀比财物,礼品只要能表达心意即可,否则会给自己的生活造成负担;对于老年人,则不能要求他像年轻人一样做体力活作为回礼。

⭐ 中国人讲求礼尚往来,收到了别人的礼物,一般也要还礼。不管送礼还是还礼,总之不要超出自己的身份和经济状况。对于未成年人来说,自己并没有挣钱的能力,因此一般是不需要送礼的,但在某些节日里送同学、老师、父母一份贺卡还是可以的,礼物太贵重也是失礼的表现。

练一练

1. 你如何理解"礼尚往来"这句话？

2. 接待客人要注意哪些礼仪？

3. 通过"王安石待客"的故事，我们可以学到很多拜访时要注意的礼仪，如_____、_____、_____等。

4. 未成年人可以送礼吗？送礼时要注意什么？

本篇导读

　　本篇名为"非遗"，也就是非物质文化遗产的简称。正如本书开篇"编者按"中所言，国学包含内容极为宽泛，除了以文字形式传承下来的经典文献之外，也不可忽视见诸百姓生活之中的民间技艺、节庆风俗。实际上，这些看似浅陋平常的民间技艺、节庆风俗，其中无不浸润圣学古道，又因为其能贯通民间的风土人情，因此得以把中华文化的精妙要义，深植于普通民众的日用伦常之中。但"非遗"的传承，主要靠口耳相传，与现代工业文明的可复制性形成鲜明对比，这也是今天我们特别重视"非遗"传承和保护的原因。也正因其传承的限制，"非遗"的地域文化特性比较突出。本篇中所选，主要是江苏地区的一些"非遗"项目。绝大多数项目都已经入驻当地的"非遗"展览馆，如果小朋友们感兴趣，还可以实地体验和学习哦！

丰县糖人

看一看

小丸子的糖人

七夕节那天，小丸子和爸爸去逛街。他们走着走着，看到前面的店门口有好多人。

他们上前一看，原来一个老爷爷在做糖人。小丸子想要一只长长尾巴的小鸟。

只见那老爷爷"唰唰唰"几下就把小鸟做出来了，实在太漂亮了。

小丸子拿着这只用糖做的小鸟，感到十分高兴。

（以上故事和图片来自《樱桃小丸子》（国语版）第 130 集《商店街的七夕祭》。）

说一说

◇ 小朋友,你喜欢吃糖吗?

◇ 你玩过糖人吗?

◇ 你知道糖人是怎么做出来的吗?

★ 中国是世界上最早制糖的国家之一。在遥远的西周时就有了饴糖。这是世界上最早的糖,它是用大米和麦芽煮出来的糖,又叫麦芽糖。甘蔗制糖在 2000 年前印度的《吠陀经》和中国的《楚辞》里就有记载了。这两个国家是世界上最早的植蔗国,也是两大甘蔗制糖发源地。在世界早期制糖史上,中国和印度占有重要地位。唐宋时期制糖手工业非常繁荣,生产的糖品种多、质量好,不仅卖到国内各地,还远销到了国外。

◎ 糖人的故事

相传,明朝的刘伯温跟着朱元璋一起打天下。后来朱元璋做了皇帝,为了自己的皇位能一代代传下去,就打算用火烧死所有的功臣。刘伯温幸运地逃了出来,被一个卖糖的老人救了下来,两个人调换了衣服。于是,刘伯温活了下来。

从此,刘伯温隐姓埋名,天天挑着担子卖糖。在卖糖的过程中,刘伯温突发奇想,把糖加热后做成各种动物、人物的模样,非常可爱。小孩子们都争着买他的糖人,生意十分红火。大家都跑来问刘伯温这糖人是怎么做出来的。刘伯温毫不保留,一一教给他们。于是,制作糖人的技艺就一传十、十传百,传了 600 多年。所以,大家把刘伯温当作糖人的祖师爷。

★ 朱元璋,江苏徐州人,是明朝第一个皇帝。朱元璋小时候放过牛,做过和尚。1368 年朱元璋当了皇帝,国号大明,年号洪武。朱元

璋死后被尊为明太祖,葬在南京明孝陵。

学一学

❖ 各种各样的糖人

◆ 吹糖人

吹糖人就是吹出来的糖人。用一团热乎乎的糖,拉成一条长长的管子,然后往里面吹气,吹成一个圆圆的球,再捏出小动物、小人的样子,再画上颜色,一个糖人就大功告成啦。

◆ 塑糖人

塑糖人就是用手捏或者用模具印出来的糖人。只要把各种颜色的糖像平时玩橡皮泥一样做成各种有趣的形状就好了。

◆ **画糖人**

画糖人就是用糖画出来的糖人。用一把小勺舀上一点融化的糖,轻轻地把糖倒在下面的石板上。然后就像画画一样画出漂亮的图案。等到糖凉了,变硬了,一个糖人就完成了。

比一比

☻ 让我们去全国各地看看不同的糖人吧!

❖ **第一站:北京**

老北京有很多吹糖人的。在北京的什刹海,有位吹糖人的老师傅,他是他们家吹糖人手艺的第六代传人,已经吹糖人吹了三十多年了。他吹的小鹿、小鱼、老鼠、葫芦等各种形状的糖人活灵活现的,不仅吸引了很多中国人,还吸引了很多外国人。

❖ **第二站:四川**

四川的画糖人最多啦。在成都,有个游戏叫"转糖"。在一个转盘

上,画了十多种图案,有刀、蝴蝶、凤凰等,要买糖人的小朋友就转动转盘,转到什么,画糖人的老爷爷就会给你做什么,可好玩了。

❖ **第三站:湖北**

在湖北的天门、沔阳,有著名的糖塑。糖塑是用红、蓝、黑、黄四种颜色的糖做出来的,可以做出飞禽走兽、人物故事等各种图案。而且里面装了小弹簧,拿在手上还会一摇一摇的,非常可爱。

❖ **第四站:江苏**

小朋友,你知道江苏有什么样的糖人吗?它和其他地方的糖人有什么不同呢?

下面,我们就一起来看看江苏徐州的"丰县糖人贡"吧!

◆ **丰县的糖人贡**

糖人贡是用糖做的供品,就是用来祭拜先人的东西。丰县的糖人贡已经有300多年的历史了。糖人贡全身雪白、形状优美、图案鲜艳,

表达了我们对去世亲人的怀念。

◆ **糖人贡诞生记**

小朋友，看到下边的两个大寿桃了吗？它们就是做好的糖人贡。你是不是很想知道它们是怎么做出来的呢？那我们就去请教一下糖人贡的传人吧。

下边这位叔叔叫郭新元，他们家六代人都是做糖人贡的高手。郭叔叔从 16 岁开始就跟着他的爸爸学习，现在他已经是名人啦。瞧！他又在认真地做糖人贡了。

(图片资料来自《徐州日报》2010 年 3 月 2 日第 12 版)

只见他拿出一套模具，据说这是老祖宗传下来的。然后，把煮好的糖浆倒进模具里面，接下来就静静地等它慢慢地变凉、变硬。等到糖变成固体，就可以去掉模具，雪白雪白的糖人贡就出来啦。最后一步，用毛笔画上红红绿绿的颜色，一件寿桃糖人贡就大功告成啦。

★ 小朋友，你是不是也想试一试呢？但是，煮糖浆太麻烦了，小朋友可以拿橡皮泥做好看的"糖人贡"哦。

练一练

小朋友，我们一起听了糖人的故事，学习了糖人的传说，去全国各地看了各种漂亮的糖人，还特别了解了丰县糖人贡，你是不是很喜欢糖人呢？在周末的时候，可以让爸爸妈妈带你去街上找找做糖人的高手，实地体验一下，会收获不少哦！

惠山泥人

唱一唱

泥 娃 娃

泥娃娃，泥娃娃，一个泥娃娃。

也有那眉毛，也有那眼睛，眼睛不会眨。

泥娃娃，泥娃娃，一个泥娃娃。

也有那鼻子，也有那嘴巴，嘴巴不说话。

她是个假娃娃，不是个真娃娃。

她没有亲爱的妈妈，也没有爸爸。

泥娃娃，泥娃娃，一个泥娃娃。

我做她妈妈，我做她爸爸，永远爱着她。

说一说

✧ 小朋友，你会唱这首儿歌吗？

✧ 你看过泥人吗？

✧ 你喜欢泥人吗？

✧ 你知道哪里的泥人最有名吗？

◎ 惠山泥人的故事

相传,在战国的时候,博学多才的奇人鬼谷子收了两个徒弟,一个叫庞涓,一个叫孙膑。两个人都学到了非常了得的本领,都是战国时期有名的大军事家。可是,庞涓这个人很小气,妒忌孙膑的才能,就设下诡计割去了孙膑的两个膝盖,可怜的孙膑无法走路了。孙膑坐着马车逃到吴国,在惠山一带流浪。为了研究兵法打败庞涓,孙膑捏了很多泥人、泥马,来模拟战争的样子。后来,孙膑来到了齐国,做了一名大将。在一次与魏国打仗的时候,孙膑用在惠山研究的兵法打败了庞涓。从此,捏泥人的手艺在惠山流传了下来,惠山的人们纷纷捏起泥人来了。

今天,惠山的泥人已经闻名中外。为了纪念孙膑,人们把他称为惠山泥人的祖师爷。

✪ 泥人,就是用泥捏出来的人的形象。在江苏无锡的惠山,捏泥人已经有上千年的历史了。每到农闲的时候,家家户户都会做泥人。然后把做好的泥人放在盘子上,拿到集市上去卖。

学一学

❖ 惠山泥人的种类

◆ "粗货"

"粗货",它是用模具印出来的。先揉一团泥,然后把泥压在模具里面,等到里面放满了泥,就把模具翻过来,轻轻扣几下,泥人就从模具里面出来了。接着把刚印好的泥人放在阴凉的地方,慢慢地等它变干。这时的泥人还是黑

乎乎的,还得给它涂上花花绿绿的色彩。最常见的粗货是老爷爷、老奶奶、大阿福和大花囡,等等。

◆ "细货"

"细货",它不用模具,直接用手捏。手捏出来的泥人可以做出千姿百态的形状,既可以做得非常简单,又可以做得非常复杂。但是,要想用手捏出好看的泥人,难度也是非常大的。只有那些技艺精湛的艺人才能做出来。细货最多的是戏曲故事和神话故事,捏出来的人物非常有趣。

❖ 惠山泥人的佳作

◆《大阿福》

《大阿福》是人们最喜爱的惠山泥人。传说,很久很久以前,惠山一带经常有野兽出没,野兽还会吃人。有一天,深山里来了两个叫"沙孩儿"的小孩,打败了野兽,保护了大家。人们为了纪念他们,就根据他们的形象捏了一男一女两个泥人,取名叫"大阿福"。从此,《大阿福》就成了惠山泥人最常见的作品。

◆《蟠桃会》

《蟠桃会》是清代著名的泥人艺人周阿生的作品。慈禧太后生日那天,无锡的官员把它送给了慈禧太后。它像一座山,有一米多高。最上面是一个大红色的阁楼,下面站了25位神仙。每个神仙的衣服、

表情都不一样，原来神仙们是在给王母娘娘祝寿呢。慈禧太后看了非常高兴。这件《蟠桃会》就成了惠山泥人名气最大的作品。

◆《凤仪亭》

《凤仪亭》是清代著名的泥人艺人丁阿金捏的戏曲故事。丁阿金最擅长的就是捏戏曲里面的人物，在苏州、无锡一带非常有名。他的这件《凤仪亭》讲的是东汉末年，著名的美女貂蝉和大将吕布两个人偷偷在凤仪亭相会，但是被董卓发现了。董卓非常生气，从此两人成为了敌人。这件《凤仪亭》捏得非常生动，是十分有名的泥人作品。

读一读

◎ 惠山泥人的传人

惠山泥人千百年来一直传承着。明代、清代以来，书上记载的著名的泥人艺人就有许多。泥人艺人有的捏形状、塑样子做得好，有的

上色彩、画图案比较强。所以，他们取长补短，互相分工合作，一个人负责捏塑，一个人负责彩绘，既提高了效率，又使得捏出来的泥人更加精美。

右边这位奶奶是喻湘涟，她是当今惠山捏泥人的大师。她家好几代人都是捏泥人的，她的曾外祖父蒋三元、外祖父蒋金奎都是惠山著名的老艺人。喻奶奶从小就和母亲生活在外祖父家，从八岁起就帮外祖父捏泥人。后来，喻奶奶进入了江苏省惠山泥塑彩绘训练班，学习捏泥人。她非常刻苦用功，潜心钻研，终于成了捏泥人的大师。

喻奶奶擅长的是捏塑，那谁帮她彩绘呢？就是左边这位王南仙奶奶。王奶奶跟随老艺人陈毓秀学艺，专门学习泥人彩绘。王奶奶和喻奶奶是同班同学，她们生活上是好朋友，工作上是好搭档。在无锡的一幢老房子里面，喻奶奶和王奶奶在泥巴的陪伴下，默默相对度过了几十年。她们互相合作，不仅修复、抢救了400多件传统惠山泥塑，而且创作了《贵妃醉酒》、《钟馗嫁妹》、《霸王别姬》等优秀作品，对惠山泥人的发扬光大做出了重大贡献。

比一比

★ 让我们比比全国各地的泥人、泥塑吧！

❖ 第一站：天津泥人张

泥人张是清代的张明山创立的。他心灵手巧，捏出来的泥人个个都非常逼真。他一生创作了一万多件作品，成了家喻户晓的名人。

❖ 第二站：苏州泥塑

两千年前的苏州就已经开始做泥塑了。苏州的泥塑主要有两类，一类是寺庙里的佛像，非常高大；一类是虎丘泥人，非常小巧。

❖ 第三站：凤翔彩绘泥塑

陕西凤翔的彩绘泥塑也有着非常古老的历史。它表现的是乡村里的日常生活，颜色非常鲜艳，花花绿绿的，非常受老百姓的欢迎。

❖ 第四站：敦煌彩塑

甘肃敦煌莫高窟的彩塑是非常珍贵的宝贝，它已经有上千年历史了，现在还保存着 3000 多个，主要是佛、菩萨、罗汉，等等。

练一练

　　小朋友,我们一起听了儿歌,学习了惠山泥人的传说,了解了惠山泥人的种类、传人,还欣赏了惠山泥人的佳作。现在你是不是还想亲眼看看呢? 有机会的话让爸爸妈妈带你去泥人博物馆看看吧!

金陵剪纸

看一看

学 剪 纸

美术课上，小梅和同学们一起学习剪纸。在老师的指导下，小梅先拿出准备好的彩色纸，然后把它整整齐齐地对折。接着，小梅用铅笔画出了自己喜欢的蝴蝶图案。画好之后，小梅就开始拿起剪刀，小心翼翼地剪了起来。只见小梅先剪出了又大又美的翅膀，再剪出小小的身体，最后剪出长长的触须，一只美丽的蝴蝶就剪出来了。

老师和同学们都很喜欢小梅的蝴蝶，小梅感到非常开心。

说一说

◇ 小朋友,你喜欢剪纸吗?

◇ 你知道有哪些不同种类的剪纸吗?

◇ 你知道哪些地方的剪纸很有名吗?

⭐ 中国是世界上最早发明纸的国家。纸与指南针、火药、印刷术,合称为中国古代四大发明,它们为中国古代文化的繁荣做出了伟大贡献。纸的发明为写字、画画带来了极大的方便,而且纸能够长久保存,有"纸寿千年"的说法。造纸术传到世界各地,也为世界文化的发展做出了伟大贡献。

◎ 剪纸的历史

剪纸是用剪子或刻刀在纸上剪出或刻出各种各样的图案。剪纸很像画画,但是又和画画不一样。画画是画出美丽的图案,而剪纸是把多余的部分剪掉,留下来的就成了美丽的图案。

要说剪纸的历史,就得从纸开始说起。纸是我国古代四大发明之一。早在两千多年前的西汉时期,我国就已经用麻等植物来造纸了。到了东汉,有个叫蔡伦的人,他用十分便宜又很常见的树皮、破布、鱼网等东西来造纸。没想到,造出来的纸不仅质量比以前的好,而且还提高了纸的产量。渐渐地,大家越来越喜欢用纸了,于是纸就成了最主要的写字工具。人们为了纪念蔡伦,都把他改进的纸叫做"蔡侯纸"。

纸发明以后,人们除了用它写字,还用它剪出各种各样图案,这就是剪纸。考古学家发现的最早的剪纸出现在一千五百年前。剪纸的历史多么悠久啊!唐代、宋代的时候,剪纸得到了大发展,窗花、礼花、灯彩等不同用途的剪纸都发展了起来。到了明代和清代,剪纸艺术就

已经非常繁荣了。今天，中国各地的人们仍旧热爱剪纸。

学一学

❖ 各种各样的剪纸

◆ 单色折剪

先把一张纸进行折叠，然后进行剪刻，打开后就能得到对称的图案了。

◆ 单色迭剪

把几张纸整整齐齐重叠在一起，并固定好，然后按照设计的图案剪刻。这样剪一次可以得到好几张剪的一样的作品。

◆ 衬色剪纸

先用一种颜色的纸剪出图案，再把它粘贴在另一种颜色的纸上。

◆ 套色剪纸

先用一种颜色的纸剪出图案，然后用不同颜色的纸贴在剪出的图案的背面，这样就可以看到花花绿绿的色彩了。

◆ 拼色剪纸

用不同颜色的纸剪成各部分的形状，然后像拼图一样拼成一幅美丽的图案。

◆ 染色剪纸

先用白色的纸剪出图案，然后用颜料给它上色，这样它就变得五彩斑斓了。

◆ 填色剪纸

它是剪纸和画画的结合，先用颜色比较深的纸剪图案，然后贴在一张白纸上，再在白色的地方涂上颜色、画上图案。

◆ 激光剪纸

有人发明了激光剪纸机，它可厉害了，只要放进纸，然后确定要剪的图案，它几秒钟就能剪出来，剪得又快又好。

（上行图片从左到右依次为：单色折剪、单色迭剪、衬色剪纸、套色剪纸；
下行图片从左到右依次为：拼色剪纸、染色剪纸、填色剪纸、激光剪纸）

读一读

◎ 金陵剪纸的特色

金陵是江苏南京在古代的名字。在明代的时候，南京地区就已经开始流行剪纸了。妇女们刺绣时会先用纸剪出绣花、鞋花，祭祀时香烛上有用纸剪的"斗香花"。尤其是举办婚礼的时候，人们会请来剪纸艺人用大红纸剪出各种各样的喜花，贴在箱子、柜子、被子等嫁妆上面，喜气洋洋。

瞧！这位在专心剪纸的老爷爷就是金陵剪纸的传人张方林。张爷爷出生在剪纸世家，他的爸爸是著名的

"金陵神剪张"——张吉根。张爷爷从小就对剪纸有着浓厚的兴趣，从七八岁开始就跟爸爸学习剪纸。他学习剪纸很用心，很刻苦。爸爸的要求很严格，剪一片叶子也要求练习一个星期。但张爷爷就算练得手都磨破了，也还坚持再练。终于，功夫不负有心人，张爷爷成为了著名的剪纸艺人。现在，张爷爷经常举办剪纸讲座，教大家剪纸，寻找金陵剪纸的接班人。

金陵剪纸有着与众不同的地方。首先，它将北方剪纸的粗犷和南方剪纸的细腻融为一体，看起来非常优美。它剪出的线条有粗有细，剪出的花样里面还有花样，形态非常丰富。其次，剪纸艺人都有高超的剪纸技巧，他们不用在纸上画出图案，直接拿剪刀胸有成竹地在纸上剪。在剪刀飞快转动下，一幅精致的剪纸就完成了。旁边的观众都忍不住热烈地鼓掌。第三，金陵剪纸创造了全国独一无二的"斗香花"刻纸。一种花纹，一次刻成，却可以拼出七种不同色彩，十分神奇！金陵剪纸真是我国民间剪纸的艺术宝库。

（图片资料来自《中国文化报》2011 年 5 月 10 日第 6 版和《中国书画报》2011 年第 75 期第 10 版。）

比一比

⭐ 小朋友，你知道还有哪些地方的剪纸很有名吗？赶紧来看看吧。

❖ 江苏的剪纸

◆ 扬州剪纸

扬州剪纸是照着水墨画剪出来的，图案简洁，线条流畅，给人优美、清秀、细致的感觉。

◆ 徐州剪纸

徐州剪纸有大面积的空白，有时大面积的的纸上只用剪两三刀，剪出的图案十分朴实。

◆ 金坛刻纸

金坛刻纸是用刻刀刻出来的，不仅可以刻出非常小的图案，还能刻出非常庞大、复杂的图案。

（图片从左到右依次为：扬州剪纸、徐州剪纸、金坛刻纸）

❖ 全国各地的剪纸

◆ 陕西剪纸

陕西剪纸大都出自农村妇女之手，包含着浓浓的乡土气息，非常朴实、粗犷、简洁。

◆ 山西剪纸

山西剪纸也出自普通老百姓之手,具有北方地区粗犷、雄壮、简练、纯朴的特点。

◆ 河北剪纸

河北剪纸中最有特色的是染色剪纸,剪得非常精细,色彩非常浓艳。

(图片从左到右依次为:陕西剪纸、山西剪纸、河北剪纸)

练一练

　　小朋友,我们一起听了小梅学剪纸的故事,学习了剪纸的历史,了解了各种各样的剪纸,欣赏了金陵剪纸,比较了江苏各地和全国各地的剪纸。现在你是不是跃跃欲试了呢?赶紧拿出纸和剪刀剪剪吧!

南通风筝

读一读

村　居

（清）高　鼎

草长莺飞二月天，
拂堤杨柳醉春烟。
儿童放学归来早，
忙趁东风放纸鸢。

猜一猜

天上一只鸟，用线拴得牢，

不怕大风吹，就怕细雨飘。

（打一传统玩具）

（谜底：风筝）

★ 你知道吗？风筝是世界上最早的重于空气的飞行器，本质上风筝的飞行原理和现代飞机很相似，在一些国家的博物馆中至今还展示中国风筝，如美国国家博物馆中的一块牌子醒目地写着："世界上最早的飞行器是中国的风筝和火箭。"英国博物馆也把中国的风筝称之为"中国的第五大发明"。

学一学

❖ 风筝的历史

中国古时南方一般把风筝叫作"纸鹞",北方把风筝叫作"纸鸢",(鹞和鸢都是凶猛的鸟类)这是因为风筝最早的造型是用绢或纸做成鹰,放飞时真的像雄鹰在空中翱翔。

据史书记载,春秋时期我国的能工巧匠鲁班因看到鹞鹰在天空盘旋飞翔受到启迪,曾用竹子模仿做成鹞,放飞以后能在天上飞好久不掉下来。而和他几乎同时代的思想家和科学家墨翟也曾用三年时间,制成木鸢,木鸢能在天空飞翔。汉代发明造纸术后,风筝改用纸糊制,称作"纸鸢"。

到五代时,李邺在皇宫中制作纸鸢,拉着线乘着风玩耍,后来又在鸢的头部加了竹笛,风吹入竹子后,发出琴筝一样的声音,所以又叫风筝。古代风筝,曾被用于军事上侦察的工具外,更有用于测距、越险、载人的历史记载。十三世纪时,意大利马可·波罗自中国返回欧洲后,才传到世界各地。

★ 关于风筝的起源,大体有三种传说。一是斗笠、树叶说;二是帆船、帐篷说;三是飞鸟说。但风筝起源于中国,则是目前世界风筝界一致公认的。

❖ 各式各样的风筝

传统中国风筝的制作技艺概括起来只有四个字:扎、糊(hú)、绘、放。简称"四艺"。简单地理解这"四艺",即扎架子、糊纸面、绘花彩、

放风筝。

我们常见的风筝有鸟儿形的,有蝴蝶形的,还有长串蜈蚣形的,实际上呢,风筝有很多的种类。让我们再来看看其他样式各异的风筝吧! 风筝按其形状,可以分为六大类:串式、桶式、板子、硬翅、软翅和自由类。

◆ 桶形风筝

又叫立体风筝,一般由一个或多个圆桶或其他形状的桶组成,如宫灯、花瓶、火箭等。

◆ 板子风筝

就是平面板形风筝。形状多八角、菱形、正方形、四边形等。有代表性的比如八卦风筝。

◆ 硬翅风筝

这种风筝的翅子有固定的形式,而翅子范围以外的部分造型与骨架结构,则因题材不同而各不相同。

◆ 软翅风筝

这种风筝的翅子由一根主翅条构成,翅膀的后半部是软性的,没有主条依附。它的结构,不同于硬翅风筝,主体骨架多数做成浮雕式,骨架有单层、双层和多层。

❖ 放风筝的技巧

在风够大的时候,放风筝可以不必请人帮忙,自己拿风筝的提线,逆风向前边跑边看,直到感觉风劲够,再停下来慢慢放线。

当风比较小的时候,快速向后收线,给予人工加风,如感觉风筝线有拉力时,就要把握时机放线;若风筝有下降的趋势,须迅速收回一部分风筝线,直到风筝能在天空升起来。

当风力突然转强,风筝摇摆而倾斜度过大时,有两种控制方法:一是迅速放线,二是迅速往风筝方向奔跑数步。

当风力停顿,风筝向下坠落时,可将风筝轻抖数下或迅速向后奔跑,如果后退无路,则可用迅速收线的方法处理。

如遇两只风筝线纠结在一起,不要惊慌,立刻与纠缠者靠近,互相交换调整,使线松开。

收回风筝时,要慢慢收线,收线要尽量远离有高大树木的地方,以免风筝坠落挂在树上。

◎ 放风筝的注意事项:

☑ 切勿在有高压线电塔、有电线杆架的地方放风筝。

☑ 如遇到台风、雷击现象,应马上停止施放并远离空旷处。

☑ 放飞应选择适合且能配合风速的风筝,切勿轻视强大风速的力量。

☑ 施放者应选择空旷处,如公园、海滩,避免障碍物。

☑ 特技风筝飞行速度快,切勿进行低飞或惊吓他人等危险飞行动作。

读一读

◎ 南通板鹞风筝

★ 潍坊、开封、北京、天津、南通、阳江并称中国六大传统风筝产地。

南通是中国六大传统风筝产地之一。南通风筝保存了古代"弦响碧空称风筝"的特点,以独特的音响效果著称,与北方的造型风筝合称南北两派。我国南鹞北鸢两大流派的风筝在世界上久负盛名。南通是南派风筝的

许丛军(摄)

主要产地,在品种纷繁的南通风筝中,哨口风筝最具特色。

南通板鹞风筝其形平整如板,以六角形最为常见。它的特点是在鹞面上装有数十只乃至成百上千只大小不同、排列有序的哨口,放飞到空中时,发出不同的音响,组成一支雄壮的空中交响乐,可传至几里地之外,十分雄伟壮观。

2006年5月20日,南通板鹞风筝制作技艺经国务院批准列入第一批国家级非物质文化遗产名录。2007年6月5日,经国家文化部确定,江苏省南通市的郭承毅为该文化遗产项目代表性传承人,并被列入第一批国家级非物质文化遗产项目226名代表性传承人名单。

南通板鹞风筝最大的特色,就是上面有一排排的哨口。这里的"哨"和"口"是分开来讲的。小的"哨"在风筝的最上边,大的"口"在风筝的最下面,大的哨口是整个风筝里的重低音,一般是由葫芦制作的。说了这么多,同学们,你们来看看图就知道啦!

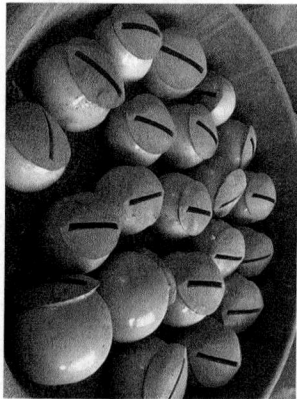

哨口像铃铛一样,也是南通风筝能"唱歌"的秘诀!据说,美国有一位风筝专家康莱肯多年来一直有个心愿:希望风筝能在在天空自行"唱歌"。为此,他专门请教了一位空气动力专家。谁知专家一口回绝:不可能,因为风筝飞行的速度太慢。康莱肯非常失望。而当她来到中国南通后,惊喜地发现,他无法实现的梦想,一千多年前中国人就做到了——被称为"空中交响乐"的南通板鹞风筝,就是"会唱歌"的风筝!

从前,南通放鹞子是村中的大事,放前要将风筝供在堂屋里。放飞时要由一个身强力壮、经验丰富的老手做"头把手",带着十几个人拉绳,还有一组人扶着风筝放飞,叫"丢"。风筝如一飞冲天,则欢声雷动,认为这预示着一年的丰收,万事如意!因为他们认为风筝发出的

声音可以震天地,吓妖魔。但鹞子如果断线,摔落或掉在别人的房子上则是大不吉,是"不顺遂"的事。这要烧利市,磕头上香,然后把鹞子撕碎丢入河滩或坟地。

南通板鹞风筝造型独特,相信大家一眼就能认得出。不过呢,因为它的个头大,又挂满了"小哨子"(哨口),所以可是非常难放的哦。同学们要放的话,是一定需要爸爸妈妈帮忙的。

比一比

❖ 世界各地的风筝

从唐宋开始,中国风筝传至世界,先是朝鲜、日本、马来西亚等东南亚国家,然后传到欧洲和美洲等地。

◆ 马来西亚的月亮风筝

马来西亚人放风筝,可以追溯到几个世纪以前,据说是为了向稻神致意。马来西亚风筝的形状有鱼、鹰、猫、鹦鹉等,然而人们最喜欢的却是月亮风筝。月亮风筝因形似月牙而得名,这种风筝有的像鸟、有的像鱼,但都不失月牙形的特点。

◆ 日本的浮世绘风格风筝

风筝传入日本的时间,一般认为是在中国唐代,遣唐使从中国带往日本的。风筝传入日本后,原是作为传递讯息之用,直到江户时代才在民间流传开来。早期的风筝多为长方形和金半圆形,没有任何装饰。到了明治时代,浮世绘的画风已成为日本风筝的独特风格。

◆ 韩国的风穴风筝独树一帜

韩国自行发展出的代表性风筝——风穴风筝,是由米字结构的风筝转化而来的。一般的米字风筝是以十字交叉与对角线交叉的骨架结合在一起,加强结构与增加受风。而韩国的风穴风筝更进一步地在

平面上挖一个风穴,巧妙地运用受风与排风的位置,让背风转为浮力,使风筝的动作更为灵活,属于打斗风筝的一种。

◆ **泰国的风筝有男女之别**

泰国的风筝有男、女之别,男筝称之为鸟筝,女筝称之为鱼筝。鸟筝一般有 2 米高,又叫"猜朗康";鱼筝形如钻石,也称"白宝",放飞时要由 7 个女子操控。每年 2 月到 4 月是泰国传统放风筝的季节,常举办风筝赛会。

◆ **荷兰曾造出世界最大风筝**

现在的荷兰风筝多没有骨架,材料多为尼龙布和塑胶纸。荷兰曾在 1984 年展示过一只世界上最大的风筝,风筝无骨架,以尼龙布制成,放飞前要先充气,并由 8 吨的汽车牵引才能顺利升空。

练一练

同学们,我们一起看了风筝的故事,了解了南通的板鹞风筝。在天气好的时候,可以和爸爸妈妈一起去放风筝,一定会给你带来很多乐趣!

苏州制扇

猜一猜

有风不动无风动，
不动无风动有风。

（打一器物）

（谜底：扇子）

【小导读】在没有空调电扇的古代，炎炎酷暑，人们是如何消暑纳凉的呢？这就不得不提到解暑纳凉的头号功臣，也是我们大家所熟知的——扇。正因为扇子能带给人凉风，扇子在古代也被称为"摇风"、"凉友"，这是多么形象的称呼啊。

说一说

✧ 同学们，你见过哪些形状的扇子呢？
✧ 你知道扇子有哪些作用呢？

✧ 你能叫出下列图片中扇子的名称吗？

学一学

❖ 扇子的历史

◆ 翟扇

中国是世界上最早使用扇子的国家，在很早的时候，人们用雄雉鸡的长尾制成"翟扇"，并出现了长柄的"雉扇"。

✪ 翟，指的就是长尾巴的野鸡。

◆ 仪仗扇

古书《尔雅》上面说："以木曰扉，以苇曰扇。"有些扇子是用苇草编织的，而且，这种扇子并非用来纳凉，而是一种礼仪用具，所以又叫"仪仗扇"。

在四川成都出土的战国铜壶刻有一个仆人手执长柄扇的图案，这是目前发现较早的扇子。

◆ 毛扇、羽扇

汉代出现了用动物尾毛做成的拂尘，谓之"毛扇"。到了唐朝，用雉毛做的扇子改成了孔雀毛，是不是要比野鸡毛的漂亮呢？

江南这个地方，人们还以白鹅羽毛制成羽扇，非常有名。想起来

了吗？这就是前面图片中诸葛亮手中的扇子呀！

> ## 念奴娇·赤壁怀古
>
> ### （宋）苏 轼
>
> 大江东去，浪淘尽，千古风流人物。故垒西边，人道是，三国周郎赤壁。乱石穿空，惊涛拍岸，卷起千堆雪。江山如画，一时多少豪杰。
>
> 遥想公瑾当年，小乔初嫁了，雄姿英发。羽扇纶巾，谈笑间，樯橹灰飞烟灭。故国神游，多情应笑我，早生华发。人生如梦，一尊还酹江月。

【小导读】《念奴娇·赤壁怀古》是宋代著名词人苏轼的代表作之一。苏轼借此词怀古讽今，抒发了对古代英雄豪杰的怀念与敬仰之情。值得注意的是，虽然当我们提到"羽扇"时，第一个联想到的人可能是摇着羽扇的诸葛亮，但此处的"羽扇纶巾"可不是指他，而是指公瑾——周瑜哦！

◆ 纨扇

汉代，女生们很喜欢用一种丝绸做的"纨扇"，也叫"绢宫扇"。前面林黛玉手中拿的就是它。

◆ 折扇

宋朝时，我国出现了折扇，这是最常见的扇子了。这一时期还开始出现其他材料制作的扇子，如透空的花纹檀香木扇，这可是我国的首创。

后来还出现了其他样式的扇子，但是折扇是最受人们喜爱的。到明代嘉靖年间，比较有名的制扇流派已经形成，比较著名的有杭扇、苏扇、宁扇等。

❖ 苏扇的风韵

★ 苏扇有折扇、檀香扇和宫扇三大类，它们的制作技艺基本类似，只是所用的原料和设计稍有不同，各种扇面的绘画技艺也有所不同。

纸扇的扇画一般是名家画的水墨画。

檀香扇的制作花纹比较特别而且复杂，有"拉花"、"烫花"。

宫绢扇基本都以丝绢作为扇面，古人常在扇子上写毛笔字，或者绘画、刺绣等。宫绢扇的相状比较多，有圆形、六角形、长方形、腰圆形等，极具观赏性。

● 知识卡片

"拉花"与"烫花"

"拉花"是在扇骨上以手工拉出透空的花纹，这就如同在扇子上雕刻，给人以玲珑剔透的感觉。

"烫花"，又名"烙画"、"烫画"，用烧热的铁笔直接在杏黄色的檀香木上绘画，经过热烫的檀香木就变为棕褐色，就像用墨笔画出来的一般，色泽上很鲜亮，有一种浑厚古雅的特点。而且所烫画的大部分是一些故事，如《红楼梦》中的故事。

❖ 扇子之中的传统文化

我们每个人可能喜欢不同类型的扇子，或者是折扇，或者是宫绢扇，或者是棕榈扇，不同的扇子带给我们的感受不同。一把扇子，不仅

要求它的扇骨好,而且扇面要有意思,或是一幅山水画,或是花鸟虫草,都含有一种天地在掌中,自然之风随手摇来的感觉。所以,扇子在我国,不单是一种消除人们炎热的生活用品,更是一种文化的象征。像诸葛亮手中的羽毛扇,就特别能显示出他超人的智慧,而那把扇子也就显得不一般了。这样,扇子也就与文人结下了不解之缘。

扇面本身就是一幅中国水墨画,人们在享受扇子徐徐扇来的凉风时,还能不时地欣赏山间景致,心中自然很喜悦。而且,一把名家制作的扇骨,再配上当时有名的画家的书画和印章的扇面,这样的扇子就很有收藏价值,往往流传非常久远。这也代表着我国扇文化的底蕴,它是中华民族传统文化的重要组成部分。

❖ 扇子与戏曲、舞蹈

扇子在不断的流传中,不仅为一般文人所喜爱,而且与文学艺术相关的戏曲、舞蹈也借用扇子作为表演的道具。戏剧中常有拿扇子的公子和大家小姐。

在相生表演中,演员们手里也常拿一把扇子,以烘托人物的性格,现代著名相声演员郭德纲,就常有扇子在手。

在舞蹈表演中,还出现了一种特殊的扇舞,就是以扇为舞具的舞蹈。此舞在我国南朝时就已经出现,现代人则更加丰富和发展了扇舞的内容,出现了单人扇舞、集体扇舞。而且,还将扇舞的特点融入太极拳之中,发明出用于强身健体的太极扇。

❖ 扇子在海外

◆ 扇子在埃及

古埃及人很早就用棕榈叶做扇子。扇子的大小显示了奴隶主身份的大小,扇子越大,这个人的地位越尊贵。

中
华
文
化
公
开
课

◆ **扇子在日本**

公元 9 世纪，日本人发明了折扇，他们很喜欢这种收放自如的扇子，认为折扇能给自己带来好运。

◆ **扇子在欧洲**

从 16 世纪中期开始，折扇受到欧洲皇家和女性的青睐。法国作家伏尔泰说："不拿扇子的女士，犹如不佩剑的男子。"

读一读

◎ 扇子的制作

苏、杭制作扇子的技艺可是代表了我国古代工艺扇的最高峰呢！同学们一定很好奇，这些扇子是怎样制成的呢？接下来，就让我们一起走进苏州的"江南扇王"徐义林老师的家中，去他那里看看一把折扇是如何诞生的吧！

右图这位慈祥的老人就是徐义林老师。徐老师从 15 岁起就开始学习制扇手艺，到现在已经有 60 多年了。

2006 年，苏州制扇技艺入选第一批国家级非物质文化遗产文化遗产名录，徐老师就是代表性传承人。

他说："别看一把小小的扇子，里面的学问可大了，做一把扇子有大小 72 道工序，而且你得学会设计扇样，要学会画画，这里面不光是制作技术的问题，还要有创新能力。"

呀！扇子的制作这么复杂！真是小东西有大学问啊！

看一看

❂ 有一个视频是专门介绍绍兴翔宇扇业制扇流程的,同学们可以找来欣赏一下,看看制扇有哪些流程哦!

一把折扇所需的材料其实很简单,包括竹子、纸质的扇面和钢丝。但是要将这些东西组合起来,变成一把漂亮的折扇,可是很不容易呢,需要八大步骤。其中扇柄的制作最复杂,前七个步骤基本上都是在制作扇柄。接下来,让我们一起回顾一下这些步骤吧!

制扇八大步骤:

一锯竹,二劈篾,三削篾,四刀边,

五烧淘,六料骨,七刨砂,八扇面制作。

❂ 同学们是不是觉得折扇的制作太难了?其实我们自己也可以动手制作简易折扇。同学们取出一张长方形的纸,来回对折,最后就形成一个折叠的扇面,然后我们将一面用绳子扎住,另一面打开,这样一把简易的折扇就完成了。

练一练

同学们,扇子的世界五光十色,五彩缤纷,如果你还想了解更多有关扇子的故事和样式,可以自己通过实际参观制扇地方,你也可以阅读有关扇子的书籍或者收看相关的视频,亲自体会扇子的制作过程。

蓝印花布

◇ 左边的这张图,就是师傅在给布染色。这么漂亮繁复的花纹,是怎么印染上去的呢?

◎ 蓝印花布的故事

　　传说,曾经有一个姓梅的小伙子不小心摔了一跤,摔在了泥地里。衣服变成了黄颜色,怎么洗也洗不掉,但人们看到后却很喜欢,然后他就把这件事告诉他一个姓葛的好朋友。后来他俩就专门从事把布染成黄色这件事。又有一个很偶然的机会,他们把布晾在树枝上时不小心被风吹到了地上,地上正好有一堆蓼蓝草,也就是现在所说的板蓝根草,它里面有一种成分叫靛蓝,可以把布染成蓝色。等他们发现这块布的时候,黄布已变成了一块花布,青一块,蓝一块。他们想这奥秘肯定在这个草上,此后,两人又经过多次研究,终于把布染成了蓝布,梅、葛两位先生也就成为了蓝印花布的祖师爷。

297

学一学

❖ 蓝印花布概览

蓝印花布是一种曾广泛流行于江南民间的古老手工印花织物。它有着朴拙幽雅的文化韵味，是我国民间艺术中的一朵奇葩，散发着东方文化迷人的芳香。

◆ 材质

蓝印花布是传统的镂空版白浆防染印花，又称靛蓝花布，俗称"药斑布"、"浇花布"，距今已有一千三百年的历史。最初以蓝草为染料印染而成。蓝印花布用石灰、豆粉合成灰浆烤蓝，采用全棉、全手工纺织、刻版、刮浆等多道印染工艺制成。广义的蓝印花布包括扎染、蜡染、夹染和灰染。它们的共同点是以材料为布（或手织布），染料为植物蓝靛，制作过程为手工操作。

◆ 形式

蓝印花布一般可分为蓝底白花和白底蓝花两种形式。蓝底白花布只需用一块花版印花，构成纹样的斑点互不连接，例如梅、兰、竹、菊。而白底蓝花布的制作方法，常用两块花版套印，印第一遍的叫"花版"，印第二遍的叫"盖版"。盖版的作用是把花版的连接点和需留白地之处遮盖起来，更清楚地衬托出蓝色花纹印花。

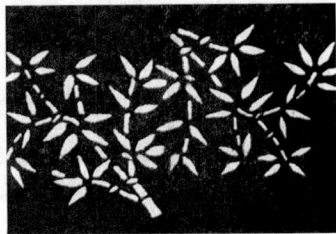

◆ 源流

蓝印花布源于秦汉，兴盛于商业发达的唐宋时期，《古今图书集成》卷中记载："药斑布——以布抹灰药而典雅朴素。染青，候干，去灰

药，则青白相间，有人物、花鸟、诗词各色，充衾幔之用。"在资本主义萌芽的明清之际，药斑布已普遍流行于民间。现代所见蓝印花布的样式，多数为明清一代的作品。这些以蓝印花布制成的蚊帐、被面、包袱、头巾、门帘等生活用品，朴素大方，色调清新明快，图案淳朴典丽，曾深受欢迎。

❖ 南通蓝印花布

蓝印花布是我国传统的印染工艺品，距今已有 800 余年历史。据说，原来的工艺比较复杂，在南宋时期曾因社会经济状况不好，政府几次下禁令，不允许民间的老百姓使用，只允许宫廷使用。后来，有个民间艺人发明了刻纸版印染的工艺，也就是我们现在所说的"蓝印花布"。如此一来工效提高了，花型丰富了，费用也降低了，蓝印花布开始从江南流传到全国。

南通濒江临海，土质、气候宜于种植棉花。蓝印花布起源于江南一带，明清时传入南通。明代南通地区已有靛蓝出产。蓝草的普遍种植为染制蓝印花布提供了丰厚的染料来源。蓝印花布作为生活用品与南通的农耕文化相伴走过了数百年的灿烂历程。

◆ 南通蓝印花布博物馆

南通蓝印花布博物馆开馆十余年来，在对蓝印花布的抢救、传承中，已走在全国前列，保护了一大批濒临消失的古旧蓝印花布作品共计 1.26 万余件，10 万多个纹样，收集了古旧蓝印花布花版 1500 多张，为传承传统蓝印花布技艺、弘扬传统民间印染文化做出了贡献。

中华文化公开课

中华文化公开课

◆ 蓝印花布的传承人

悠悠我心，尽在蓝印；
上下求索，痴心不改；
弘扬传统，此生无憾。

美术大师吴元新 30 多年来一直致力于保护、抢救、挖掘和继承开发蓝印花布传统技艺。

吴元新老师的女儿吴灵姝，自小在蓝印花布世界里出生长大，这样的环境使她和吴元新老师一样热爱蓝印花布。就读于中国艺术研究院研究生院的吴灵姝，作为蓝印花布的第六代传人，现在已经熟练掌握了蓝印花布技艺中刻、印、染以及绞缬、夹缬等传统技法，并立志将来传承父业。2007 年 6 月，吴灵姝作为南通蓝印花布印染技艺的第六代传承人参加了在北京世纪坛举办的"非物质文化遗产专题展"，受到了温家宝总理的鼓励，作为年纪最小的传承人受到了工艺美术界专家的肯定及鼓励。

✪ 同学们，课后可以观看关于吴元新和吴灵姝的记录片《守望蓝印花布》。

读一读

◎ **蓝印花布的染料**

历史悠久的蓝印花布，最初以蓝草为染料印染而成。匠人们从蓼蓝草中提取蓝作染料（靛蓝），把镂空花版铺在白布上，用刮浆板把防染浆剂刮入花纹空隙漏印在布面上，干后放入染缸，一般经过 6 至 8

次反复染色,就可使其达到所需颜色。再将其拿出,晾干后刮去防染浆粉,即显现出蓝白花纹。

植物染料靛蓝是中国蓝印花布所使用的一种特殊的植物还原染色材料。我们的祖先采集蓝草制作靛蓝在中国的古籍中早有记载。染料蓝草是指可以制造靛蓝染料、用于染布的多种植物的统称,凡可制取靛青(即靛蓝)的植物,均可统称为"蓝"。

据古书《夏小正》记载,我国在夏代已种植蓼蓝,并已知道它的生长习性。同学们都听过一句老话——"青,取之于蓝而胜于蓝",这是古代大思想家荀子的《劝学》篇中所说的。这里的"蓝",指的就是蓼蓝。由此可见,我国是世界上最早使用植物染料进行织物染色的国家。不过可以用来制作蓝色植物染料的蓝草除了蓼科的蓼蓝之外,还有菘蓝、木蓝、马蓝,等等。

靛蓝是用蓝草叶泡水调和石灰沉淀所得的蓝色染料。它古朴优雅,色泽凝练浓艳,几千年来一直受到人们的喜爱。随着环境保护意识的提高,用蓝草染就的天然植物纤维织物及制成品越来越受到现代人们的青睐,成为时尚流行的一个重要组成部分。

北魏农学家贾思勰在著作《齐民要术》中记载的制靛蓝及染色工艺技术,已与现代合成靛蓝的染色原理几乎完全一致。明代科学家宋应星对蓝草的种植、造靛和染色工艺,进一步做了全面性的阐述和总结。他在著作《天工开物》中说:"蓝草中有五种可以制成靛蓝,茶蓝(菘蓝)、蓼蓝、马蓝、吴蓝,还有一种比蓼蓝叶子小的,俗名苋蓝。"在靛蓝染色方面,书中指出:"蓝草放入缸中,必须先用稻灰水和在一起,每日用手拿着竹棍搅动,要搅很多次。"

中华文化公开课

练一练

　　同学们，我们一起看了蓝印花布的故事，了解了蓝印花布的特点。在周末的时候，可以让爸爸妈妈带你去布衣店逛逛，说不定你会发现蓝印花布的美丽踪迹哦！

南京云锦

看一看

> 望 江 南
>
> （明）吴村梅
>
> 江南好，
>
> 机杼夺天工，
>
> 孔雀妆花云锦烂，
>
> 冰蚕吐凤雾绡空，
>
> 新样小团龙。

【小导读】南京云锦与成都的蜀锦、苏州的宋锦、广西的壮锦并称中国四大名锦，其中尤以南京云锦最为著名。上诗为明代诗人吴村梅所作，诗人以孔雀开屏、冰蚕吐雾来形容云锦，可见云锦之华美与绚烂。

学一学

❖ 锦

云锦的"锦"字，是"金"字和"帛"字的组合，《释名·采帛》："锦，金

303

也。作之用功重,其价如金。故惟尊者得服。"这是说,锦是豪华贵重的丝帛,在古代只有达官贵人才能穿得起。

✪ 锦与绣的区别:我们中国有个成语叫做"锦上添花",意思就是在锦上再绣花,比喻好上加好。其实,从这个成语就能看出锦与绣的区别来。锦是有彩色花纹的丝织品。而绣是用彩色线在布帛上刺成花、鸟、图案等。锦说的是布的状态,而绣指的是对布的加工工艺。现在,小朋友们应该清楚它们的区别了吧。

❖ 南京云锦

在古代丝织物中,锦是代表最高技术水平的织物。而南京云锦是历代织锦工艺的集大成者,元、明、清三朝均为皇家御用贡品。因它丰富的文化和科技内涵,被专家称作是中国古代织锦工艺史上最后一座里程碑,公认为"东方瑰宝"、"中华一绝",亦是中华民族和全世界最珍贵的历史文化遗产之一。

其实,明代时并没有云锦这个词,当时进入皇家的缎子称库锦、库缎和妆花。而云锦一词,来源于清代道光年间的苏州云锦织所,最早的文字记载则是出自于民国南京的《工商半月刊》。由于其用料考究,织工精细,图案色彩典雅富丽,宛如天上彩云般的瑰丽,"云锦"一词才开始流传开来。

◆ 云锦的历史

✪ 同学们,你们知道云锦是什么时候产生的吗?

云锦起源于距今 1500 多年的六朝。南京云锦的产生和发展与南京的城市史密切相关。南京丝织业最早可追溯到三国东吴(公元 222 年—公元 280 年)时期,东晋(公元 317 年—公元 420 年)末年,大将刘裕北伐,灭秦后,将长安的百工全部迁到建康(今南京),其中

织锦工匠占很大比例。后秦百工中的织锦工匠继承了两汉、曹魏、西晋和十六国前期少数民族的织锦技艺。公元 417 年东晋在建康(南京)设立专门管理织锦的官署——锦署,被看作是南京云锦正式诞生的标志。

从元代开始,云锦一直为皇家服饰专用品。明朝时,织锦工艺日渐成熟和完善,并形成了南京丝织提花锦缎的地方特色。清代在南京设有江宁织造署。我国古典四大名著——《红楼梦》的作者曹雪芹的祖父曹寅,就曾任江宁织造 20 年之久。而江宁织造府,正是曹雪芹的家,也是他出生的地方。

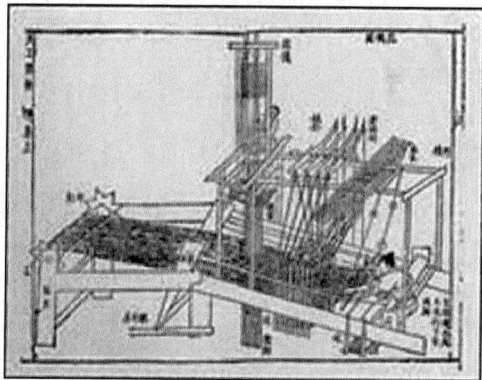

《天工开物》记载的云锦织机

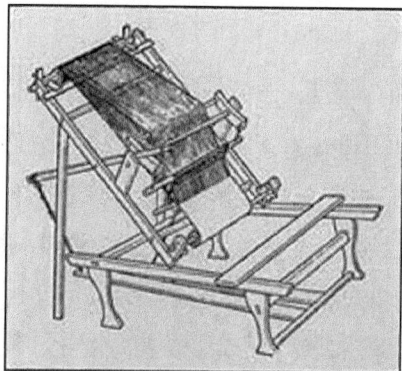

汉代织机

★ 江宁织造府为《红楼梦》作者曹雪芹之曾祖父(曹玺)、祖父(曹寅)、父辈(曹頫、曹颙)三代做官的居住地。康熙二年,曹雪芹的曾祖父被派遣到南京任江宁织造,后历经他的祖父、伯父、父亲,先后达 65 年。曹雪芹曾在此生活了 17 年。《红楼梦》中的大观园即以此为原型。

◆ **云锦的工艺**

南京云锦工艺独特,用老式的提花木机织造,必须由提花工和织造工两人配合完成,两个人一天只能生产 5—6 厘米,这种工艺至今仍无法用机器替代。云锦的主要特点是逐花异色,通经断纬,挖花盘织,

从云锦的不同角度观察,绣品上花卉的色彩是不同的。由于被用于皇家服饰,所以云锦在织造中往往用料考究、不惜工本、精益求精。云锦是用金线、银线、铜线及长丝、绢丝和各种鸟兽羽毛等织造的,比如皇家云锦绣品上的绿色是用孔雀羽毛织就的,每个云锦的纹样都有其特定的含义。

云锦常用的图案有"团花"、"散花"、"满花"、"缠枝"、"串枝"、"折枝"、"锦群"几种。云锦的颜色丰富多彩,可以分成几大类。下面,让我们来看看云锦的色彩分类。这些颜色都有着美丽的名字哦!

● 知识卡片

云锦的颜色

☑ 属于赤色和橙色系统的有:

大红、正红、朱红、银红、水红、粉红、美人脸、南红、桃红、柿红、妃红、印红、蜜红、豆灰、珊瑚、红酱等。

☑ 属于黄色和绿色系统的有:

正黄、明黄、槐黄、金黄、葵黄、杏黄、鹅黄、沉香、香色、古铜、栗壳、鼻烟、藏驼、广绿、油绿、芽绿、松绿、果绿、墨绿、秋香等。

☑ 属于青色和紫色系统的有:

海蓝、宝蓝、品蓝、翠蓝、孔雀蓝、藏青、蟹青、石青、古月、正月、皎月、湖色、铁灰、瓦灰、银灰、鸽灰、葡灰、藕荷、青莲、紫酱、芦酱、枣酱、京酱、墨酱等。

✪ 下图中的龙袍，就是用云锦工艺制造的。明代皇帝出席典礼时穿的礼服是大红色，而并非人们传统思维中的明黄色。

❖ 云锦中蕴含的传统文化

南京云锦不仅技艺精绝，还具有着鲜明的中国吉祥文化的深厚底蕴。皇帝御用龙袍上的正座团龙、行龙、降龙形态，代表着"天子"、"帝王"神化权力的象征性。与此相配的"日、月、星辰、山、龙、华虫、宗彝、藻、火、粉米、黼、黻"的十二章纹，均有"普天之下，莫非皇土，统领四方，至高无上"的皇权象征性。祥禽、瑞兽、如意云霞的仿真写实和写意相结合的纹饰，以及纹样的象形、谐音、喻意、假借等文化艺术造型的吉祥寓意纹样和组合图案等也无一例外地体现了中国吉祥文化。云锦的纹样图案，表达了中国吉祥文化的核心主题，其设计思想可概括为"权、福、禄、寿、喜、财"六字要素，它们表达了人们祈求幸福的热切愿望。

美丽的南京云锦

读一读

◎ 云锦的美丽传说

仙鹤街位于江苏省南京市秦淮河新桥西北端,南起集庆路,北至仙鹤桥。顾名思义,这条街名字的由来和美丽高贵的仙鹤有关,关于它的动人传说在民间广为流传。

相传,古南京城西有一间小草房,里面住着一位替财主干活的老艺人,他的名字叫张永。每天公鸡叫头遍张永就开始下机耕织锦,一直要忙到半夜三更才停手。可是财主倒说张永欠他的债更多了。有一次,财主要过生日,逼着张永赶织一块"松龄鹤寿"的云锦挂屏。可怜老人白发苍苍,哪里有力气!熬干了灯油,一夜才织出五寸半。眼看财主就要来逼货,老人急得直淌眼泪,他伸开双手,面向门外高山自言自语地叹道:"云锦娘娘呀,人家都说你是保佑我们织锦穷人的神仙,现在财主把我们穷人往死里逼,你怎能见死不救……"张永疲劳过度,话未说完就晕倒在织机旁。就在这时,高山上的彩云豁然开朗,闪出万道金光,接着张永家的门"咯吱"一声开了,走进来两个美丽的姑娘,她们把张永扶上床后,就坐到机坑里面熟练地织起云锦来。霎时间,织机连声响,花纹现锦上。天快亮了,张永从昏迷中醒来,一看满屋子金光,一个姑娘在机坑里飞快地甩梭子织锦,另一个坐在花楼上拽花。他忙问:"你们是谁?"姑娘们指了指天边的云彩。张永顺着她们的手望去,只见彩霞万朵,回头一看,两姑娘都不见了,只留下机子上织好的云锦熠熠闪光。云锦上面的花纹好像仙境一样,两只栩栩如生的仙鹤丹顶血红非常耀眼!

张永喜滋滋地把云锦往机子下卷,没想到这神奇的云锦犹如山上的瀑布一样拉了一幅又一幅,卷了一匹又一匹,怎么也拉不完、卷不

尽。街坊邻居都跑来看稀奇。谁知财主带着一帮打手讨债来了。他把腰一叉，手一挥，打手们一拥而上，如狼似虎地抢这台神奇的织锦机。张永死死护着织机不肯放。可狠毒的财主一脚把又老又病的张永踢倒在地，老艺人顿时口吐鲜血昏死过去。这边十几个打手七手八脚地想把织机抬走，谁知平时只有几十斤重的木头织锦机，此刻竟然像铜铁铸的一样，动它不得。财主急了，伸手又去扯织机上的云锦，却听见"叭"地一声响，织锦的木梭子好像活了一样，跳起来狠狠地追着财主打，疼得他哭爹喊娘地乱叫。恼羞成怒的打手们气急败坏地烧起房子来，正在这时，天上"轰"地响起一声炸雷，暴雨倾盆而下，浇灭了大火，洗净了天空。财主和打手一看不好，掉头想逃。这时，云锦上的两只仙鹤突然长唳一声飞了出来，围着张永飞了两圈，翅膀扇了两下，老艺人一下子容光焕发地坐了起来。两只仙鹤又追着财主，扑到他的脸上猛啄不放，财主疼得乱叫。张永和众人赶来时，只见满天红霞，城外高山顶上的金色光轮忽隐忽现，两只美丽的仙鹤翩翩起舞。大家异口同声地叫好，只有财主鬼哭狼嚎地捂着脸，原来他的眼睛被仙鹤啄瞎了。

后来人们听说，那天夜里帮张永织锦的两个美丽姑娘就是云锦娘娘身边的两个漂亮仙女，奉云锦娘娘之命，特地到人间来帮助穷人整治老财主。

练一练

同学们，我们一起看了云锦的故事，了解了云锦独特的美。有机会的话，可以让爸爸妈妈带你去南京的云锦博物馆看看，你会收获不少哦！

杖头木偶

猜一猜

昔姓氏是棵树,名字成姻缘。

能跳又能唱,全靠杖头挑。

（打一表演）

（谜底：杖头木偶）

说一说

◇ 同学们,你们都喜欢看动画片吧！可是,你们知道吗？古代的小孩们,也有动画片看的哟！你不信？那好,我让你们看看下面几幅图片。

◇ 同学们，你能说出上面三幅图画展示的是什么吗？

✪ 没错，上图左边的是木偶戏，中间的是皮影戏，右边的是京剧。皮影戏不就是我们现代看到的漫画动画片吗？而木偶戏实际上还是很先进的三维动画呢！京剧当然不是动画了。不过，你是不是会说，那些都是戏曲，跟我们的动画片不一样，那就看看现代的木偶剧《坷垃传奇》吧，看完以后会有不同的感受哦。

学一学

❖ 木偶传奇

现代人考古发现，在一些春秋战国时期的墓葬中有木制俑人，根据古代"舞俑为乐，执偶为戏"的记载以及孔子所说的"始作俑者，其无后乎？"可以推断出，这些俑人是木偶戏的最早雏形。

木偶戏在古代又称"傀儡戏"，起先主要用于丧葬演出。《史记·孟尝君传》曾记载，偶人有两尺高，全身十几条操纵线，属丧家乐。演出结束后，人们就把木偶充当陪葬物。到了唐代，木偶戏才被允许登上戏台，供人们日常观看，甚至成为宫殿里的娱乐活动。而木偶戏丰富的故事情节和戏曲配乐同时也深入民间，于是，它又被人们称为"加礼戏"。

明初，朱元璋倡导民间游戏，应天府（今南京）"阗市盛行焉"，大街小巷均见木偶戏。清代末期、民国时，木偶戏得到了进一步的发展。

◎ 木偶退敌

相传，汉高祖七年（公元前200年），刘邦被匈奴冒顿单于围困在平城白登山（今山西大同），守城兵力不多，而援兵尚未到来，形势十分危急。刘邦的一位谋臣陈平，通过查访得知，单于比较好色，而他的妻

子阏氏妒忌心强，很怕单于喜欢别的女子，而使得自己失宠。于是，待到单于兵至城下之时，陈平早已命人刻木为偶放在城头之上，身穿彩衣，形如美女。而且，木偶内装有机关，能够翩翩起舞。阏氏一见，果然十分妒忌，恐城破后单于得此"美女"，自身失宠，便劝单于退兵，由此才解除了白登之围。由于木偶立下退敌奇功，刘邦就将其珍藏宫中。后来，宫中的乐师将它改造成表演工具，也就有了后来的"傀儡戏"。

❖ 多彩的木偶戏

◆ 杖头木偶

杖头木偶由表演者操纵一根命杆（与头相连）和两根手杆（与手相连）进行表演。头以木雕，或硬质的纸做成，内藏机关，使嘴、眼可动。手杆逐渐由钢丝替代，"打脚"也出现了"横飞燕"、"大跳"等舞蹈动作。时至今日，杖头木偶的演出仍然很多，而且遍布中国各地。

◆ 提线木偶

大家现在所最熟知的，可能还是提线木偶，古称"悬丝傀儡"，但都比较小，高约两尺。它与杖头木偶的构造基本相似，只是控制木偶的木杆，由一根根丝线代替。提线木偶最有名的地区是泉州。而且，国外有些木偶戏也属于此类。大家有兴趣想要进一步了解的，可以查看相关的资料。

◆ 铁枝木偶

这种木偶流传于粤东、闽西，据说源自皮影戏，潮汕人称之为"纸影戏"。之所以称为铁枝，顾名思义，说明操纵杆是铁制的。其实，除了这一特色，铁枝木偶还有彩塑泥头、桐木躯干、纸手木足的特点。表演者在木偶后操纵，跟皮影戏的操作确实很像。近年来，演出者又加高了木偶的身高，使得演出更加传神。

◆ 布袋木偶

布袋木偶又称"掌中木偶",在福建漳州、泉州最为流行。木偶只有一尺多高,以樟木雕头,机关控制表情和肌肉运动。操作者用手来控制木偶的动作,食指入头颈,中指、拇指操纵双手,这样布袋木偶就可以活动了。演出者可以做出开扇、换衣、舞剑、搏杀、跃窗等高难动作。

✪ 除此之外,还有"水傀儡"、"药发傀儡"等形式,但现在基本失传了。

看一看

在我们江苏,扬州的杖头木偶最为有名,它已经列入了国家非物质文化遗产。扬州木偶剧团先后赴美国、法国、德国、澳大利亚、荷兰、意大利、西班牙、日本、泰国以及中国港澳台地区等 27 个国家和地区访问交流演出。代表作有《嫦娥奔月》、《琼花仙子》、《孙悟空三打白骨精》以及大型木偶卡通剧《阿福》等。有兴趣的同学可以让父母带着去扬州看看哦!

同学们看过杖头木偶戏吗?下面两个杖头木偶戏是非常有名的,同学们可以找来欣赏一下哦!

☞《孙悟空三打白骨精》

☞《武松打虎》

✪ 同学们,看完之后,你觉得木偶的表演和动画片有哪些不同和类似之处呢?木偶戏最吸引你的地方是人物可爱、剧情有趣、音乐优美还是其他什么元素呢?

✪ 同学们可能觉得这些木偶戏都是古典戏曲,听不懂剧中所唱的内容。其实,现在木偶戏已经有了一些变化,木偶甚至可以表演现代话剧。同学们或许看过川剧的变脸,木偶人也能变脸哦!

比一比

❖ 木偶的国外传奇

◆ 墨西哥木偶戏

国外也有木偶戏。早在公元前 400 年，墨西哥就有了陶土偶人，他们身体各部的关节处都有洞，这些肢节联结起来就可以活动，应该就是木偶人。古希腊在那时也已经有了木偶，他们和现代的木偶类似，胳膊和腿部都可以活动。木偶可伴随音乐进行简单的表演。

◆ 欧洲木偶戏

欧洲的木偶戏主要是从东向西流传的，伊拉克、伊朗、巴勒斯坦、土耳其等国有很多木偶戏的技巧传入了欧洲。欧洲人的木偶与真人的形象非常接近。

◆ 日本木偶戏

在日本，木偶戏——文乐是与歌舞伎、能剧并列的日本三大古典舞台艺术。而日本的木偶戏是由印度僧人去日本传播佛法时，为了给一般不识字的人讲佛法而采取的方式。一个木偶要由三人操纵，第一操纵员操纵右手，第二操纵员操纵左手，第三操纵员操纵腿。三人的动作必须高度一致，配合默契。

18 世纪，近松门左卫门（日本剧作家，1653 年—1725 年）专门为木偶戏写了很多的剧本，而配合着竹本义大夫（1651 年—1714 年）精彩的吟唱风格，日本当时的木偶戏达到了一个高峰。

读一读

❖ **木偶文化**

同学们,大家在看木偶戏的时候,是否想过,木偶戏产生的原因是什么呢?

我们已经知道,中国的木偶戏,起先是为了给去世的人演出的。而欧洲的木偶戏则最先是为了给那些不识文字,不会读写的人们讲述《圣经》的。在一些教堂中,我们能找到类似木偶的雕像,实际上它们也应该是木偶家族的成员。

随着木偶戏越来越受人们的欢迎,木偶戏的表现方式也越来越多。在我国,杖头木偶主要表现为戏曲,这是由于古代中国的娱乐表演主要是戏曲。而在欧洲则是以讲故事和歌剧为主。今天,我们能够看到的《坷垃传奇》反映了木偶戏在我们这个时代的表演形式的变化。

所以木偶只是一种表演的道具,我们只要善于发挥自己的才智,就能够用木偶来表演自己的想法。用你自己制作的木偶,试着表演一则古代的民间传说吧!

做一做

★ 看到这些可爱又好玩的木偶,同学们是不是手痒,想要自己亲手制作木偶玩呢? 不要着急,我们先来看看,一个杖头木偶是如何制作的。

木偶人物的头制作最复杂,同学们可能觉得自己做不来,但是不要紧,我们可以尝试用乒乓球来代替。先给这个乒乓球画上眼睛、鼻子和嘴巴,然后再用纸剪裁一个帽子戴在乒乓球上面,或者用黑纸剪

一些发型粘在乒乓球上,就可以了。再用一些彩色纸剪一套服装。

最后,找来30厘米长的小竹棒三根,一根粘在乒乓球上,或者给乒乓球打一个眼,棍子放进里面,另外两根粘在两只手上,一个简易的木偶就完成了。

你还可以多设计几个人物,再画一些背景,就可以找同学一起演出木偶戏了。

练一练

同学们,如果喜欢木偶戏的话,那就自己再找一些视频资料,尤其是看一些国外的木偶戏,试着和中国的木偶戏比较,看看它们有哪些不同?

昆曲欣赏

【课前导读】中国现在有各种戏剧 300 多种，它们的语言和风格都很不同，我们就算每天了解一种，也需要一年。其中有这样一种戏曲，曾经影响过晋剧、蒲剧、上党戏、湘剧、川剧、赣剧、桂剧、邕剧、越剧、广东粤剧、闽剧、婺剧、滇剧，等等，被认为是"百戏之祖，百戏之师"。不错，它就是昆曲。今天我们就带大家一起来了解一下昆曲。

猜一猜

2001 年 5 月 18 日，在入选联合国教科文组织第一批"人类口头和非物质遗产代表作"名单中，当时全世界只有 19 个项目入选，中国当时也有一个项目入选，请问该项目是什么？

（答案：昆曲）

看一看

从名字看来，昆曲似乎也是一种曲，但是你知道吗？昆曲属于戏剧，而不是清曲哦！那么，昆曲究竟是怎样的呢？一起去看一看著名昆曲选段《牡丹亭》吧，也许你就能体会了！

317

✪ 那么，我们应该怎样欣赏昆曲呢？

◆ **所见**

☞ 舞台

昆曲表演的戏台是固定的，但背景却不固定。有时背景是一幅画，描绘的是野外或者庭院。而大多数时候，背景只有幕布，什么图画也没有。

☞ 脸谱

脸谱、服装通常能反映演员所扮演人物的身份和性格特点。

☞ 道具

道具能够激发观众的想象。比如当演员手拿船桨时，即使舞台上并未出现船，观众也能想象到演员逐波行船的场景，甚至，想象力丰富的戏迷还能透过那只船桨看到舞台上的悠悠水面。

☞ 动作

演员通常会借助夸张的动作来表达情绪，如发怒时抖胡须，悲哀时甩头发。中国人常说："会看的看门道，不会看的看热闹。"只有了解了动作的意思，才能看出门道，知道这个人在做什么。

◆ **所闻**

☞ 听词

听演员的演唱，先要听懂唱词，否则就不知所云。其次，我们要听这个人的唱腔。对于外行人来说，虽然有时听不懂唱词，但听着好听的声音，也是一种不可言传的享受。

☞ 乐曲

乐曲是昆曲里不可缺少的元素。昆曲中的伴奏乐器以笛为主，辅以笙、箫、唢呐、三弦、琵琶等。

◆ **所思**

欣赏昆曲不是只要眼看、耳听就行的，更多的是要用脑去思、用心去察。我们看戏的过程，其实就是在用心体味故事的过程。伴随着演

员的扮演,我们或被感动,或被激励,这就是戏曲之美。

学一学

❖ **昆曲小史**

◆ **百戏之祖——顾坚**

昆曲的创始人是元代末年的顾坚。当时,他将南方流传的南曲与昆山地区的小调以昆山方言唱出,便形成了"昆山腔"。不过,这还不是昆曲。

◆ **昆曲鼻祖——魏良辅**

昆曲的正式形成须归功于另一位被尊称为"曲圣"的明代清曲唱家魏良辅。他创造出一种新式曲调,使得歌词的音调与曲调相配合,拖长字音,节奏舒缓,很有美感,也就形成了昆曲。人们称这样的腔调"调用水磨,拍挨冷板",因此,昆曲又被称为"水磨调"、"水磨腔"。

◆ **大剧作家——汤显祖**

明代晚期,昆曲演出进入宫廷,受到皇帝的喜欢。同时,昆曲也在北方演出,受到人们的热烈喜爱。

那个时候剧作家很多,可是最有名气的是汤显祖(1550 年—1616 年),他是昆曲发展史上伟大的剧作家。巧合的是他和英国大戏剧家莎士比亚为同时代人,两人竟然在同一年去世。著名的昆曲《牡丹亭》就是他写的。

在清代的时候,洪升(1645 年—1704 年)的《长生殿》和孔尚任(1648 年—1718 年)的《桃花扇》是昆曲中的杰作。他们之后,人们便不是很喜欢昆曲了,于是昆曲就逐渐衰败了。

❖ **昆曲与地方戏**

★ 我们上面已经讲过,昆曲是许多地方戏的鼻祖,我们下面就来看看昆曲和它们的关系。

说起昆曲,它自己的出身也是地方小曲——昆山腔。后来文人们不断地把这些小曲配上感人的故事,就成了戏剧。不过,昆曲毕竟是最早从地方戏成长为正式戏剧的,这为其他地方戏提供了可借鉴的经验。

在清代,皇帝很喜欢看戏,在紫禁城建了皇家戏院,昆曲是最先在那里演出的。不过,各地方的戏曲发展很快,也纷纷涌向紫禁城,这些地方戏与昆曲唱法不同,人们觉得新奇、有意思,便逐渐喜欢地方戏了。

当时,写地方戏剧本的人文化都不高,因此地方戏的唱词并不优美,有时还有语病等问题。但地方戏唱的多是一些大家喜欢的历史小说,如《三国演义》、《水浒传》等,这些戏曲跟人们的生活更为密切,往往朴质真淳、撼人心魄,因而更受人欢迎。慢慢地,地方戏就取代了昆曲的地位,昆曲也逐渐被淘汰出了京城。

★ 我们知道的戏曲名称有很多,其中有不少的戏曲都是地方戏的名称。同学们可以查阅资料,弄清楚这些戏曲都是什么地方的。通过查阅,你一定会对中国的地名产生不小的兴趣哦。

❖ **昆曲之美**

★ 我们今天了解昆曲,不仅仅因为它是现今中国乃至世界现存最古老的具有悠久传统的戏曲,更是因为昆曲的表演中有着极高的文学美感、雅乐的气质和精彩的动作表演。

◆ **词美**

昆曲中的许多剧本,如《牡丹亭》、《长生殿》、《桃花扇》等,融合了

唐诗、宋词、元曲,因此,我们看戏的过程其实就是同时学习中国古代文学的过程。昆曲中有着丰富的音乐元素,有许多昆曲的曲牌和宋词、元曲是一样的。这样昆曲就保存了很多传统音乐,这是非常可贵的。

● **知识卡片**

曲　牌

曲牌是曲调的名称,俗称"牌子"。在古代,动听的曲调保留了下来,人们可以依照原词及曲调的格律填制新词,这些被保留的曲调仍多沿用原曲名称。曲调与宋词很像,也是长短句,不像唐诗,五言或者七言一句很整齐。由于曲调声音本来是固定的,所以填的词也要在发声上一致,这是有一定的格式的。曲牌名有【步步娇】,【皂罗袍】,【好姐姐】等。

◆ **腔美**

昆曲作为戏曲非常讲究,作曲称"编",写词称"填",伴奏有"经"(锣鼓经),身段有"谱"(身段谱),唱腔有板眼,动作有功法,行止有身寸,造型有工架,穿戴有规制。昆曲的演唱按照"以字行腔"的传统,也就是腔跟字走,而不能让字的发音跟着腔走。现代的流行歌曲,字的发音很多是跟着调走的,听到的字音很奇怪。昆曲为了固定格式,定调、定腔、定板、定谱,这样每个人的演唱都能够比较标准,个人随意性就少了。

◆ **舞美**

另外,昆曲表演总是"载歌载舞",舞蹈在表演中占有很大的成分。昆曲的舞蹈有两种,一种是说话时的手势、步态等体现的舞蹈;另一种是配合唱词的抒情舞蹈。昆曲的这些舞蹈动作细腻,歌唱与舞蹈的身

段结合得巧妙而谐和,能够很好地表达人物性格和曲词意义。

● 知识卡片

折 子 戏

"折子戏"的诞生:昆曲的一部戏本来很长,后来为了让观众在较短时间内看到精彩的部分,人们便将原来剧本中精彩的场次或段落挑选出来,专门加工表演,在表演中充分展示演员的歌唱和动作,同时增添一些滑稽有趣的情节。这便形成了"折子戏"。

★ 以前戏曲演出常选在可以容纳数百人的广场、寺庙、草台或院坝等场所,时间长了,唱戏的地点也就固定了。伴随着百姓渴了、饿了的市场需求,集市、庙会就应运而生了。所以,过去的唱戏是和庙会、赶集等人们的日常生活密切关联的。听戏,延伸了人们日常的文化生活。

比一比

上面我们学习了昆曲和地方戏。下面就让我们一起听听秦腔和徐州梆子,并和昆曲进行比较。

秦腔的唱法给人的感觉是声嘶力竭,彰显出一种雄壮、力量之美。而昆曲的唱腔细腻柔软,散发出一种柔和、雅致之美。这些只是唱腔的不同,同学们还可以比较昆曲与地方戏在其他方面的不同。大家一起讨论讨论吧!

昆曲欣赏

练一练

同学们，我们学习了昆曲与各地方戏之间的关系，了解了昆曲的优美，你们有没有喜欢上昆曲呢？经常陪爸爸、妈妈到公园去散散步，说不定你会听到有人唱昆曲哦！你们自己也去学几段吧！

中华文化公开课

古琴雅乐

昔峨峨若泰山,洋洋若江河。

善听钟子期,摔琴俞伯牙。

（打一词语）

（谜底:知音）

◎ 高山流水遇知音的故事

古时候,有个叫俞伯牙的人,弹琴的水平很高。有一年的八月十五,他到楚国办事。在路上,他乘着船弹着琴。越弹越高兴,可是忽然"啪"的一声,琴弦被拨断了一根。俞伯牙心中一惊,侧身看到岸边有个打柴的人在听他弹琴。俞伯牙心想:"打柴的听什么琴,你能听懂吗?"于是他就问:"你听我弹的是什么曲子?"打柴的人笑着回答:"您刚才弹的是孔子赞叹弟子颜回的曲谱。"俞伯牙心中一喜,这个人居然答对了,于是邀请他上船细谈。谁知,那个打柴人不仅知道琴音,而且还能说出俞伯牙琴的来历,这就更让俞伯牙惊奇了。

接着俞伯牙又弹了几曲,让打柴人听。当他弹奏的琴声雄壮高亢的时候,打柴人说:"这个琴声如同泰山那样雄伟。"当琴声变得清新流畅时,打柴人说:"现在的琴声则如同欢快的流水。"俞伯牙听了非常激动,他用心弹奏的曲子第一次有人听懂了。于是拉着打柴人畅谈到夜深,最后结拜为兄弟,并约定明年此时再会。

第二年中秋，俞伯牙赶到河岸边，却不见钟子期，他等啊等啊，还是没有人影。第二天，俞伯牙才了解到，钟子期已不幸染病去世了。钟子期去世的时候，让人把他的坟墓修在江边，在此等候俞伯牙。俞伯牙听到这里，泪如泉涌，悲痛欲绝，直接跑到钟子期的坟地。他含泪弹起去年的那首《高山流水》。弹罢，他长叹了一声，"能听懂我弹琴的知音已经不在，我还弹给谁听呢？"说完就将心爱的琴摔碎在青石上了。

这就留下了"知音"的故事，他们的友谊一直感动着后人，直至今天，人们还常用知音来形容知心的朋友关系。

比一比

⭐ 同学们，你知道古琴、古筝和钢琴有什么不同吗？它们是什么关系呢？

古筝和古琴都是中国传统乐器，它们看上去很像，但是又有不同。

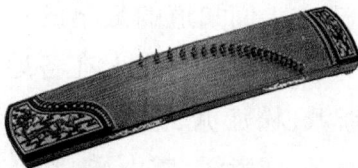

古琴   古筝

外观上，大家能看到它们的样子不同，琴弦数目也不同。古琴有7根弦，而古筝则有24根弦，而且这些弦还可以增加和减少。古琴在古代是文雅的表现，我们常说一个人文化水平高，就称其"琴、棋、书、画"样样精通。

古筝的弦多，弦中间有人字形的弦马支撑，它的声音大，听起来声调优美。

钢琴是西方传来的乐器,弹奏用的是键盘,由 88 个琴键和金属弦音板组成,内部结构很复杂,它更像是一个音乐机器。而我们的古琴和古筝则更像是一件随身携带的乐器。

★ 现代出土了一些战国时期的古琴。这些琴与今天的琴不一样,它们的弦一至十根不等,琴弦数量并不固定。例如,湖北隋县战国初期曾侯乙墓出土的琴有十跟弦。我们在湖北发现了战国时的七弦琴。

钢琴

学一学

❖ **古琴流派**

不同的人有不同的演奏风格,因此历史上形成了不同的古琴传承系统。现在人们知道的最早的古琴流派是明末的虞山派和清代的广陵派。各个琴派不断有人在各地传播,从而分派越来越多,著名的琴派有:浙派、松江派、金陵派、吴派、中州派、闽派、岭南派、川派、九嶷派、诸城派、广陵派、虞山派、绍兴派、梅庵派等。

★ 我们江苏也有四大琴派,下面,我们就一起来看看江苏的古琴流派吧!

◆ **虞山派**

该派创立于明末清初,琴声具有"清微淡远、博大和平"的风格,400 年来盛传不衰,被后人誉为"古音正宗"。

◆ **金陵派**

据说该派从东汉末年琴家蔡邕到金陵青溪之地避难后就开始传

承了。金陵派的演奏注重曲、歌并重的传统，强调自然之声与人文精神的协调。

◆ 广陵派

该派形成于清代初期，创始人是徐常遇和徐琪。徐常遇的演奏淳古淡泊，自成一家，他还编著了《琴谱指法》及《响山堂琴谱》。他们演奏的风格具有跌宕多变、刚柔相济的特点。

◆ 梅庵派

该派源于山东诸城琴派。他们首创了琴谱点拍的做法，便于学琴的人很快上手。另外，他们还吸取了许多民间的音乐风格，使古琴的高雅和通俗结合了起来。

❖ 古琴演奏

古琴的演奏形式主要有琴歌、独奏两种。很早的时候，古琴主要用于丧葬仪式和大型国家典礼，在这些场合，琴多为独奏。

中国第一部史书《尚书》中，就有人将琴作为唱歌的伴奏乐器了。在周代，人们很多用琴瑟伴奏歌唱，人们把这种唱法叫弦歌，因为琴瑟都是弦拨乐器。后来，人们将专门用琴伴奏的歌唱方式叫琴歌。

❖ 古琴的乐谱

★ 我们现在唱歌都看五线谱或者简谱，这是西方音乐的记录方式。中国古琴的谱子与这种符号可不一样。

琴谱初始是指记录古琴弹奏应该用哪个手指、拨哪根弦的文字。这种完全用文字表述的谱子太复杂，使用很不方便。后来有个叫曹柔的人发明了减化琴谱，也就是减字谱。下边这幅图就是减字谱，文字上面是五线谱。这些字看起来怪怪的，其实它们都是组合起来的。

减字谱的一个字一般分为六部分，上方是左手指法，下方是右手指法，左上为左手按弦用指，右上为所按徽位，下方外部为右手指法，

内部是所弹、按弦。但是这些文字记录的只是弹的方法,并没有标记弹一下持续多长时间,因此古琴曲很容易失传。

赏一赏

同学们可以找来古琴曲《高山流水》听一听,看是否能够感受到当年钟子期所听到的内容。

《高山流水》共分为九段,我们在听的时候要注意这些段之间的关系。

第一段:引子部分。跳跃的音声,仿佛向我们展开了一幅画卷,高山中云雾缭绕,景色迷人。

第二、三段:节奏变得轻快,好像有小溪流过石头,给人带来安静的、愉快的心情!

第四、五段:这时的旋律变得悠扬婉转,如同云彩飘过,清水漫开。

第六段:先是跌宕起伏的旋律,接着嘈杂的声音显示出流水的加速,甚至像碰到岩石口岸一样激荡,让人不由得心中惊恐,这是水在峡湾中流过。

第七段:音声先降后升,渐渐低落,这时似乎已经到了开阔的湖

面,微波荡漾,景色宜人,让人很快乐。

第八段:在平缓的旋律中,节奏稍微加快了,音乐展示出了人的心情。

第九段:先是低低的声,逐渐变得高起来。这和第四段的旋律接近,这是因为八、九两段被安排为重复前面的旋律,用来增强回旋的感觉。

读一读

◎ 琴史

在中国历史上,最先出现的乐器主要是敲击乐,如鼓、编钟、编磬。这是从商周到战国的情形。此时,也出现了古琴,还有"丝桐"、"瑶琴"等别称。据说琴为神农氏所创,也有传说为伏羲所作,还有传说尧、舜所作的。这些说法基本是传说。

这些敲击乐器是当时的主流,而且乐器的体型特别巨大,声音洪亮,显得肃穆庄严但就是不太灵活,节奏很慢。不过,这一点倒是显示出君子那种不紧不慢、从容悠闲、沉稳大方的气质。古琴的演奏特点就是这个时代的敲击乐的风格。

汉代之后,吹管乐器开始时兴,如笛子就被认为是很重要的乐器。笛子演奏灵活、音声绵长、旋律感很强,越来越受到当时人的喜爱。这时,古琴的制作和表演都有了很大的进步。这时已经发明了有徽之琴。

在唐代的时候,西域传来了一种叫琵琶的乐器,受到了唐宋之时人们的喜爱。白居易的诗中描写琵琶的演奏说:"大弦嘈嘈如急雨,小弦切切如私语。嘈嘈切切错杂弹,大珠小珠落玉盘。"这种乐器带给人们一种快速的节奏和旋律感,受到当时人的喜爱。

　　从宋代开始，中国人又喜欢上了胡琴，所谓的胡琴是一种类似二胡的乐器。人们发现，这种乐器的操作灵活，而且音质更为丰富，声音响亮，很适合于歌曲或戏曲的伴奏。所以，随着戏曲的兴盛，胡琴的地位不断提升。

练一练

　　同学们，古琴不仅能弹奏出美妙的音乐，而且还蕴含着丰富的中国传统文化，尤其是体现了中国的雅乐文化。你们可以进一步去认识古琴，亲自看看真实的古琴，甚至可以去学习弹奏古琴。

后　记

　　近日，中共中央办公厅、国务院办公厅发布了《关于实施中华优秀传统文化传承发展工程的意见》，要求"把中华优秀传统文化全方位融入思想道德教育、文化知识教育、艺术体育教育、社会实践教育各环节，贯穿于启蒙教育、基础教育、职业教育、高等教育、继续教育各领域"，并特别强调"以幼儿、小学、中学教材为重点，构建中华文化课程和教材体系"。这对长期探索、推行国学启蒙教育的我们来说，是巨大的鼓舞。我们相信，在国家政策、文件的提倡和带动下，在不久的将来，国学启蒙教育一定会获得繁荣的发展。

　　在这一新形势下，这本由多年教学实践提炼而成的国学启蒙教材终于付梓，这让我们深感欣慰。本书由南京大学哲学系国学启蒙班的优秀导师们共同编写，并在长期的教学实践中不断丰富。按照最初计划，我们计划编纂一套适合不同年龄段青少年学习的国学启蒙丛书，并且已经完成初稿。但囿于水平所限，原稿内容有些参差不齐。本着精益求精的原则，我们从中选择了最有代表性、写作最为成熟的篇章，并反复删改修订，几易其稿，最终形成这样一本集经典、礼仪、国史、非遗于一体的教材。本书并不着重于最大限度的知识呈现，而希望以点带面，激发青少年们学习国学的热情。正如庄子所说："吾生也有涯，而知也无涯。以有涯随无涯，殆已。"孔子也曾经告诫自己的弟子："汝以予为多学而识之者与？""非也！予一以贯之。"可见，国学学习的精髓并不在知识的渊博，而在于举一反三，触类旁通。就本书而言，若能使青少年们由书中任何一点，激起学习国学的兴趣，使他们知道在本书之外，还有美妙浩瀚的知识之海、智慧之林，体悟感受中华文化独具特色的魅力所在，并乐意在千年之后的今天仍孜孜以求，则是本书编者和作者们的莫大荣幸。

本书由范赟主编并提出全书框架，由郭明姬负责整理统稿。各篇章作者及分工如下：

明经篇：王金凤、辛小娇、裴甲军

国史篇：葛　睿、刘晓民、王文文

雅礼篇：郭明姬、李海超、褚　雯

非遗篇：雒少锋、陆杰峰、董　熠

多年来，南京市团市委、南京大学团委、哲学系的诸位领导和老师为青少年国学启蒙班项目提供了大力指导与支持，南京市瑞金北村小学、清凉山社区、栖霞社区等合作伙伴为国学启蒙班提供了实践与锻炼的平台，在此特表衷心感谢！在本书编撰、出版的工作中，南京大学出版社杨金荣老师也为本书提供了很多建议和帮助，在此一并致谢！

"路漫漫其修远兮，吾将上下而求索"，青少年国学启蒙教育虽经十载，却犹如初生孩童，还有无限的发展空间。本书不过是抛砖引玉之作，限于经验和能力，一定有很多不足之处，敬请大方之家批评指正。期待更多优秀的教材和读物问世，让中华优秀传统文化浸润青少年的心灵。

编者

2017 年 2 月